Alle Audios, Videos, interaktiven Übungen und Dokumente zum Schulbuch sind im **eBook** und in den **Medien zum Schulbuch** verfügbar.

Aneignen, orientieren, auswählen

Üben

Auf den **Methodenseiten** lernst du Schritt für Schritt wichtige Methoden.

Auf den **Wahlseiten** kannst du nach deinem Interesse zwischen Themen auswählen.

Mit den **Trainingsseiten** kannst du deine neuen Kenntnisse und Fertigkeiten üben und anwenden.

Auf den **Orientierungsseiten** kannst du die Themen mit einem Raum verbinden.

V ▷ Klett Erklärvideo

An einigen Stellen im Buch findest du Verweise zu Erklärvideos, z. B. zum Thema „Standortfaktoren" auf Seite 85.
Diese findest du unter anderem in den Medien zum Schulbuch.

Symbole im Buch

👥	Partnerarbeit
👥👥	Gruppenarbeit
MB	kennzeichnet Aufgaben und Seiten zum Thema Medienbildung
SP	kennzeichnet Aufgaben und Seiten zur Sprachbildung
AFB I, II, III	kennzeichnen die Anforderungsbereiche, siehe auch Seite 171
○ ● ●	kennzeichnen die Niveaus G, M, E der wichtigen Begriffe

Medien zum Schulbuch

D 📄	Dokumente, z. B. Kopiervorlagen
V ▷	Videos, z. B. Erklärvideos
A 🔊	Audios, z. B. Hörspiele
I 👆	Interaktives, z. B. Schaubilder
W 🌐	Weblink

1. Auflage   1 5 4 3 2 1 | 27 26 25 24 23

Alle Drucke dieser Auflage sind unverändert und können im Unterricht nebeneinander verwendet werden. Die letzte Zahl bezeichnet das Jahr des Druckes.
Das Werk und seine Teile sind urheberrechtlich geschützt. Das Gleiche gilt für die Software und das Begleitmaterial. Jede Nutzung in anderen als den gesetzlich zugelassenen Fällen bedarf der vorherigen schriftlichen Einwilligung des Verlages. Hinweis § 60a UrhG: Weder das Werk noch seine Teile dürfen ohne eine solche Einwilligung eingescannt und/oder in ein Netzwerk eingestellt werden. Dies gilt auch für Intranets von Schulen und sonstigen Bildungseinrichtungen. Fotomechanische, digitale oder andere Wiedergabeverfahren nur mit Genehmigung des Verlages.
Jede öffentliche Vorführung, Sendung oder sonstige gewerbliche Nutzung oder deren Duldung sowie Vervielfältigung (z. B. Kopieren, Herunterladen oder Streamen) und Verleih und Vermietung ist nur mit ausdrücklicher Genehmigung des Ernst Klett Verlages erlaubt.
Nutzungsvorbehalt: Die Nutzung für Text und Data Mining (§ 44b UrhG) ist vorbehalten. Dies betrifft nicht Text und Data Mining für Zwecke der wissenschaftlichen Forschung (§ 60d UrhG).
An verschiedenen Stellen dieses Werkes befinden sich Verweise (Links) auf Internet-Adressen. Haftungshinweis: Trotz sorgfältiger inhaltlicher Kontrolle wird die Haftung für die Inhalte der externen Seiten ausgeschlossen. Für den Inhalt dieser externen Seiten sind ausschließlich die Betreiber verantwortlich. Sollten Sie daher auf kostenpflichtige, illegale oder anstößige Inhalte treffen, so bedauern wir dies ausdrücklich und bitten Sie, uns umgehend per E-Mail an info@klett.support davon in Kenntnis zu setzen, damit bei der Nachproduktion der Verweis gelöscht wird.
Lehrmedien/Lehrprogramm nach § 14 JuSchG

© Ernst Klett Verlag GmbH, Stuttgart 2023. Alle Rechte vorbehalten. www.klett.de
Das vorliegende Material dient ausschließlich gemäß § 60b UrhG dem Einsatz im Unterricht an Schulen.

Autorinnen und Autoren: Karin Arndt, Wäschenbeuren; Christina Lenz, Kißlegg; Thomas Lenz, Waldstetten; Sabine Schmidt-Mast, Benningen
Mit Beiträgen von: Dr. Egbert Brodengeier, Ulrich Bünstorf, Rainer Kalla, Ruth Kersting, Britta Klingenburg, Christian Klotz, Peter Kraus, Thomas Labusch, Hans Lammersen, Jürgen Leicht, Tobias Litz, Günter Nau, Paul Palmen, Georg Pinter, Kathleen Renz, Anne Schminke, Rene Terzic, Kai Zimmermann

Entstanden in Zusammenarbeit mit dem Projektteam des Verlages.

Gesamtgestaltung: normaldesign, Jens-Peter Becker, Schwäbisch Gmünd
Satz: Markus Schmitz, büro für typographische Dienstleistungen, Altenberge; Schaltwarte, Kilian Plath, Leipzig
Reproduktion: Druckmedienzentrum Gotha GmbH, Gotha; Meyle + Müller GmbH + Co. KG, Pforzheim
Druck: PASSAVIA Druckservice GmbH & Co. KG, Passau

Printed in Germany
ISBN 978-3-12-105305-6

Terra 6

Geographie
Differenzierende Ausgabe

Karin Arndt
Christina Lenz
Thomas Lenz
Sabine Schmidt-Mast

Ernst Klett Verlag
Stuttgart · Leipzig · Dortmund

Inhalt

1 Europa im Überblick 6

Europa bei uns	8
Europa – ein Kontinent	10
Ein staatenreicher Kontinent	12
Europas Großlandschaften	14
Methode Eine mitwachsende Karte anlegen und führen	16
Orientierung Orientieren in Mitteleuropa	18
Training	20
Wähle aus A Rekorde in Europa	22
Wähle aus B Europa wächst zusammen	24

2 Klima und Vegetation in Europa 26

Klimazonen Europas	28
In der Kalten Zone Europas	30
In der Gemäßigten Zone Europas	32
In der Subtropischen Zone Europas	34
Methode Im Internet recherchieren	36
Orientierung Orientieren in Westeuropa	38
Training	40
Wähle aus A Überlebenskünstler gesucht!	42
Wähle aus B Der Golfstrom – Europas Warmwasserheizung	44

3 Vielfältige Landwirtschaft 46

Was wir essen	48
Saftige Früchte aus trockenem Land	50
Anbau unter Plastik	52
Getreideanbau in der Gemäßigten Zone	54
Viel Fleisch für viele	56
Es geht auch anders: ökologische Landwirtschaft	58
Methode Soll Landwirt Jan Helmer Energiewirt werden?	60
Das „grüne Gold" des Nordens	62
Orientierung Orientieren in Nordeuropa	64
Training	66
Wähle aus A Boden untersuchen	68
Wähle aus B Vom Fisch zum Fischstäbchen	70

4 Industrie und Dienstleistungen — 72

Vielfältige Arbeitswelt	74
Chemische Industrie am Rhein	76
Automobilproduktion heute und morgen	78
Von Köln in die ganze Welt	80
Methode Eine thematische Karte auswerten	82
Methode Ein Erklärvideo auswerten	84
Auf der Suche nach dem besten Standort	86
Orientierung Orientieren in Ost- und Südosteuropa	88
Training	90
Wähle aus A „… und Europa ebenso!"	92
Wähle aus B Digitalisierung überall	94

5 Tourismus und Freizeit — 96

Wohin geht die Reise?	98
Massentourismus auf Mallorca	100
Methode Ein Rollenspiel durchführen	102
Neue Wege im Tourismus am Mittelmeer	104
Eine nachhaltige Städtereise nach Wien	106
Methode Lust auf Hamburg? – Mit Apps planen	108
Orientierung Orientieren in Südeuropa	110
Training	112
Wähle aus A Auf dem Flughafen Frankfurt	114
Wähle aus B Im Hotel über die Meere	116

Inhalt

6 Arbeitsanhang — 118

Baden-Württemberg in Zahlen — 120
Europa in Zahlen — 121
Klimastationen — 122
Wichtige Begriffe — 124
Sachregister — 127
Lösungshilfen — 129
Methoden im Überblick — 136
Abbildungs- und Textquellenverzeichnis — 141

7 Haack-Kartenteil — 144

Baden-Württemberg — 146
Deutschland — 147
Deutschland (Nordteil) — 148
Deutschland (Südteil) — 150
Europa — 152
Europa (Staaten) — 154
Europa (Nordteil) — 156
Europa (Südteil) — 158
Erde — 160
Erde (Staaten) — 162
Kartenregister — 164
Mit Operatoren arbeiten — 170

1 Europa im Überblick

M 1 Europa bei Nacht

Europa – unser Kontinent: Eher klein kommt uns Europa auf einer Weltkarte vor – nur der Kontinent Australien hat eine kleinere Fläche. Aber Europa hat einiges zu bieten: 48 Staaten, mehr Sprachen als Staaten, mächtige Gebirge, vielfältige Landschaften, lange Flüsse und große Städte. Was kannst du auf dem Satellitenbild erkennen?

Spuren Europas bei uns und in der Welt nennen

Europa bei uns

Den Euro hast du fast täglich in der Hand, Europameisterschaften im Sport interessieren dich vielleicht. Manches Essen aus Europa schmeckt dir und du sprichst außer Deutsch noch eine andere Sprache, die in Europa gesprochen wird. Entdecke Europa bei uns!

M1 Guten Tag in unterschiedlichen Sprachen Europas

Kolonie
Das Wort Kolonie kommt aus dem Lateinischen „colonia" und bedeutet Ansiedlung oder Niederlassung. Eine Kolonie ist ein Gebiet, dass von fremden Menschen eingenommen wurde.

T1 Europäische Vielfalt bei uns

Kinder aus verschiedenen europäischen Ländern leben in Deutschland, besuchen hier die Schule und sprechen außer Deutsch noch andere Sprachen. Ihre Eltern arbeiten hier und sie wohnen in deiner Nachbarschaft. Jugendliche aus europäischen Partnerstädten sind beim Schüleraustausch bei uns zu Gast. Lebensmittel und Getränke aus den unterschiedlichen Regionen Europas findet man im Supermarkt und sie bereichern unseren Speiseplan: Orangen aus Spanien, Käse aus der Schweiz, Tomaten aus den Niederlanden oder Oliven aus Griechenland. Auch beim Restaurantbesuch können wir zwischen den verschiedenen europäischen Küchen auswählen. Seit 2002 benutzen wir Geld, das wie in 20 anderen Ländern „Euro" heißt.

T2 Spuren Europas in der Welt

Europäische Einflüsse begegnen uns auch auf anderen Kontinenten. Das Stadtbild vieler Großstädte dieser Welt wird durch europäische Baustile der Vergangenheit mitbestimmt. Europäische Erfindungen, Lebens- und Denkweisen haben sich über die ganze Welt verbreitet. Dies geschah allerdings fast nie friedlich. Europäische Eroberer teilten ganze Kontinente unter sich auf und bildeten Kolonien. Zu den Kolonialmächten Europas gehörten das Vereinigte Königreich, Frankreich, die Niederlande, das Deutsche Kaiserreich, Italien und Belgien. Sie brachten oft den einheimischen Kulturen den Untergang. Siedler, Forschende und Reisende aus Europa trugen ihre Kulturen und Sprachen in die Welt hinaus. Englisch, Spanisch und Französisch wurden dadurch zu Weltsprachen.

A 01
Hörtrack
Sage von Zeus und Europa

Europa im Überblick 1

Die Motive auf den verschiedenen Euro-Geldscheinen beschreiben die Geschichte der europäischen Architektur von der griechischen und römischen Antike bis zur modernen Architektur des 20. Jahrhunderts. Damit sich alle europäischen Staaten angesprochen fühlen, hat man bewusst auf die Darstellung von echten Bauwerken verzichtet und sich für Fenster und Tore von erfundenen Gebäuden entschieden.
Auf der Rückseite jedes Geldscheins befindet sich das Bild einer erfundenen Brücke. Die Brücken stehen für das Zusammenwachsen der Völker und Kulturen in Europa.

M 2 Städtepartnerschaften

M 4 Euro-Banknoten (Geldscheine)

Aus der Sagenwelt

Wo heute Israel und Syrien ans östliche Mittelmeer grenzen, lag im Altertum das Reich der Phönizier. Dort herrschte König Agenor. Er hatte eine Tochter, sie hieß Europa. Der griechische Gott Zeus verliebte sich in sie. Als Europa mit ihren Freundinnen am Mittelmeer spielte, näherte sich ihr Zeus in Gestalt eines Stieres. Er verhielt sich so zutraulich, dass Europa keine Angst hatte. Sie setzte sich auf seinen Rücken. Der Stier erhob sich und schwamm mit ihr durch das Wasser, bis sie die griechische Insel Kreta erreichten. Dort erkannte Europa, dass Zeus in Wirklichkeit ein Gott war. Er sagte zu Europa: „Dein Name wird unsterblich werden, denn der Erdteil, der dich aufgenommen hat, soll von nun an den Namen Europa tragen."

Europa auf Zeus als Stier

Aus der Wissenschaft

Der Name Europa stammt wohl tatsächlich aus Phönizien. Die phönizischen Seefahrer nannten das Land des Sonnenuntergangs im Westen „ereb", woraus der Name „Europa" abgeleitet ist. Das Land der aufgehenden Sonne im Osten nannten sie „aszu". Daraus wurde dann der Name „Asien".

M 3 Woher stammt der Name Europa?

1
a) Nenne Sprachen, die in Europa gesprochen werden (M 1).
b) Nenne eine oder mehrere Sprachen, die du sprichst und begrüße darin deine Klasse.
c) Englisch ist eine „Weltsprache". Erkläre (T 2).

2
Nenne Beispiele für europäische Einflüsse in deinem Alltag (T 1, M 4).

2
Beschreibe Spuren, die Europa in der Welt hinterlassen hat (T 2).

3
Erkläre, wie Asien und Europa zu ihrem Namen kamen (M 3).

3
Bearbeite Aufgabe A 3. Begründe, welche Version für dich glaubhafter ist.

4 EXTRA
M 2 zeigt ein Schild mit Städtepartnerschaften.
a) Recherchiere, was man darunter versteht.
b) Finde heraus, ob deine Stadt oder dein Schulort auch eine Partnerschaft mit einer europäischen Stadt hat.

AFB I: 1, 2 II: 3, 4   AFB I: 1, 2 II: 4 III: 3   → Lösungshilfen ab S. 129   9

Die Grenzen Europas und seine natürliche Gliederung beschreiben

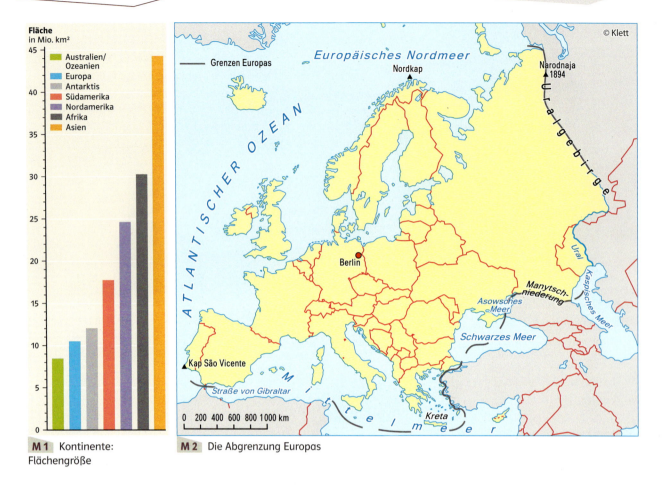

M1 Kontinente: Flächengröße

M2 Die Abgrenzung Europas

Europa – ein Kontinent

Die meisten der sieben Kontinente unserer Erde lassen sich leicht abgrenzen. Bei Europa ist das schwieriger.

Kontinent stammt aus dem Lateinischen „terra continens" und bedeutet zusammenhängendes Land.

SP Tipp

→ Aufgabe 5

- Europa ist größer/kleiner als …
- In Europa leben mehr/weniger Menschen als in …

T1 **Die Grenzen Europas**

Im Westen, Norden und Süden wird Europa durch Meere begrenzt. Im Osten fehlt eine deutliche natürliche Grenze zu Asien. Man hat deshalb folgende Grenzlinie festgelegt: Uralgebirge, Fluss Ural, Nordküste des Kaspischen Meeres, Manytschniederung, Asowsches Meer und Mitte des Schwarzen Meeres. Nach dieser Abgrenzung haben die Staaten Russland, Kasachstan und die Türkei Anteile an Europa und Asien. Da die Landmassen Europas und Asiens miteinander verbunden sind, spricht man manchmal auch vom Doppelkontinent Eurasien. Dennoch wird Europa als eigenständiger Kontinent betrachtet. Das hängt mit seiner Geschichte und Kultur zusammen.

M3 Grenzlinie zwischen Europa und Asien bei Jekatarinburg in Russland (Russische Föderation)

1 Europa im Überblick

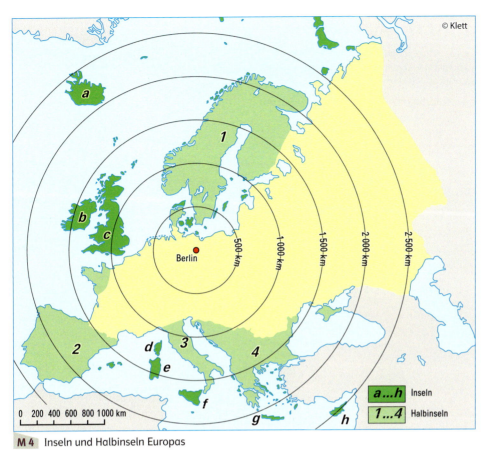

M 4 Inseln und Halbinseln Europas

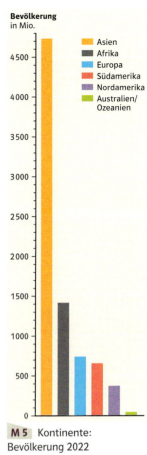

M 5 Kontinente: Bevölkerung 2022

T 2 Inseln und Halbinseln

Im Gegensatz zu anderen Kontinenten weist Europa eine sehr gegliederte Gestalt auf: Ein Drittel der Landfläche entfällt auf Inseln und Halbinseln.
Europas größte Inseln sind Großbritannien, Irland und Island. Größere Halbinseln sind die Iberische Halbinsel, die Apenninenhalbinsel, die Skandinavische Halbinsel und die Balkanhalbinsel.

Mehr als die Hälfte aller Orte in Europa liegen küstennah, das heißt nicht weiter als 300 km von einer Küste entfernt. Kein Ort ist mehr als 700 km von der nächsten Küste entfernt.
Europas Küstenlänge entspricht in etwa dreimal dem Umfang des Äquators (ca. 3 × 40 000 km). Umso mehr überrascht die Tatsache, dass es in Europa viele **Binnenstaaten** gibt, die keinen Zugang zu einer Meeresküste haben.

Insel
Land, das vollständig von Wasser umgeben ist

Halbinsel
Land, das nur teilweise, meist von drei Seiten, von Wasser umgeben ist

---

A / B 1 Beschreibe die Abgrenzung Europas im Norden, Westen, Süden und Osten (M 2 und T 1).

A 2 Bestimme die Ausdehnung Europas (M 4):
a) von Norden nach Süden,
b) von Westen nach Osten.

B 2 Begründe, warum es schwierig ist, den Kontinent Europa zu zeichnen.

A 3 Arbeite mit der Karte M 2 und M 4 und der Europa Karte im Anhang
a) Benenne die Inseln a – h.
b) Benenne die Halbinseln 1 – 4.

B 3 Bearbeite Aufgabe A 3.
Nenne fünf Staaten in Europa, die keinen Zugang zum Meer haben.

A / B 4 SP Vergleiche:
a) die Flächengröße und
b) die Bevölkerung Europas mit vier anderen Kontinenten (M 1 und M 5). Nutze die Sprachtipps auf S. 10.

AFB I: 1, 3 II: 2, 4   AFB I: 1, 3 II: 4 III: 2   → Lösungshilfen ab S. 129

Ein staatenreicher Kontinent

Europa umfasst 48 Staaten. Nur in Afrika und Asien gibt es noch mehr Länder. Diese 48 Staaten werden nach ihrer Lage sechs unterschiedlichen Teilräumen zugeordnet.

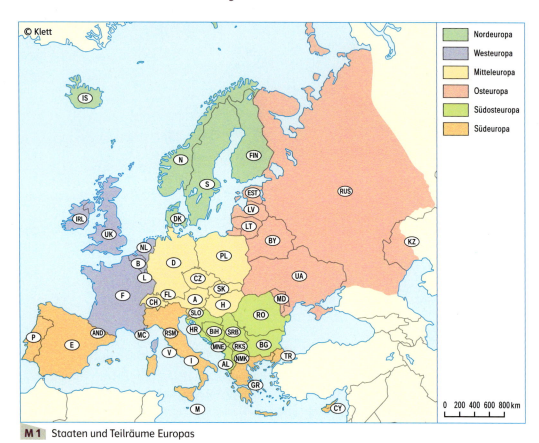

M1 Staaten und Teilräume Europas

T1 Von Zwergen und Riesen

Die Größe der europäischen Staaten ist sehr unterschiedlich. Zum einen gibt es Zwergstaaten mit der Einwohnerzahl einer Kleinstadt. Zum anderen nimmt der europäische Teil von Russland schon fast die Hälfte des Kontinents ein. Dazwischen sind alle Größen vertreten. Auch die Türkei liegt mit drei Prozent ihrer Fläche im Südosten von Europa. Die Hauptstadt Ankara liegt in Asien. Kasachstan liegt zu etwa fünf Prozent auf dem europäischen Kontinent.

Nach ihrer Lage in Europa und ihren kulturellen Gemeinsamkeiten werden einzelne Staaten in Teilräume zusammengefasst. Man unterscheidet dabei:
– Nordeuropa,
– Westeuropa,
– Mitteleuropa,
– Südeuropa,
– Südosteuropa und
– Osteuropa.

Europa im Überblick 1

M 2 Flaggen der europäischen Staaten

Liegt im Süden Europas und besteht aus vielen Inseln. Fläche: 132 000 km² **A**	Deutschlands kleinstes Nachbarland. Es zählt zu Westeuropa. Fläche: 2 600 km² **C**	Das Land liegt am Mittelmeer. Seine Hauptstadt ist Zagreb. Fläche: 57 000 km² **E**
Dieses Land liegt auf einer Insel in Nordeuropa. Fläche: 103 000 km² **B**	Deutschlands Nachbar im Norden. Er liegt an der Nordsee und Ostsee. Fläche: 43 100 km² **D**	Dieses Land liegt in Osteuropa und hat an zwei Kontinenten Anteil. Fläche: 17 098 000 km² **F**

Hauptstadt
Stadt, in der meist die Regierung eines Staates ihren Sitz hat. Oft ist es die größte Stadt und das wirtschaftliche und kulturelle Zentrum eines Landes.

M 3 Staatenrätsel Europa

1
Arbeite mit M 1:
a) Nenne das europäische Land mit den meisten Nachbarstaaten.
b) Schreibe die Nachbarstaaten im Uhrzeigersinn von Norden beginnend auf.

2
Nenne die Staaten/Länder, die sich hinter den Steckbriefen in M 3 verbergen.

2
Bearbeite A 2 und nenne zum gesuchten Staat/Land die dazugehörige Hauptstadt.

3
Arbeitet in Gruppen mit der Karte M 1 und der Karte S. 156 im Anhang.
a) Jede Gruppe stellt einen Teilraum Europas auf einem Plakat vor. Legt dazu eine Tabelle an:

Teilraum	Staat	Hauptstadt	Autokennzeichen
Nordeuropa	Island	Reykjavík	IS
...	...	...	...

b) Ergänzt euer Plakat mit den zugehörigen Flaggen.

4 EXTRA
a) Erstelle einen eigenen Steckbrief wie in M 3 zu einem Staat/Land deiner Wahl.
b) Dein Lernpartner/deine Lernpartnerin soll erraten, welches Land gemeint ist.

Europas Großlandschaften

Hohe Gebirge, tiefe Täler, weite Ebenen sowie steile und flache Küsten: In Europa kannst du abwechslungsreiche Landschaften entdecken.

Mittelgebirge
Gebirge mit einer Höhe zwischen 500 und 1500 m (vereinzelt auch höher)

Hochgebirge
Gebirge mit einer Höhe von 1500 m und höher

Relief
Oberflächenformen der Erde z. B. Gebirge, Täler, Becken

A – Tiefland im Norden Polens

Tief- und Hügelland
Tiefländer bedecken die größte Fläche Europas. Sie reichen bis in eine Höhe von 200 m. Einige Gebiete, die Senken, liegen sogar tiefer als der Meeresspiegel. Das Relief ist eben bis wellig. Wiesen, Heidelandschaften sowie mächtige Ströme und Seen prägen die Landschaft. Innerhalb der Tiefländer machen Hügelländer mit Höhen bis über 300 m das Relief abwechslungsreich. In diesen Gegenden sind auch größere geschlossene Waldgebiete zu finden.

B – Mittelgebirge in Tschechien

Mittelgebirgsland
Zahlreiche Einzelgebirge mit Höhen zwischen 500 m bis etwa 1 800 m bilden das Mittelgebirgsland. Bergketten mit abgerundeten Gipfeln und Hochflächen prägen das Bild. Aber auch tiefe, fast senkrecht eingeschnittene Täler gibt es. Typisch sind die großen Laub- und Nadelwälder. In Höhen um 1 800 m wird die Pflanzenwelt wegen abnehmenden Temperaturen spärlicher. Bäume werden nicht mehr so groß und stehen weiter voneinander entfernt.

C – In den Pyrenäen

Hochgebirge
Einige Berge der europäischen Hochgebirge sind über 4 000 m hoch. Ihre Felsen ragen steil und schroff in den Himmel. Mit zunehmender Höhe nimmt der Pflanzenreichtum ab. Wälder werden durch Wiesen und Matten ersetzt. Hier findet man vielfach seltene Tiere und Pflanzen. Die Gipfel haben häufig keine Vegetation, manche sind sogar das ganze Jahr mit Eis und Schnee bedeckt. Ihre Gletscher sind die Geburtsstätte zahlreicher Flüsse.

M 1 Landschaften in Europa

T1 Großlandschaften und Gewässer
Tiefländer, Mittelgebirge und Hochgebirge – die Großlandschaften, die du aus Deutschland kennst, findest du auch in Europa. Aus den zahlreichen Gebirgen entspringen Flüsse. Das Gewässernetz des Kontinents ist vielfältig und weit verzweigt. Große Flüsse münden ins Meer und lagern an den Küsten viel Material ab. Zum **Gewässernetz** gehören auch Kanäle, die die Flüsse miteinander verbinden und die zahlreichen Seen in Europa.

M 2 Die Donau: rund 2 850 km lang

Europa im Überblick 1

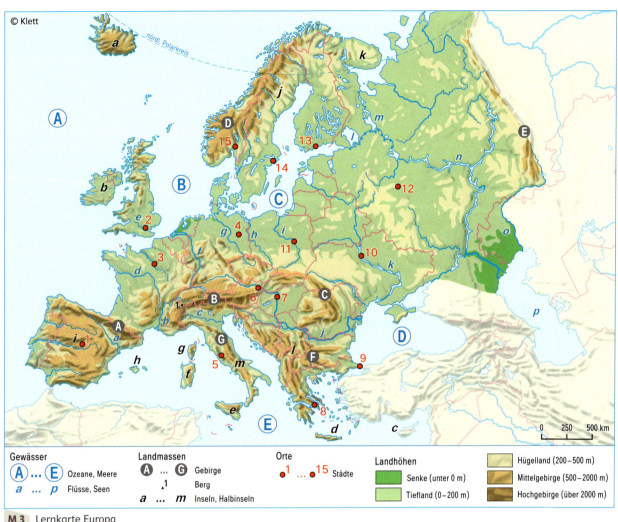

M 3 Lernkarte Europa

1
a) Beschreibe die Fotos in M 1.
b) Verorte, wo sich die genannten Regionen/Länder auf der Europakarte S. 154 im Anhang befinden.

2
Nenne die Großlandschaften in Europa und erstelle eine Tabelle:

Großlandschaft	Merkmale
Tiefland	…

2
a) Bearbeite Aufgabe A 2.
b) SP „Die Elbe entspringt im Riesengebirge, fließt durch Tschechien und Deutschland und mündet in die Nordsee." Formuliere einen ähnlichen Satz für die Donau (M 2).

3 SP
Arbeite mit M 2 und dem Kartenanhang.
a) Benenne die Gewässer und Flüsse.
b) Benenne die Gebirge und den Berg (1).

3 SP
Bearbeite Aufgabe A 3.
Beschreibe die Lage von 3 Meeren, 3 Gebirgen und 5 Städten deiner Wahl.

4
Nenne jeweils 2 Staaten, die …
a) komplett im Tiefland liegen,
b) kein Hochgebirge haben,
c) mehrere Großlandschaften besitzen.

AFB I: 1–4   AFB I: 1–4   → Lösungshilfen ab S. 129

Methode

Mit einer mitwachsenden Karte topografisches Wissen erwerben

Eine mitwachsende Karte anlegen und führen

Im Fach Geographie gibt es viele Themen, die dich an neue Orte oder in neue Räume führen. Damit du den Überblick behältst, hilft dir eine mitwachsende Karte, die mit deinem Wissen mitwächst.

T1 Warum eine mitwachsende Karte führen?

Sich auf einer Europakarte zu orientieren, ist gar nicht so einfach. Du findest gewiss Deutschland oder Italien, das durch seine besondere Form gut erkennbar ist. Auch Länder, in denen du Urlaub gemacht hast, sind in deinem Kopf abgespeichert. Woran liegt das?

Alles, was du erlebst, mit dem du eine besondere Erinnerung verknüpfst, kannst du dir leichter merken und auch wiedergeben. Neue Räume und Orte hingegen musst du erst mit einer Information verbinden, damit sie leichter zu merken sind. Eine wachsende Karte hilft dir dabei, die Lage von Orten und Räumen gut einzuprägen. Wie das geht, erfährst du in den Schritten 1–4.

1. Schritt: Bereite deine Karte vor

Beschrifte als Erstes die Karte mit einer passenden Überschrift. Überlege dann, welche Farben für deine Karte sinnvoll sind. Fertige als Nächstes eine Legende an, in der du die wichtigsten Symbole einträgst.

Überschrift: Europa
Legende: ■ Hauptstadt, ■ Fluss, ...

2. Schritt: Bekannte Orte und Länder eintragen

Sich auf einer Karte zu orientieren, ist am leichtesten, wenn du mit den Orten und Ländern beginnst, die du bereits kennst. Kennzeichne sie in deiner Karte.

Heimatort, Heimatland, Urlaubsland

3. Schritt: Neue Räume und Orte regelmäßig eintragen

Mit jedem neuen Thema begibst du dich in einen neuen Raum oder an einen neuen Ort. Achte darauf, dass du die gleichen Farben wie in deiner Legende verwendest. Bilder oder Symbole können dir helfen, Orte mit Inhalten zu verknüpfen. Wähle passende Bilder aus und zeichne sie in deine Karte ein.

Beispiel 1:
Färbe die Nachbarstaaten von Deutschland in unterschiedlichen Farben ein.

Beispiel 2:
Beschrifte die Karte mit den natürlichen Grenzen Europas (Meere, Gebirge).

4. Schritt: Mit deiner mitwachsenden Karte wiederholen und lernen

Das neue Thema ist behandelt und du hast deine Karte erweitert. Gehe Ort für Ort durch und überlege dir, was du dazugelernt hast. Tausche dich dann mit deinem Sitznachbarn oder deiner Sitznachbarin darüber aus.

Beispiel 1:
Wie viele Nachbarstaaten hat Deutschland?

Beispiel 2:
Welche Meere begrenzen Europa?

Tipp

Ihr könnt auch eine gemeinsame Karte für euer Klassenzimmer anlegen.

D 01 Arbeitsblatt Europakarte

Europa im Überblick 1

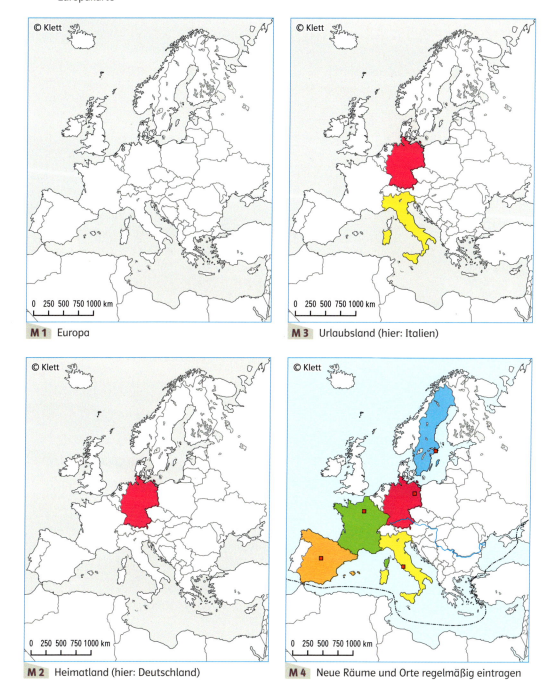

M 1 Europa

M 3 Urlaubsland (hier: Italien)

M 2 Heimatland (hier: Deutschland)

M 4 Neue Räume und Orte regelmäßig eintragen

1 Lege eine mitwachsende Karte nach den Schritten 1–4 an. Benutze dafür die Europakarte D 01.
a) Färbe als Erstes Deutschland auf deiner Karte ein.
b) Trage die Hauptstadt Berlin mit einem roten Punkt ein.
c) Trage nun ein Land ein, das dich besonders interessiert, in dem du schon einmal Urlaub gemacht hast oder in das du gerne reisen würdest.
d) In den zukünftigen Stunden kannst du nun alle Orte, die du kennenlernst, in deine Karte eintragen.

AFB I: 1   → Lösungshilfen ab S. 129

Orientierung

Sich in Mitteleuropa orientieren

Orientieren in Mitteleuropa

Die neun Staaten in der Mitte Europas haben viele Gemeinsamkeiten in Geschichte und Kultur. Daher werden sie zum Teilraum Mitteleuropa zusammengefasst.

M 1

M 2 Wiener Prater, Vergnügungspark

M 5 Badeort Sopot an der Ostsee

M 3 An der Moldau in Prag

M 6 Hohe Tatra: das kleinste Hochgebirge der Welt

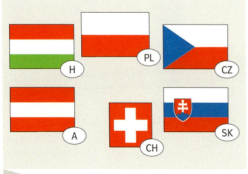

M 4 Flaggen von Staaten Mitteleuropas

1
Fotos zuordnen:
a) Ordne den Fotos M 2, M 3, M 5 und M 6 das entsprechende mitteleuropäische Land zu.
b) Begründe, an welchen der vier Orte du gerne reisen würdest.

Europa im Überblick 1

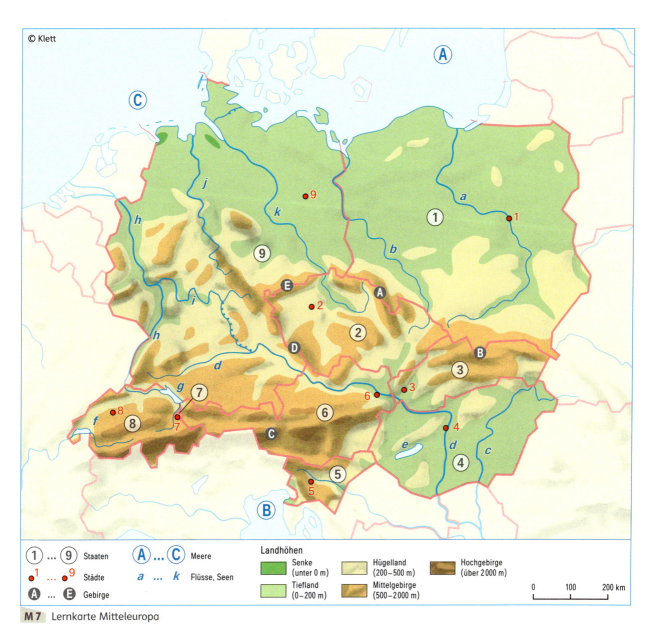

M 7 Lernkarte Mitteleuropa

2
Arbeite mit der Karte M 7 und dem Atlas oder dem Kartenanhang. Benenne:
a) die Staaten 1–9 und die zugehörigen Städte 1–9,
b) die Gebirge A–E,
c) die Meere A–C sowie die Flüsse und Seen a–k.

3
Richtig oder falsch?
Verbessere die falschen Aussagen und berichtige sie.
a) Deutschland liegt an zwei Meeren.
b) Die Donau entspringt in der Schweiz.
c) Polen grenzt im Westen an Deutschland.
d) Slowenien ist das südlichste mitteleuropäische Land.
e) Die Elbe fließt durch zwei Länder.
f) Riga ist die Hauptstadt Polens.
g) Budapest liegt in Tschechien.
h) Die Oder mündet in die Ostsee.

4
Flaggen-Experte gesucht: Zu welchen Staaten gehören die Flaggen (M 4)?

Training

Wichtige Begriffe
- Binnenstaat
- Hauptstadt
- Insel
- Halbinsel
- Relief

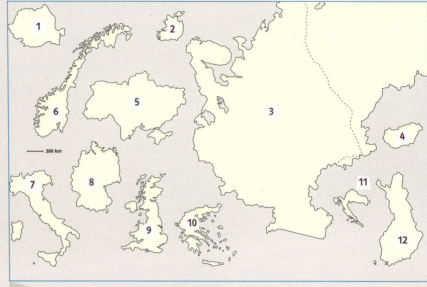

M 1 Umrisse verschiedener Staaten Europas

Sich orientieren

1 Staaten erkennen
In M 1 sind europäische Staaten abgebildet. Notiere die Namen der Staaten und ordne sie den Teilräumen Europas zu. Lege dazu eine Tabelle wie folgt an:

Nr. 1	Staat	Teilraum
…	…	…

2 Nachbarstaaten Deutschlands
Benenne die dunkelrot gekennzeichneten Staaten mit ihren Hauptstädten in den Karten M 2 (A – F).

3 Grenzen Europas
Beschreibe die Grenzen Europas im Norden, Westen, Süden und Osten.

4 Auf die Lage kommt es an
Welche Hauptstadt liegt am
– nördlichsten: Helsinki – Oslo – Stockholm?
– westlichsten: Dublin – Paris – Lissabon?
– südlichsten: Athen – Madrid – Rom?
– östlichsten: Kiew – Minsk – Moskau?

Kennen und verstehen

5 Findest du die Begriffe
a Land, das vollständig von Wasser umgeben ist
b Doppelkontinent, auf dem wir leben
c Bezeichnung für die Oberflächenformen der Erde
d Stadt, in der die Regierung eines Landes ihren Sitz hat
e Bezeichnung für ein Land, das keinen Anteil an einer Meeresküste hat

6 Richtig oder falsch
Verbessere die falschen Aussagen und schreibe sie richtig auf.
a Europa besteht aus 37 Staaten.
b Europas Ostgrenze ist das Uralgebirge.
c Europa ist der kleinste Kontinent.
d Russland und die Türkei liegen auf zwei Kontinenten.
e Deutschland gehört zum Teilraum Südeuropa.
f Europa ist der Kontinent mit den meisten Einwohnern.

Beurteilen und bewerten

7 Fotos zuordnen
Die Fotos M 3 – M 6 stammen aus europäischen Hauptstädten. Gib an, in welchen Staaten sie aufgenommen wurden.

D 02 Arbeitsblatt Selbsteinschätzung

I 01 Übung Europa im Überblick

D 03 Arbeitsblatt Lösungen

1 Europa im Überblick

M 2

M 3 Eiffelturm in Paris

M 5 Akropolis in Athen

M 4 Parlamentsgebäude mit Elizabeth Tower in London

M 6 Hallgrímskirkja in Reykjavík

8 Außenseiter gesucht
Finde den Außenseiter und begründe, warum er nicht dazu passt.
a Finnland – Norwegen – Belgien – Schweden
b Griechenland – Kroatien – Italien – Spanien
c Kreta – Mallorca – Korsika – Wolga
d Rhein – Donau – Po – Monaco
e Alpen – Schwäbische Alb – Pyrenäen – Karpaten
f Frankreich – Großbritannien – Island – Irland
g Slowakei – Russland – Ukraine – Weißrussland

9 Eine mitwachsende Karte führen
Ergänze die mitwachsende Karte mit den Sehenswürdigkeiten in M 3–M 6.

Wissen vernetzen

10 Plane eine Reise durch Europa.
Du willst mit einem Freund/einer Freundin einen Trip durch Europa mit dem Zug/Bus machen. Plane eine Reise, auf der ihr mindestens fünf Hauptstädte besucht. Beschreibe den Reiseverlauf.

Wähle aus

A **Rekorde in Europa**
diese Seite

B **Europa wächst zusammen**
Seite 24/25

Rekorde in Europa erkennen und verorten

1 Betrachte die Bilder A – H. Finde zu den Bildern den passenden Rekord.

2 Arbeite mit dem Atlas. Ordne die Rekorde in Europa dem jeweiligen Land zu. Lege dazu eine Tabelle wie folgt an:

Rekord	Name	Lage
…	…	…

A Rekorde in Europa

Welcher ist der längste Fluss in Europa? Wie heißt der höchste Berg Europas? Wo befindet sich der größte Gletscher in Europa? Hier erfährst du alles über die Superlative unseres Kontinents.

T1 Der höchste Berg Europas
Der Mont Blanc ist ein Berg in den westlichen Alpen und liegt auf der Grenze zwischen Italien und Frankreich. Er ist mit 4 810 m Höhe der höchste Berg in Europa. Ob er tatsächlich der höchste Berg in Europa ist, darüber lässt sich streiten. Der Berg Elbrus im Kaukasus ist mit 5 642 m höher, aber er liegt nicht mehr im europäischen Teil Russlands.

T2 Der Mont Blanc wird kleiner
Experten messen regelmäßig die Höhe des Mont Blanc. Dabei stellten sie fest, dass der Berg seit 2015 etwa um 1,30 m geschrumpft ist. Der Berg ist von ewigem Eis bedeckt und durch Schneeverwehungen formt sich die Spitze des Berges immer wieder neu. Dadurch verändert sich seine Höhe.
Die Höhe des Felsens unter dem Eis ändert sich kaum. Sie bleibt immer bei 4 792 m.

M1 Der Mont Blanc (Hintergrund) mit der Bergstation der Aiguille du Midi im Vordergrund

D 04
Arbeitsblatt
Lösungen

Europa im Überblick 1

3 MB

a) Wähle einen Rekord in Europa aus und erstelle einen Steckbrief (Name, Lage, Besonderheit …).
b) Trage die Rekorde in die mitwachsende Karte ein. Benutze den Atlas oder das Internet.

AFB I: 1 II: 2, 3   → Lösungshilfen ab S. 129

Tiefste Schlucht
Tara-Schlucht nahe dem Berg Durmitor

Höchster aktiver Vulkan
Ätna auf Sizilien

Größte Insel
Großbritannien

Größter Gletscher
Vatnajökull

Längster Fluss
Wolga

Größte Stadt
Moskau

Größte Sanddüne
Düne von Pilat bei Arcachon

Höchste senkrechte Bergwand
Trollveggen bei Åndalsnes

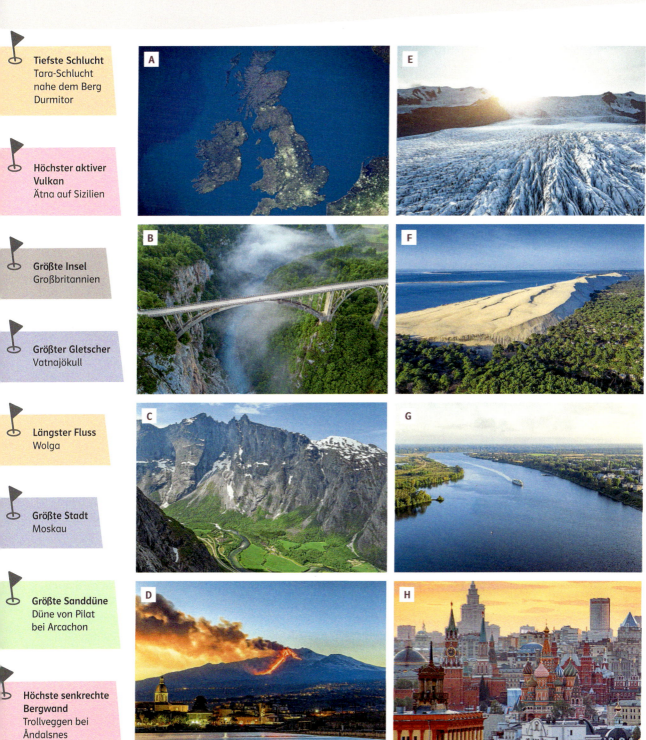

23

Wähle aus

Merkmale der Europäischen Union nennen und die Entstehung der EU beschreiben

A Rekorde in Europa
Seite 22/23

B Europa wächst zusammen
diese Seite

1 Nenne Spuren der Europäischen Union im Alltag.

2
a) Nenne Gründe für die Entstehung der EU (T1).
b) Erkläre den Begriff „Euroraum".
c) Beschreibe die Freiheiten der Bürgerinnen und Bürger in der EU.

B Europa wächst zusammen

In der Europäischen Union (EU) arbeiten viele Staaten Europas zusammen. Lerne die Gründe dafür kennen und erfahre, welche Vorteile es für die Menschen in den einzelnen Staaten gibt.

M 1 Spuren der Europäischen Union im Alltag

Demokratie
griechisch: „Herrschaft des Volkes". Politische Entscheidungen werden durch den Mehrheitswillen der Bevölkerung gefällt.

T1 Die Idee der europäischen Einheit
Nach dem Zweiten Weltkrieg sehnten sich die Menschen nach Frieden und einem unbeschwerten Leben. Die Politiker griffen einen alten Gedanken des vereinten Europas auf: Die Völker Europas sollten sich nie mehr als Gegner gegenüberstehen. Sie sollten vielmehr die Zukunft als Partner friedlich gestalten und sich zu Freiheit und Demokratie bekennen.
Alle Mitgliedsstaaten der EU haben ihre eigene Regierung und ihre eigenen Gesetze. Allerdings gibt es auch eine gemeinsame EU-Politik mit verbindlichen Gesetzen in der EU. Diese Gesetze für die EU zu beschließen ist nicht einfach.

T2 Grenzenlose Freiheiten
Innerhalb der Europäischen Union kann jeder EU-Bürger frei reisen. Die Kontrollen an den Grenzen wurden überwiegend abgeschafft. Bei Reisen reicht es aus, den Personalausweis dabei zu haben.
In 20 Staaten der Europäischen Union kann man mit der Währung Euro (€) bezahlen. Diese Länder bilden den Euroraum. Bei Reisen innerhalb dieser Länder ist kein Geldumtausch mehr nötig.
Auch für den Warenverkehr gibt es keine Grenzen mehr. Unternehmen können nun problemlos Waren in andere Länder liefern. Jeder EU-Bürger kann sich innerhalb der Europäischen Union einen Arbeitsplatz suchen und trotzdem im Heimatland wohnen.

D 05
Arbeitsblatt
Lösungen

Europa im Überblick 1

3 SP

a) Stelle auf einem Zeitstrahl dar, wie sich die EU von 6 auf 27 Mitglieder erweitert hat (M 2).
b) Nenne Staaten, in denen man nicht mit dem Euro bezahlen kann.

AFB I: 1, 2a, 2c, 3b II: 2b, 3a → Lösungshilfen ab S. 129

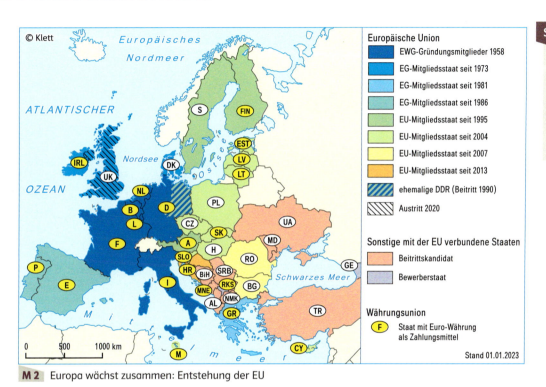

Schon gewusst?

Kosovo und Montenegro besitzen den Euro als inoffizielle Währung, sind aber nicht Teil der EU.

M 2 Europa wächst zusammen: Entstehung der EU

T 3 Zukunft und Herausforderungen

Die EU ist offen für neue Mitglieder, allerdings muss jeder Beitrittskandidat bestimmte Voraussetzungen erfüllen, um Mitglied zu werden. Länder wie z. B. die Türkei, die Ukraine, Albanien und Serbien beantragen ihren Beitritt und die EU muss darüber entscheiden, ob sie diese Länder in die EU aufnimmt. Es gab auch einen Austritt aus der EU: Bei einer Volksabstimmung im Vereinigten Königreich entschied sich 2016 eine knappe Mehrheit der Bevölkerung für den Austritt aus der EU, den sogenannten Brexit. Seit Februar 2020 ist das Vereinigte Königreich nicht mehr Mitglied in der EU.
Die europäische Einigung ist also bis heute nicht abgeschlossen. Es geht weiterhin um eine vertiefte Zusammenarbeit, z. B. um bei der Bevölkerung eine gemeinsame europäische Identität entstehen zu lassen.
Die EU steht immer wieder vor neuen Herausforderungen, z. B. in Fragen der Wirtschafts-, Asyl-, Außen- und Sicherheitspolitik. Deshalb ist Solidarität wichtig. Die Staaten helfen und unterstützen sich gegenseitig, weil sie sich zusammengehörig fühlen.

Identität
die Gesamtheit an Eigenschaften und Merkmalen

Solidarität
lateinisch: Zusammengehörigkeit. Man hält zusammen und unterstützt sich gegenseitig.

Die blaue Farbe symbolisiert den Himmel. Die goldenen Sterne im Kreis stehen für die Einheit Europas. Die Zahl Zwölf ist das Zeichen der Vollkommenheit und hat nichts mit der Anzahl der Mitgliedsstaaten zu tun.

M 3 Die Flagge der EU

25

2 Klima und Vegetation in Europa

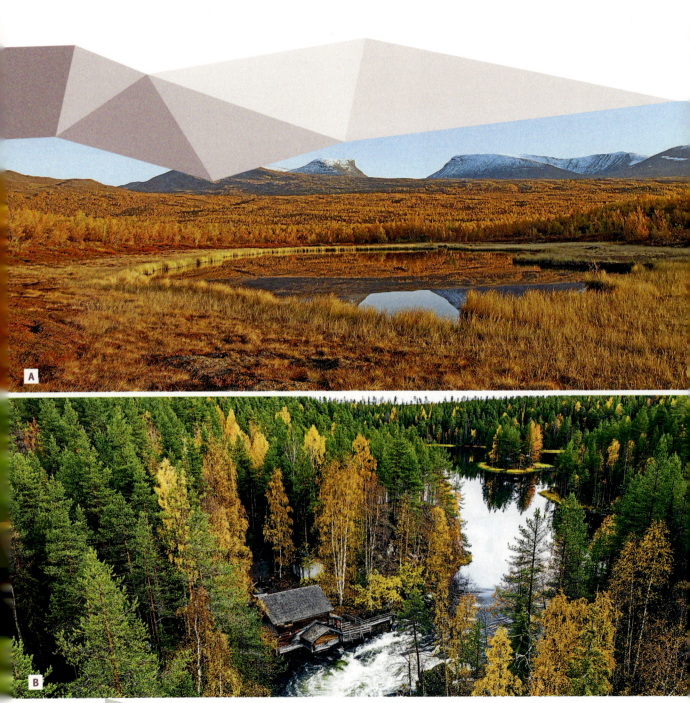

M1 Vielfältige Vegetation in Europa

Europa erstreckt sich von der Kalten Zone im Norden, über das breite Band der Gemäßigten Zone bis zur Subtropischen Zone im Süden. Deshalb gibt es in Europa große Klimaunterschiede, die sich auf die jeweilige Vegetation auswirken. Auf den Fotos siehst du vier typische Landschaften mit ganz unterschiedlichen Pflanzen. Wie sich die Klimazonen unterscheiden und wie Klima und Vegetation zusammenhängen, erfährst du auf den nächsten Seiten.

Klimazonen Europas

Mal warm, mal kalt, mal feucht, mal trocken... Innerhalb Europas gibt es große Klimaunterschiede. Aber warum ist das so und wie heißen die verschiedenen Klimazonen?

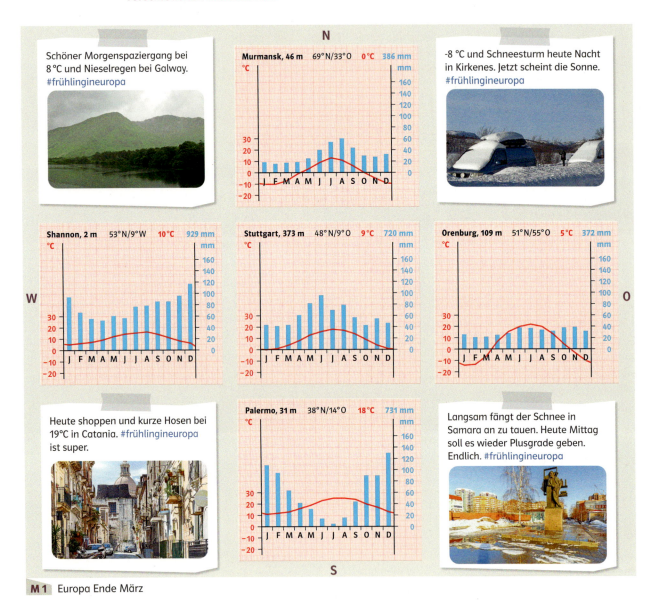

M1 Europa Ende März

T1 Von Norden nach Süden

Je weiter man in Europa nach Norden geht, umso kälter wird es. Das liegt an der Kugelgestalt der Erde. Richtung Nordpol treffen die Sonnenstrahlen immer schräger auf. Deshalb verteilen sie sich auf einer größeren Fläche. Die Erdoberfläche erwärmt sich daher im Norden nicht so stark wie im Süden. Besonders deutlich wird dies im Winter. Während diese Jahreszeit in der Kalten Zone lang und kalt ist, dauert sie Richtung Süden immer kürzer. In der Subtropischen Zone sind die Winter dann mild, aber niederschlagsreich.

2 Klima und Vegetation in Europa

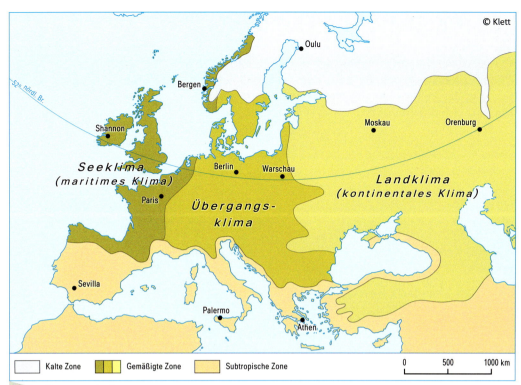

M 2 Klimazonen in Europa

T 2 Von Westen nach Osten

Große Wasserflächen, wie der Atlantische Ozean, haben auf die Lufttemperaturen eine ausgleichende Wirkung. Das Meer erwärmt sich im Sommer langsamer als das Land. Es kühlt sich aber im Winter auch langsamer ab, da es Wärme besser speichern kann. Typisch für das Seeklima, auch **ozeanisches oder maritimes Klima** genannt, sind daher kühle Sommer und milde Winter. Wegen der hohen Verdunstung des Meerwassers sind die Niederschläge das ganze Jahr über hoch. Im Inneren der Kontinente fehlt die ausgleichende Wirkung des Meeres. Dort herrscht Landklima, auch **kontinentales Klima** genannt. Große Temperaturunterschiede zwischen Sommer und Winter und geringe Niederschläge sind typisch für das Landklima. In Regionen, die beiden Einflüssen ausgesetzt sind, herrscht ein **Übergangsklima**.

1
a) Vergleiche die Social-Media-Posts (M 1).
b) Ordne die Social-Media-Posts von Ende März (M 1) den Klimazonen M 2 zu.

2
a) Ordne die Klimadiagramme in M 1 den Klimazonen in der Karte M 2 zu.
b) Beschreibe für jeden Ort den Temperatur- und Niederschlagsverlauf.

3
Stelle in einer Tabelle die Merkmale des Seeklimas und Landklimas gegenüber (M 1, T 2).

4
Erkläre, warum es in Europa so große Klimaunterschiede gibt (T 1, T 2, M 1, M 2).

3
Bearbeite Aufgabe A 3. Erkläre, warum das Übergangsklima auch als Mischklima bezeichnet wird.

2
a) Ordne die Klimadiagramme M 1 den Klimazonen in M 2 zu.
b) Begründe deine Zuordnung.

AFB I: 2b II 1, 2a, 3, 4   AFB I: II 1, 2a, 3, 4 III 2b   ↗ Lösungshilfen ab S. 129

In der Kalten Zone Europas

Im Norden Europas müssen Pflanzen, Tiere und Menschen mit sehr langen Wintern zurechtkommen. Doch trotz der niedrigen Temperaturen gibt es hier so große Waldgebiete wie nirgendwo sonst in Europa.
Wie lässt sich das erklären?

M 1 Borealer Nadelwald im Winter

boreal
von lateinisch „borealis" für nördlich Vegetation; alle Pflanzen, die in einem bestimmten Gebiet wachsen

Klimazone
Gebiete der Erde mit gleichartigem Klima. In Europa unterscheidet man drei unterschiedliche Klimazonen.

T1 Lange Winter und kurze Sommer
In der **Kalten Zone** Europas dauert der Winter oft über ein halbes Jahr.
Die Temperaturen können dann über der Schneedecke bis auf –40 °C absinken. Nur während des ein bis dreimonatigen Sommers werden Durchschnittstemperaturen von über 10 °C erreicht.
Die ganzjährig geringen Niederschläge erschweren die Wachstumsbedingungen für die Vegetation zusätzlich. Hier können nur Spezialisten überleben!

T2 Nadelwald so weit das Auge reicht
Große Teile Nordeuropas sind von Nadelwäldern bedeckt. Dort wachsen Fichten, Kiefern und Lärchen. Die anspruchslose Birke ist hier der einzige Laubbaum.

Zusammen bilden diese Bäume die Vegetation des **Borealen Nadelwaldes (Taiga)**. Vor allem die Nadelbäume haben sich den Lebensbedingungen hervorragend angepasst. Sie sind sehr schmal. Diese Wuchsform verringert die Schneelast und ermöglicht eine optimale Nutzung von Licht und Wärme. Die immergrünen Nadeln sind mit einer dünnen Wachsschicht überzogen, wodurch die Bäume im Winter vor Austrocknung geschützt sind. Lärchen und Birken werfen vor dem Einsetzen der strengen Fröste ihre Nadeln und Blätter ab. Der Boden ist im Winter lange gefroren und taut nur im Sommer auf. An diese Bedingungen haben sich Fichten und Lärchen mit ihren flachen Wurzeln angepasst.

V 01
Video
Flug über die Kalte Zone

Klima und Vegetation in Europa 2

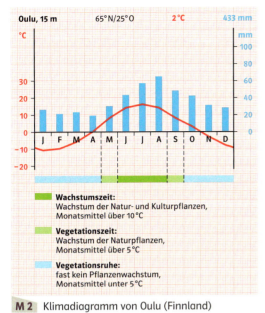

M 2 Klimadiagramm von Oulu (Finnland)

M 3 Klimazone: Kalte Zone

T 3 Wo keine Bäume mehr wachsen

Im äußersten Norden und in den Hochlagen des Skandinavischen Gebirges reicht die Vegetationszeit für Bäume nicht mehr aus. Hier erstreckt sich eine baumlose Landschaft mit Flechten, Moosen, Gräsern und Sträuchern, die **Tundra** genannt wird.
Diese Pflanzen bleiben nahe am Boden, um sich so vor Kälte, Wind und Austrocknung zu schützen.
In Richtung Nordpol nimmt die Pflanzendecke dann immer mehr ab. Nördlich der Eis- und Schneegrenze ist fast kein pflanzliches Leben mehr möglich.

M 4 Tundra in Schweden

1 Beschreibe die Vegetation der Kalten Zone (M1, M4, T2, T3).

2 a) Nenne in M 2 die Jahresdurchschnittstemperatur, die kältesten und wärmsten Monate.
b) Beschreibe die Verteilung der Niederschläge im Jahresverlauf (M 2).

a) Werte das Klimadiagramm M 2 aus.
b) Vergleiche mit deinem Heimatort bzw. mit Stuttgart.

3 Nenne verschiedene Anpassungen der Pflanzen an das Klima der Kalten Zone (T 2, T 3, M 2, M 4).

a) Erläutere, wie sich die Pflanzen an das Klima in der Kalten Zone angepasst haben (T 2, T 3, M 2, M 3).
b) Beschreibe die Dauer von Vegetationsruhe, Vegetations- und Wachstumszeit (M 2).

4 Arbeite mit M 3 und dem Kartenanhang.
a) Nenne die Staaten, die Anteil an der Kalten Zone haben.
b) Trage mindestens 2 Staaten in deine mitwachsende Karte ein.

AFB I: 1–4 AFB I: 1, 3b, 4 II 2, 3a → Lösungshilfen ab S. 129 31

In der Gemäßigten Zone Europas

Von den Britischen Inseln im Westen bis zum Uralgebirge im Osten wachsen vor allem Laub- und Mischwälder. Sicher weißt du, dass diese Wälder im Winter ihr Laub verlieren, aber weißt du auch warum?

M1 Baumkronenpfad im Hainich (Thüringen), dem größten Laubwaldgebiet Deutschlands

T1 Gemäßigt ist nicht gleich gemäßigt

Der größte Teil Europas gehört zur Gemäßigten Klimazone. Gemäßigt heißt, dass das Klima relativ ausgeglichen ist. Die Winter sind nicht zu kalt und die Sommer nicht zu heiß. Die große West-Ost-Ausdehnung führt aber dazu, dass es innerhalb der Klimazone große Unterschiede gibt. So liegen die Jahresdurchschnittstemperaturen zwischen 6 °C und 14 °C. Auch die Jahresniederschläge schwanken zwischen 300 mm und 1000 mm. Sie fallen aber in der ganzen Zone über das Jahr verteilt, sodass keine langen Trockenzeiten auftreten. Die Vegetationszeit ist dadurch sehr lang.

Je weiter man nach Osten kommt, desto kälter sind die Winter und es fällt wenig Niederschlag. Hier wächst nur noch die **Steppe**, eine baumlose Graslandschaft.

T2 Schutz vor Austrocknung

An die Bedingungen im Westen der Gemäßigten Klimazone hat sich der sommergrüne Laubwald angepasst. Er besteht überwiegend aus Buchen und Eichen. Richtung Osten werden die Winter kühler. Hier wachsen deshalb immer mehr Nadelbäume wie Fichten, Kiefern und Tannen. Zusammen bilden die verschiedenen Baumarten den für Mitteleuropa typischen Mischwald. Ein besonderes Kennzeichen der sommergrünen Wälder ist der herbstliche Laubfall. Wenn sich im Herbst der Boden abkühlt, können die Wurzeln immer weniger Wasser aufnehmen. Durch das Abwerfen der Blätter wird die Verdunstung stark eingeschränkt. Der Laubfall schützt die Bäume vor dem Austrocknen in der kalten Jahreszeit, wenn der Boden gefroren ist.

Klima und Vegetation in Europa 2

V 02
Video
Flug durch die Gemäßigte Zone

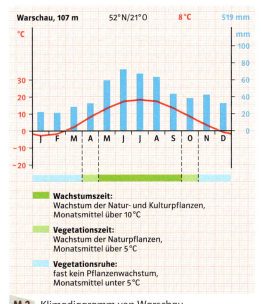

M 2 Klimadiagramm von Warschau

M 3 Klimazone: Gemäßigte Zone

T 3 Forstwirtschaft

In der Gemäßigten Zone Europas liegen die Gebiete mit der höchsten Bevölkerungsdichte und einer intensiven landwirtschaftlichen Nutzung. Seit vielen Jahrhunderten hat der Mensch die ursprünglichen Mischwälder gerodet und die Freiflächen für sich nutzbar gemacht. Die heutigen Wälder sind neu angepflanzt. Sie dienen der Erzeugung von Holz und werden Forst genannt. Ursprüngliche Wälder kommen nur noch in kleinen geschützten Gebieten vor, wie z. B. im Bayerischen Wald.

M 4 Steppe nahe Orenburg (Russland)

---

1 Beschreibe die Vegetation in der Gemäßigten Zone (M 1 und T 2).

2
a) Nenne in M 2 die Jahresdurchschnittstemperatur, die kältesten und wärmsten Monate.
b) Beschreibe die Verteilung der Niederschläge im Jahresverlauf (M 2).

2
a) Werte das Klimadiagramm M 2 aus.
b) Vergleiche mit deinem Heimatort bzw. mit Stuttgart.

3 Beschreibe verschiedene Anpassungen der Pflanzen an das Klima der Gemäßigten Zone (T 1, T 2, M 4, M 7).

3 Bearbeite Aufgabe A 3.
Erkläre, wie der Mensch die Mischwälder der Gemäßigten Zone für sich nutzbar macht.

4 Arbeite mit M 3 und dem Kartenanhang.
a) Nenne die Staaten, die Anteil an der Gemäßigten Zone haben.
b) Trage mindestens 2 Staaten in deine mitwachsende Karte ein.

AFB I: 1–4   AFB I: 1, 4 II: 2, 3   → Lösungshilfen ab S. 129

Klima und Vegetation in der Subtropischen Zone charakterisieren

In der Subtropischen Zone Europas

Heiß und trocken – im Süden sind die Sommermonate vor allem für die Vegetation eine große Herausforderung. Welche Fähigkeiten haben Pflanzen entwickelt, um lange Zeiträume ohne Niederschlag und mit großer Hitze zu überstehen?

M1 Vegetation in Südeuropa

Schon gewusst?

Während der Hitzewelle in Südeuropa wurde am 11. August 2021 eine Temperatur von 48,8 °C auf Sizilien gemessen.

T1 Lange heiße Sommer – kurze milde Winter

In der Subtropischen Zone (auch Subtropen genannt) dauert der Sommer bis zu einem halben Jahr. Dann ist es dort meist sehr heiß und trocken. Die monatlichen Durchschnittstemperaturen steigen nicht selten auf über 20 °C und es fallen fast keine Niederschläge. Während des kurzen milden Winters gibt es kaum Fröste, denn selbst im kältesten Monat liegen die Durchschnittstemperaturen über 5 °C. Dafür fällt in dieser Jahreszeit der Großteil der Niederschläge.

T2 Den Sommer überstehen

Um sich vor der großen Hitze und der Austrocknung während des Sommers zu schützen, haben Pflanzen zum Beispiel kleine, harte Blätter ausgebildet. Deshalb werden sie als Hartlaubgewächse bezeichnet. Lavendel, Thymian und Rosmarin geben stark duftende Öle ab. So entsteht um die Blätter eine vor Wärme schützende Gashülle. Korkeichen haben 12 m tiefe Wurzeln und eine sehr dicke Rinde, aus der Kork gewonnen wird. Zypressen sehen aus wie geschlossene Regenschirme. Ihre schuppenförmigen Blätter liegen fest am Stamm an.
Weitere Anpassungen sind behaarte Blätter, Nadeln, Dornen, Stacheln oder eine dicke Wachsschicht auf der Blattoberseite.

T3 Entwaldung

Ursprünglich waren große Gebiete der Subtropischen Zone mit dichtem immergrünen Eichen- und Kiefernwald bedeckt. Der Mensch hat diese Wälder aber seit Jahrhunderten abgeholzt, um Ackerland zu gewinnen und weil er Holz für den Bau von Häusern und Schiffen benötigte. Außerdem

V 03
Video
Flug durch die Subtropische Zone

Klima und Vegetation in Europa 2

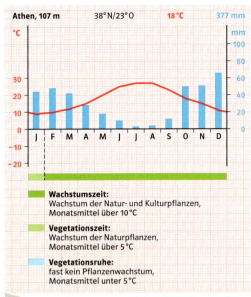

M 2 Klimadiagramm von Athen (Griechenland)

M 4 Klimazone: Subtropische Zone

Olivenbaum – Meister der Anpassung

Er ist eine der ältesten Kulturpflanzen der Erde. Wie die Weinrebe zählt er zu den Dauerkulturen, da er viele Jahre ununterbrochen genutzt werden kann. Der Olivenbaum ist besonders gut an das Klima angepasst. Seine harten, kleinen Blättchen drehen sich mit dem „Lauf" der Sonne, um ihr möglichst die schmale Seite zuzuwenden. Dadurch wird die Verdunstung auf ein Minimum reduziert. Für viele Landwirte ist der Anbau von Oliven die Haupteinnahmequelle.

M 3 Olivenanbau

wurden die Wälder auch als Weide für Schafe und Ziegen genutzt und dadurch weiter geschädigt. Anstelle der ursprünglichen Wälder breiten sich seither bis zu drei Meter hohe Sträucher aus, die als **Macchie** bezeichnet werden. Im Sommer sind diese Sträucher oft von Bränden bedroht.

A
B

1 Beschreibe die Vegetation in der Subtropischen Zone (M1, T1–T2).

2
a) Nenne in M 2 die Jahresdurchschnittstemperatur, die kältesten und wärmsten Monate.
b) Beschreibe die Verteilung der Niederschläge im Jahresverlauf (M 2).

3 Beschreibe, wie sich die Pflanzen in der Subtropischen Zone an das Klima angepasst haben? (T2)

4 Arbeite mit M 4 und dem Kartenanhang.
a) Nenne die Staaten, die Anteil an der Subtropischen Zone haben.
b) Trage mindestens 2 Staaten in deine mitwachsende Karte ein.

2
a) Werte das Klimadiagramm M 2 aus.
b) Vergleiche mit deinem Heimatort bzw. mit Stuttgart.

3 Bearbeite Aufgabe A 3. Erkläre, warum der Olivenanbau im Mittelmeerraum verbreitet ist (M 3).

AFB I: 1–4 AFB I: 1, 4 II: 2, 3 → Lösungshilfen ab S. 129

Methode

Eine Internetrecherche durchführen

MB Im Internet recherchieren

Häufig suchen wir Informationen zu einem bestimmten Thema. Ob wir einen Vortrag halten, ein Plakat gestalten oder einfach unser Wissen erweitern wollen – das Internet unterstützt uns. Doch aus der unendlichen Fülle an Informationen die richtigen herauszufiltern ist gar nicht so einfach.

M1 Startseite für Suchmaschinen für Kinder

T1 Wie komme ich an Informationen?
Von deinem Lehrer oder deiner Lehrerin hast du die Aufgabe bekommen, ein Naturereignis oder eine Naturkatastrophe vorzustellen. Dabei sollst du die Bedrohung und auch die Schutzmaßnahmen beschreiben. Aber woher bekommst du nun die Informationen? Eine Möglichkeit ist die Suche im Internet mithilfe einer Suchmaschine.

1. Schritt: Eine Suchmaschine aufrufen
Die bekanntesten Suchmaschinen sind zum Beispiel Bing, Google oder Yahoo. Sie sind eigentlich für Erwachsene erstellt worden. Natürlich kannst du sie auch benutzen, aber viele Suchergebnisse wirst du nur schwer verstehen. Deshalb gibt es spezielle Suchmaschinen für Kinder. Damit wirst du auf Seiten mit Texten gelenkt, die besonders für Kinder geschrieben sind. In M1 findest du einige Beispiele für solche Suchmaschinen.

Suchmaschine
Programm im Internet, mit dem man gezielt nach Informationen sucht

2. Schritt: Geeignete Suchbegriffe überlegen und eingeben
Möchtest du etwas über ein bestimmtes Thema wissen, kannst du Suchbegriffe in das Suchfenster der Suchmaschine eingeben. Bedenke dabei:
– Bei den Suchbegriffen spielt die Groß- und Kleinschreibung keine Rolle.
– Formuliere keine Sätze, sondern gib nur Suchbegriffe/Stichwörter ein.
Beachte dazu auch die Tipps und Tricks für die Suche in M2.

3. Schritt: Ergebnisse prüfen
Dieser Schritt ist der wichtigste und gleichzeitig eine große Herausforderung für dich. Du musst entscheiden, ob die angezeigten Webseiten brauchbar und verlässlich sind. Denn manchmal stehen auch falsche Informationen im Internet.

Klima und Vegetation in Europa 2

Symbol/Operator	Beispiel
Wenn du mehrere Begriffe miteinander verbinden möchtest, setze ein Plus vor die Wörter (macht z. B. Google automatisch).	Tornado + Entstehung
Wenn du Seiten finden möchtest, die irgendeinen von mehreren Begriffen enthalten, füge den Operator OR in Großbuchstaben zwischen die Begriffe ein.	Tornado + Entstehung OR Schutzmaßnahmen
Wenn du ein Wort oder eine Wortgruppe in Anführungszeichen setzt, enthalten die Ergebnisse nur solche Seiten, auf denen die Wörter in der gleichen Form und in der gleichen Reihenfolge wie innerhalb der Anführungszeichen vorkommen.	„Entstehung eines Tornados"

M 2 Tipps und Tricks für die Suche

Zuverlässige Informationen findest du auf den Internetseiten der meisten Zeitungen, Universitäten, Rundfunk- und Fernsehstationen und Verlagen sowie auf den Internetseiten der Bundesministerien. Jede Internetseite hat ein Impressum. Hier steht, wem die Seite gehört und wer für den Inhalt verantwortlich ist.

4. Schritt: Ergebnisse bewerten
Sichte nun die Seiten, die dir die Suchmaschine vorschlägt. Welche Informationen sind besonders hilfreich? Vergleiche die Inhalte: Sind die Informationen der verschieden Internetquellen gleich oder widersprechen sie sich? Bietet eine Seite zu viel oder zu wenig Informationen? Entscheide dich schließlich nach der Bewertung, von welcher Seite oder von welchen Seiten du die Informationen entnehmen möchtest.

5. Schritt: Begriffe klären
Die Informationen auf den Internetseiten beinhalten oft Fachbegriffe. Bist du sicher, dass du alle Begriffe verstanden hast? Einfach nur einen Text zu kopieren, ist nicht besonders klug. Du musst den Inhalt verstehen und Fachbegriffe erklären können.

6. Schritt: Quellen richtig angeben
Wenn du Informationen aus dem Internet verwendest, musst du genau angeben, woher sie stammen. Dazu kopierst du die Internetadresse (die URL) und gibst in Klammern das Datum an, an welchem Tag du die Informationen gefunden hast.

Bsp. Tornado: Wie gefährlich ist ein Tornado?
https://klexikon.zum.de/wiki/Tornado
(Zugriff am 07.11.2022)

M 3 Tornado

---

1 Beschreibe, wie man bei einer Internetrecherche vorgeht und was zu beachten ist.

2 Führe eine Internetrecherche zu einem Naturereignis deiner Wahl durch. Gehe nach den Schritten 1–6 vor.

3 Erstelle ein Lernplakat zu deinem ausgewählten Naturereignis.

AFB I: 1, II 2, 3 → Lösungshilfen ab S. 129

Orientierung

Sich in Westeuropa orientieren

Orientieren in Westeuropa

Der Atlantik hat diese sechs Staaten geprägt: nicht nur klimatisch sondern auch wirtschaftlich. An Westeuropas Küsten liegen die größten Seehäfen Europas, die Tore von und nach Europa.

M 1

M 2 Eiffelturm in Paris

M 5 Hauptbahnhof von Antwerpen

M 3 Tower Bridge in London

M 6 Hafen in Rotterdam

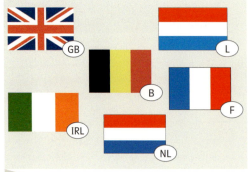

M 4 Flaggen von Staaten Westeuropas

1

Arbeite mit Karte M 7 und dem Atlas oder dem Kartenanhang. Benenne:
a) die Staaten 1–6 und die dazugehörigen Städte 1–13,
b) die Gebirge A–D,
c) die Inseln a–e,
d) den Ozean und die Meere A–E sowie die Flüsse a–e.

Klima und Vegetation in Europa 2

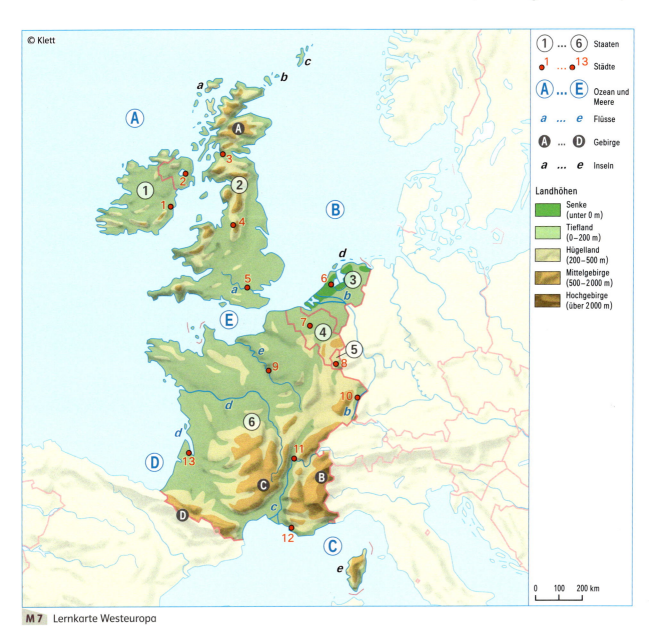

M 7 Lernkarte Westeuropa

2
Ordne den Fotos M 2, M 3, M 5 und M 6 das entsprechende westeuropäische Land zu.

3
Außenseiter gesucht:
Finde den Außenseiter und begründe, warum er nicht dazu passt.
a) Den Haag – Rotterdam – Amsterdam – Lissabon
b) Antwerpen – Belfast – London – Dublin
c) Seine – Rhein – Maas – Lyon
d) Paris – Bordeaux – Marseille – Manchester
e) Belgien – Niederlande – Luxemburg – Frankreich

4
Wer kennt sich in Westeuropa aus?
a) Welche Staaten haben nur einen Nachbarn?
b) Welcher Staat hat die meisten Nachbarländer?
c) Welche Staaten sind mit der Abkürzung Benelux gemeint?

5
Flaggen-Experte gesucht:
Zu welchen Staaten gehören die Flaggen (M 4)?

AFB I: 1, 2, 4, 5 II: 3 → Lösungshilfen ab S. 129

Training

Wichtige Begriffe

- Borealer Nadelwald
- Taiga
- Tundra
- Kalte Zone
- Golfstrom
- Gemäßigte Zone
- Landklima (kontinentales Klima)
- Seeklima (maritimes Klima)
- Steppe
- Übergangsklima
- sommergrüner Laubwald/Mischwald
- Subtropische Zone
- Macchie
- Hartlaubvegetation

M 1 Spitzbergen (Norwegen)

M 3 an der Moldau (Tschechien)

M 2 bei Kuusamo (Finnland)

M 4 Korsika (Frankreich)

Sich orientieren

1 Klima- und Vegetationszonen gesucht
a Bestimme für die Fotos M 1 – M 4 die Klima- und Vegetationszonen.
b Benenne für jede Vegetationszone mindestens drei typische Pflanzen.

2 Staaten gesucht
Nenne mindestens 3 europäische Staaten, die Anteil an mehreren Klimazonen haben.

Kennen und verstehen

3 Findest du die Begriffe?
a Klimazone mit trockenen, heißen Sommern und milden, regenreichen Wintern
b Klimaregion der Gemäßigten Zone, die stark vom Meer beeinflusst wird
c Baumlose Landschaft in der Kalten Zone aus Sträuchern, Gräsern und Flechten
d Klimazone mit nicht zu kalten Wintern und nicht zu kalten Sommern
e Vegetationszone, in der vor allem Nadelbäume vorherrschen
f Vegetation mit Sträuchern in der Subtropischen Zone

4 Außenseiter gesucht
Finde den Außenseiter und begründe, warum er nicht dazu passt.
a subtropisches Klima – kaltes Klima – ozeanisches Klima – gemäßigtes Klima
b Übergangsklima – subtropisches Klima – Landklima – Seeklima
c Fichte – Kiefer – Eiche – Lärche
d Hartlaubvegetation – Tundra – Taiga – Regenwald
e Flechten – Buchen – Moose – Sträucher

5 Richtig oder falsch?
Verbessere die falschen Aussagen und schreibe sie richtig auf.
a An der Westküste Irlands sind die Sommer überwiegend trocken und warm.
b Das Klima im Borealen Nadelwald hat kurze und milde Winter.
c In der Kalten Klimazone müssen die Pflanzen „überwintern", in der Subtropischen Klimazone müssen sie „übersommern".
d In der Tundra können keine Bäume wachsen, weil die Niederschläge zu gering sind.

2 Klima und Vegetation in Europa

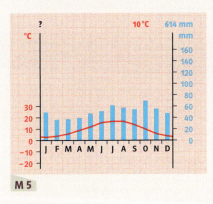

M 5 | M 6 | M 8

e Das Übergangsklima ist vor allem im Süden Europas zu finden.
f Der Ölbaum ist ein typischer Vertreter der Hartlaubvegetation.

6 Bilderrätsel
Löse die Bilderrätsel und erkläre die gesuchten Begriffe.

a

b

Irland im Winter

Irland im Sommer

M 7

Methoden anwenden

7 Klimaexperten gesucht
a Ordne die Klimadiagramme M 5, M 6 und M 8 den Orten Stuttgart, London und Rom zu. Begründe deine Entscheidung.
b Finde anhand der folgenden Beschreibungen heraus, in welcher Klimazone die Orte A und B jeweils liegen:
– Ort A: Das Klima zeichnet sich durch sehr große Jahresschwankungen der Temperatur aus.
– Ort B: Hier kann man viele Pflanzen finden, die kleine, harte Blätter und Stacheln ausgebildet haben.

Beurteilen und bewerten

8 Prima Klima?
Erläutere die Vorzüge und Nachteile der Gemäßigten Klimazone aus der Sicht einer Landwirtin und aus der Sicht eines Touristen.

9 Immer nur Regen?
Bewerte die Zeichnung M 7. Hat die Zeichnerin übertrieben oder nicht? Begründe deine Meinung.

Wissen vernetzen

10 Wenn es immer wärmer wird …
Stelle dar, wie sich die globale Erwärmung der Erde auf die Klimazonen in Europa auswirken wird.

Anpassungen der Tiere an das Klima beschreiben

Wähle aus

A Überlebenskünstler gesucht!
diese Seite

B Der Golfstrom – Europas Warmwasserheizung
Seite 44/45

1 Wähle zwei Tiere aus unterschiedlichen Klimazonen aus und beschreibe die jeweiligen Anpassungen an den Lebensraum.

2 Vermute, weshalb vor allem größere Säugetiere im Süden Europas kaum mehr vorkommen und vom Aussterben bedroht sind.

A Überlebenskünstler gesucht!

Manche Tiere in Europa sind wahre Überlebenskünstler. Mit welchen Tricks sie sich auf die unterschiedlichen Klimabedingungen einstellen, erfährst du hier.

Geckos sind – wie alle Reptilien – wechselwarme Tiere. Das bedeutet, dass ihre Körpertemperatur von der Umgebungstemperatur abhängt. Sie sonnen sich gerne, um sich aufzuwärmen. Bei zu hohen Tagestemperaturen suchen sie aber schattige Verstecke auf, um nicht zu überhitzen. In der Dämmerung gehen sie auf Jagd nach Insekten. Geckos haben extrem lichtempfindliche Augen, so dass sie sogar nachts farbig sehen. Bis 15 °C sind sie aktiv. Viele Gecko-Arten halten von November bis März eine Winterruhe. Ihr Schwanz dient als Fett- und Nährstoffspeicher.

M 1 Europäischer Halbfingergecko

Skorpione sind meist in den kühleren Abend- und Nachtstunden aktiv. Dann gehen sie auf Jagd nach Insekten. Während der heißen Tageszeit verstecken sie sich unter Steinen oder in Trockenmauern. Das überlebenswichtige Wasser beziehen Skorpione aus ihren Beutetieren. Wenn das Futter knapp ist, verlangsamt der Skorpion seinen Stoffwechsel. Ein einziges Insekt reicht ihm dann aus, um ein ganzes Jahr lang zu überleben. Alle Skorpione sind giftig, wobei die Stiche der in Südeuropa vorkommenden Arten für Menschen nicht lebensgefährlich sind.

M 3 Skorpion

Lebensraum in Gefahr!

Die sommerliche Trockenheit, Hitze und Winde aus Nordafrika zwingen nicht nur die Pflanzen in der Subtropischen Klimazone zu Anpassungen. Auch die einheimische Tierwelt ist davon betroffen, kann hierauf aber besser reagieren, da Tiere ihren Standort wechseln können. Ursprünglich war die Tierwelt im Süden Europas sehr vielfältig. Durch die Zerstörung ihrer angestammten Lebensräume durch Entwaldung, Besiedlung, Land- und Weidewirtschaft sind ihre Bestände inzwischen stark gefährdet.

M 2

Klima und Vegetation in Europa

3

Recherchiere im Internet nach einem weiteren Überlebenskünstler (z. B. Polarfuchs, Gämse).

AFB I: 1 II: 3 III: 2 → Lösungshilfen ab S. 129

Das Rentier lebt in der Tundra und Taiga im Norden Europas. Mit seinem dicken Fell ist es bestens an das Klima der Kalten Zone angepasst. Die Haare des Fells sind innen hohl und wirken isolierend. Ein Rentier verliert kaum Körperwärme, sodass sogar Schnee auf ihm liegen bleibt. Eine Besonderheit ist die Rentiernase. Sie erwärmt die kalte Luft beim Einatmen auf Körpertemperatur. Auf der Suche nach Futter kann ein Rentier die Nase auch bei minus 50 °C ohne Probleme in den Schnee stecken.

M 4 Rentier

Die wild lebenden Moschusochsen sind eine Attraktion im Dovrefjell Nationalpark in Norwegen. Sie sind keine Rinder, sondern gehören zu den Ziegenartigen. Die zotteligen Tiere schützen sich mit einem dicken Fell, das achtmal wärmer als Schafswolle ist. Eine isolierende Fettschicht unter dem Fell ist ein zusätzlicher Schutz vor Kälte. Moschusochsen sind Herdentiere. Im kalten Winter stehen sie in großen Herden eng zusammen. Dadurch wärmen sie sich gegenseitig.

M 6 Moschusochse

Den typischen „Gesang" der männlichen Singzikaden kennt jeder, der schon einmal einen Sommerurlaub am Mittelmeer verbracht hat. Das Gezirpe dieser Insekten soll aber weniger Menschen erfreuen, als vielmehr die Zikadenweibchen anlocken. Mithilfe ihres Rüssels stechen sie Pflanzen an und saugen an den nährstoffreichen Pflanzensäften. Die gut getarnten Singzikaden leben nur wenige Sommermonate lang. Etwa fünf Jahre lang dauert dagegen ihre Entwicklung. Bis zu einem Meter tief graben sich die Larven in den Boden ein und legen sich eine Aufenthaltskammer an. Während dieser Zeit saugen sie an Pflanzenwurzeln.

M 5 Singzikade

Die Äskulapnatter ist mit bis zu zwei Metern Länge eine der größten Schlangen Europas. Als wechselwarmes Tier bevorzugt sie warme und sonnige Plätze. Bei sehr großer Hitze verkriecht sie sich aber in den Schatten. Die ungiftige Schlange ist tagaktiv, geht jedoch im Hochsommer in den kühleren Morgen- und Abendstunden auf die Jagd. Zu ihrer Beute gehören Mäuse, Eidechsen, Jungvögel und Eier. Im Winter verkriecht sich die Natter und hält eine bis zu sechs Monate dauernde Winterruhe. Weil sie sich regelmäßig häutet, galt sie bei den Griechen als Symbol der Verjüngung und war dem Heilsgott Äskulap geweiht.

M 7 Äskulapnatter

Wähle aus

A **Überlebenskünster gesucht!**
Seite 42/43

B **Der Golfstrom – Europas Warmwasserheizung**
diese Seite

Den Einfluss des Golfstroms auf Europa beschreiben

1
Brønnøysund und Oulu:
a) Vergleiche die Fotos und die Klimadiagramme M2 und M3.
b) Benenne Unterschiede hinsichtlich der Temperatur und des Niederschlags.

2
Erkläre, warum der Golfstrom als Warmwasserheizung bezeichnet wird (T1, M4).

B Der Golfstrom – Europas Warmwasserheizung

Während die Temperaturen in Brønnøysund selten unter 0 °Celsius liegen, herrschen in Oulu in fast 5 Monaten Minustemperaturen, obwohl beide Städte auf dem gleichen Breitengrad in der gleichen Klimazone liegen. Wie ist das zu erklären?

M1

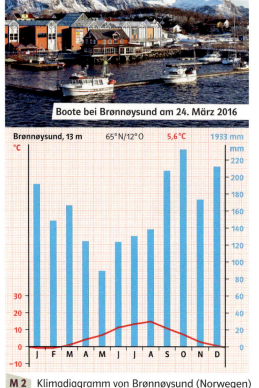

M2 Klimadiagramm von Brønnøysund (Norwegen)

M3 Klimadiagramm von Oulu (Finnland)

T1 Europas Warmwasserheizung

Ganz West- und Nordeuropa verdankt sein deutlich milderes Klima vor allem einer ca. 10 °C warmen Meeresströmung, dem Golfstrom. Ohne ihn wäre es bei uns im Jahresdurchschnitt um 5 °C kälter. Als Teil der weltweiten Meeresströmungen hat der Golfstrom keinen Anfang und kein Ende. Sein Wasser erwärmt sich im Golf von Mexiko auf bis zu 30 °C. Seine Ausmaße sind beeindruckend: Er ist durchschnittlich 50 km breit und fließt mit 8 km/h durch den Nordatlantik. Winde und die Erddrehung geben diese Richtung vor.

| D09 Arbeitsblatt Lösungen | A02 Hörtrack Der Golfstrom | Klima und Vegetation in Europa **2** |

3

a) Beschreibe, welche Auswirkungen der Klimawandel auf den Golfstrom hat.
b) Diskutiere die Folgen mit einem Lernpartner oder einer Lernpartnerin (Szenario in M 4).

AFB I: 1b, 3a II: 1a, 2 III: 3b → Lösungshilfen ab S. 129

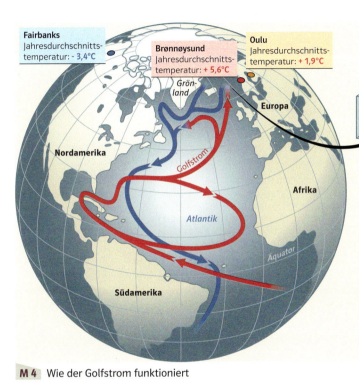

M 4 Wie der Golfstrom funktioniert

Arktische Winde und Meereis kühlen das aus dem Süden kommende wärmere Wasser ab.

Durch den höheren Salzgehalt wird das Golfstromwasser „schwerer", sinkt in die Tiefe und strömt als kaltes Tiefenwasser nach Südwesten.

Szenario: Berlin, Ende August 2070
Über den zugefrorenen Wannsee fegt bei –10 °C ein rauer Wind. Die Heizungen laufen das ganze Jahr. Nahrungsmittel sind knapper geworden. Früher war alles ganz anders. Nur die älteren Berlinerinnen und Berliner erinnern sich noch daran: Im Sommer war es richtig warm, die Durchschnittstemperaturen lagen im August bei 18 °C. Temperaturen wie heute kannte man nur aus Sibirien. Von Skandinavien bis Mitteldeutschland toben im Herbst schwere Stürme. Weite Teile der Nord- und Ostsee sind im Winter zugefroren. Auf den Ostfriesischen Inseln findet man Pflanzen der Tundra. Die Winter werden immer länger, die Vegetationszeit immer kürzer. Auf Island wohnt schon seit Jahren kaum jemand mehr, nachdem Reykjavík von Gletschern ins Meer geschoben wurde.

T2 Motor des Golfstroms
Aufgrund der niedrigen Temperaturen und des höheren Salzgehaltes wird das Wasser im Nordatlantik schwerer und sinkt ab. Zwischen Island und Grönland sinkt das Golfstromwasser bis zu 3 000 m tief ab und strömt mit einer Temperatur von 2 °C am Boden des Atlantiks wieder südwärts. Durch das Absinken entsteht eine enorme Sogwirkung, die als „Motor" des Golfstroms gilt und den Kreislauf der Meeresströmung in Bewegung hält.

T3 Ist der Golfstrom in Gefahr?
Europas Warmwasserheizung ist störanfällig. Durch den Klimawandel und die damit einhergehende Erwärmung der Erde schmilzt das Eis im Nordatlantik. Dadurch könnte der Süßwasseranteil steigen und der Salzgehalt abnehmen. Der Golfstrom könnte zum Stillstand kommen.
Die Lufttemperatur würde sich im Durchschnitt um 2 °C auf der Nordhalbkugel verringern, in Nordeuropa sogar um 8 °C.
Ohne den Golfstrom wären die Elbmündung und Teile der Nordsee monatelang vereist – so wie beispielsweise die Hudson Bay in Kanada.

Szenario
Entwurf von möglichen Ereignissen

3 Vielfältige Landwirtschaft

Europa bittet zu Tisch – und der ist reichlich gedeckt!
Etwa 800 Millionen Menschen leben in Europa und für uns
alle produziert die Landwirtschaft die unterschiedlichsten
Nahrungsmittel. Doch welche Produkte stammen aus welchen
Regionen? Wie werden unsere Lebensmittel erzeugt?
Und warum können wir auch im Winter Erdbeeren kaufen?

Die (eigenen) Ernährungsgewohnheiten reflektieren

Was wir essen

Erdbeeren im Januar? Kein Problem! Für uns ist es selbstverständlich, dass die meisten Lebensmittel immer verfügbar sind. Doch woher kommen die Lebensmittel? Was genau essen wir eigentlich? Und wie hat sich unsere Ernährung verändert?

M 1 Angebot im Supermarkt

SP Tipp

Beurteilen
↗ Aufgabe B 2

- Meiner Meinung nach …
- Ich finde das (nicht) gut, weil …
- Deshalb/ darum …

Schon gewusst?

Deutschland ist „Weltmeister" im Vernichten von Essen. Etwa ein Viertel der produzierten Lebensmittel werden nicht gegessen, sondern in den Müll geworfen.

T1 Aus der Region?

Beim Einkauf im Supermarkt wird deutlich, dass manche Lebensmittel einen weiten Weg hinter sich haben. Schnelle Transportwege ermöglichen die Anlieferung von landwirtschaftlichen Produkten aus weiter entfernten Ländern wie Spanien, Italien oder Neuseeland. Der Handel richtet sich nach den Kundenwünschen. Was häufig gekauft wird, ist auch da. Ob und in welchen Mengen wir Obst, Milch oder Fleisch bevorzugen, wirkt sich nicht nur auf unseren Geldbeutel aus, sondern auch darauf, was und wie Landwirte Lebensmittel produzieren. Manche Menschen bevorzugen Lebensmittel, die aus der Region kommen. Sie achten beim Einkaufen sehr genau auf die Herkunft der Produkte. Aus der Region kann nur das kommen, was in der Landwirtschaft vor Ort erzeugt wird.

T2 Ernährung früher

Vor mehr als 50 Jahren waren die Essgewohnheiten anders als heute. Die Menschen aßen vor allem Nahrungsmittel aus der Region und diese entsprechend der Jahreszeiten: Im Winter gab es kein frisches Obst und Gemüse aus dem eigenen Garten oder vom Markt, sondern gut zu lagernde Produkte wie Kartoffeln oder Rüben.
Es gab üblicherweise drei Mahlzeiten am Tag, meist zu Hause mit der ganzen Familie. Fleisch und Süßigkeiten aßen die Menschen selten, weil diese Lebensmittel sehr teuer waren oder weil es sie manchmal einfach nicht gab.

Vielfältige Landwirtschaft 3

M 2 In der Mensa

M 3 Einkauf im Hofladen

T3 Ernährung heute

Viele von uns essen im Schul- und Berufsalltag mehrmals kleine Mahlzeiten. Unser Mittagessen ist oft nur ein Imbiss. Wir essen „to go" oder im Restaurant. Mit einem „Klick" kann man sich das Essen rund um die Uhr nach Hause bestellen. Aber das schnelle Essen zwischendurch ist nicht immer gesund. Mahlzeiten und Snacks enthalten heute oft zu viel Zucker, Fette und Zusatzstoffe, die unser Körper gar nicht braucht. Bei der Ernährungsberatung werden deshalb regelmäßige Mahlzeiten mit gesunden Lebensmitteln empfohlen. Schulen, Universitäten und große Firmen bieten darum oft ein Mittagessen in der Mensa an.

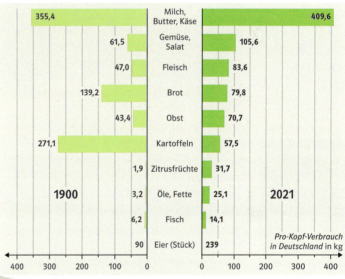

1900		2021
355,4	Milch, Butter, Käse	409,6
61,5	Gemüse, Salat	105,6
47,0	Fleisch	83,6
139,2	Brot	79,8
43,4	Obst	70,7
271,1	Kartoffeln	57,5
1,9	Zitrusfrüchte	31,7
3,2	Öle, Fette	25,1
6,2	Fisch	14,1
90	Eier (Stück)	239

Pro-Kopf-Verbrauch in Deutschland in kg

M 4 Wandel in der Ernährung 1900 – 2021

1
Tauscht euch in der Klasse über eure Essgewohnheiten aus.
Zum Beispiel:
Wie viele Mahlzeiten esst ihr pro Tag? Was ist euer Lieblingsessen, z. B. in der Mensa (M 2)? Wo kauft ihr Lebensmittel ein (M 1, M 3)?

2
„Für welche Lebensmittel wir uns entscheiden, wirkt sich auf die Landwirtschaft aus."
Erkläre die Aussage mithilfe von T1.

2 SP
Unsere Essgewohnheiten haben Einfluss auf die Landwirtschaft.
Beurteile die Aussage.

3
Arbeite mit M 4:
a) Nenne Nahrungsmittel, die heute mehr als früher gegessen werden.
b) Zähle Nahrungsmittel auf, die heute weniger als früher gegessen werden.
c) Stelle Vermutungen zu den Ursachen der Veränderungen an.

3
Arbeite mit M 4, T2, T3:
a) Beschreibe die Veränderungen.
b) Nenne Gründe für die Veränderungen. Nutze dafür auch T1.

4
Erkundungsauftrag für den Supermarkt:
Was wird „aus der Region" angeboten? Welche Lebensmittel kommen von weit her (Land)?
Erstelle eine Liste.

AFB I: 1, 3a, 3b, 4 II: 2 III: 3c   AFB I: 1, 2, 4 III: 2   → Lösungshilfen ab S. 129   49

Den Zusammenhang zwischen Klima und Landwirtschaft in der Subtropischen Zone erklären

Saftige Früchte aus trockenem Land

Ab November liegen sie in den Obsttheken ganz Europas aus – die Orangen. Ihr leuchtender Farbton war der Namenspate für die Farbe Orange. Obwohl sie aus den trockenen Subtropen kommen, sind sie saftig – wie kann das sein?

M1

M3 Orangenplantage in Südspanien

M2 Maria

Apfelsine
andere Bezeichnung für Orange, die ursprünglich aus Südchina stammt („sine" kommt von China, also „Apfel aus China").

Orangen aus Murcia

Mein Name ist Maria. Mein Vater besitzt eine Huerta mit mehr als 1 000 Orangenbäumen. Huertas nennen wir unsere Gärten, woanders werden sie auch als Plantagen bezeichnet. Bei uns in Murcia sind die Wachstumsbedingungen für Orangenbäume fast ideal: die Winter sind regenreich und es wird nicht kälter als 5 °C, im Sommer ist es sonnig und heiß. Problematisch ist die Trockenheit, denn bei uns am Mittelmeer regnet es im Sommer viele Monate überhaupt nicht. Spätestens wenn sich die Blätter der Bäume zusammenrollen, müssen wir die Orangenbäume in unserer Huerta wässern – was aufgrund der Wasserknappheit immer aufwendiger wird. Sobald sich die grünen Früchte orange färben, beginnt die Erntezeit. Die Orangen werden gepflückt, gewaschen und anschließend mit einer Wachsschicht überzogen, um sie zu schützen. Anschließend werden sie auf große Lkw verladen und in die Supermärkte Europas gebracht.

M4

T1 Landwirtschaft in den Subtropen

Im Mittelmeerraum sind die Bedingungen sehr gut, um das ganze Jahr über Obst und Gemüse anbauen zu können. Aufgrund der heißen und trockenen Sommer wurden früher genügsame Früchte wie Wein oder Oliven angebaut. Heute wachsen auf riesigen Flächen Pflanzen wie Tomaten, Paprika oder Salat, die bewässert werden müssen. Das dafür notwendige Wasser wird entweder durch Brunnen dem Grundwasser entnommen oder kommt von weit her.

In Nordspanien werden zum Beispiel Flüsse aufgestaut und über Kanäle in den Süden und Südosten des Landes geleitet. Die gewaltige Wasserentnahme hat gravierende Folgen. Sie senkt vielerorts den Grundwasserspiegel ab und trocknet die Böden aus. So auch in der Region um Murcia, die sich fast komplett in ein Trockengebiet verwandelt hat.

Vielfältige Landwirtschaft 3

M 5 Landwirtschaft am Mittelmeer

T2 Zusätzlich bewässern – aber wie?

Wenn Pflanzen aufgrund zu geringer Niederschläge bewässert werden müssen, spricht man von **Bewässerungsfeldbau**.
Bei der Furchenbewässerung fließt das Wasser in Furchen zu den Pflanzen. Dabei verdunstet und versickert viel Wasser. Gering sind die Wasserverluste bei der Tröpfchenbewässerung: Hierbei erhalten die Pflanzen eine genaue Wassermenge in regelmäßigen Abständen. Das geschieht über kleine Löcher in Schläuchen, die nah an der Wurzel der Pflanzen platziert werden.

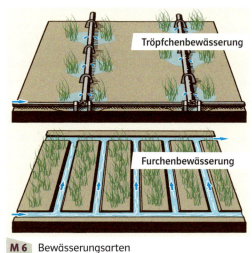

M 6 Bewässerungsarten

1 Lies den Bericht von Maria (M 2, M 4). Beschreibe
a) die Wachstumsbedingungen und
b) den Orangenanbau.

2 Benenne anhand von M 5 und dem Kartenanhang Staaten und Regionen, in denen folgende Pflanzen wachsen: Zitrusfrüchte, Gemüse und Wein.

 Begründe mithilfe von M 5 die Aussage: „Der Süden ist der Fruchtgarten Europas."

3 Erläutere das Problem und die Folgen des Gemüseanbaus in Südeuropa bzw. in Spanien (T1).

4 Bewässerungsfeldbau:
a) Erkläre den Begriff (T2).
b) Benenne die zwei Bewässerungsarten und zähle Unterschiede auf (T2, M 6).

 Bearbeite Aufgabe A 4. Ordne M 3 einer Bewässerungsart zu. Begründe.

5 EXTRA
Vergleiche die Temperatur- und die Niederschlagswerte folgender Klimastationen im Arbeitsanhang auf S. 122 von April bis September:
– Athen
– Lissabon
– Messina
– Madrid

An einem Beispiel die Bedeutung und Gefährdung einer nachhaltigen Entwicklung beschreiben

Anbau unter Plastik

„Mar de Plástico" – Plastikmeer wird der Küstenstreifen bei Almería genannt und der Name ist Programm: Gewächshäuser und Plastikplanen soweit das Auge reicht. Was wird hier angebaut? Wer kauft die landwirtschaftlichen Produkte?

M 1

M 3 Das Plastikmeer in der spanischen Region Almería (Satellitenfoto)

Anbau unter Plastik – zu welchem Preis?
- **Wirtschaft:** Erträge und Gewinne für die Landwirte
- **Soziales:** Arbeitsbedingungen der Arbeitskräfte
- **Ökologie:** Auswirkungen auf die Umwelt

M 2

T1 Das Plastikmeer
Wie ein Meer schimmern die mit Plastik überzogenen Anbauflächen rund um Almería im Süden Spaniens. Die Region gilt als Gemüsegarten Europas: Hier werden Paprika, Gurken, Melonen, Erdbeeren und Auberginen für den Export nach Mittel- und Nordeuropa angebaut. Schon seit den 1960er-Jahren wird an der andalusischen Küste Gemüse in Gewächshäusern gezogen. Im Laufe der Zeit hat deren Umfang so stark zugenommen, dass ihr Anblick aus der Luft einem Plastikmeer gleicht. Nirgendwo auf der Welt gibt es eine so große Fläche aus Plastik.

T2 Ein gutes Geschäft – aber für wen?
Die Landwirte nutzen die Sonne als „Heizung zum Nulltarif" und können so ganzjährig und unabhängig von Temperatur- und Niederschlagsschwankungen Obst und Gemüse anbauen. Für die Landwirte ist das ein gutes Geschäft: Sie erzielen durch die Anbauweise hohe Erträge und können ihre Erzeugnisse mit hohen Gewinnen Monate im Voraus auf den europäischen Markt bringen. Der wichtigste Abnehmer ist Deutschland, gefolgt von Frankreich und dem Vereinigten Königreich. Erdbeeren im Winter? Kein Problem! Der spanische Anbau unter Plastik macht es möglich.

T3 Schuften für billiges Gemüse
An der spanischen Plastikküste sind Arbeitskräfte aus bis zu 110 Ländern beschäftigt, die meisten stammen aus Nordafrika und Osteuropa. Auch sie machen die hohen Gewinne der Landwirte möglich, denn viele Arbeitskräfte schuften unter harten Bedingungen für niedrige Löhne. Ihre Lebens- und Wohnsituation ist schwierig: Ein Großteil der Arbeitskräfte lebt in ärmlichen Hütten und Massenunterkünften am Rand des Plastikmeers.

Vielfältige Landwirtschaft 3

M 4 Gewächshäuser

M 6 Arbeitskräfte bei der Erdbeerernte

T 4 Zu viel Plastik, zu wenig Wasser

Die Plastikplanen der Gewächshäuser müssen alle zwei bis drei Jahre gewechselt werden. Trotz hoher Recyclingquote landen ca. 40 000 Tonnen Kunststoff jährlich auf dem Müll – und leider auch in der Natur. Auch der Wasserverbrauch ist enorm. Etwa 80 Prozent des in Almería zur Verfügung stehenden Süßwassers wird für die Landwirtschaft genutzt. Durch die Umstellung auf Tröpfchenbewässerung und die Nutzung von Wasser aus Meerwasserentsalzungsanlagen konnten viele Betriebe ihren Wasserbedarf deutlich reduzieren. Aber die steigenden Temperaturen und häufigeren Trockenperioden durch den Klimawandel sowie die Erschließung immer neuer Anbauflächen verschärfen die Situation.

Wie funktioniert ein Gewächshaus?

Sonnenlicht dringt durch die hellen Plastikfolien und erhitzt den Boden und die Luft. Die Plastikfolie verhindert das Entweichen der Wärme und der Feuchtigkeit der Luft, sodass früher geerntet werden kann. Die Pflanzen wachsen meist nicht in Erde, sondern in Würfeln aus Steinwolle. Darin münden Schläuche, die die Pflanzen tröpfchenweise mit Wasser und Nährstoffen versorgen.

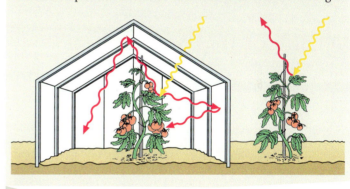

M 5

1
a) Beschreibe M 3.
b) Erkläre mithilfe von M 4, was zu sehen ist.
c) Arbeite mit einem digitalen Globus und ermittle die Ausdehnung der weißen Fläche.

2
Erläutere die Funktionsweise eines Gewächshauses (M 5, M 6).

2
Erläutere anhand von T 1 und M 5, warum es dieses Plastikmeer in Almería gibt.

3
Bildet Dreiergruppen und teilt die Themen aus M 2 untereinander auf: Wirtschaft (T 2), Soziales (T 3) und Ökologie (T 4).
a) Lest den Text zu eurem Thema durch.
b) Macht euch zu eurem Thema Notizen.
c) Stellt euch gegenseitig eure Ergebnisse vor.

3
Bearbeitet Aufgabe A 3.
Bereitet anschließend eine Kurzpräsentation vor.

4
a) Begründe, warum viele Käuferinnen und Käufer in deutschen Supermärkten mitverantwortlich für die Entstehung des Plastikmeers sind.
b) Diskutiert Alternativen zu diesem Kaufverhalten.

AFB I: 1a II: 1b, 1c, 2, 3 III 4   AFB I: 1a II: 1b, 1c, 2, 3 III: 4   → Lösungshilfen ab S. 129

> Den Zusammenhang zwischen Klima und Getreideanbau in der Gemäßigten Zone erklären

Getreideanbau in der Gemäßigten Zone

Weizen bildet eine Grundlage der menschlichen Ernährung. Ursprünglich war der Weizen ein Steppengras. Doch warum ist dieses Getreide inzwischen typisch für die gesamte Gemäßigte Zone?

Steckbrief Weizen
- ursprünglich ein Steppengras
- benötigt gute Böden
- 500–600 mm Niederschlag im Jahr
- Niederschlag in der Wachstumszeit, Trockenheit in der Reifephase
- Aussaat im Oktober, Ernte im Juli/August des Folgejahres

M 1 Weizenernte in Frankreich

Landwirt Philippe Moreau aus Frankreich berichtet:

„Ich baue hauptsächlich Weizen an. Mein Betrieb liegt in der Île-de-France, nördlich von Paris und hat eine Nutzfläche von 82 Hektar.
Um im Getreideanbau gut zu verdienen, benötigt man möglichst große und ebene Flächen. Diese erlauben den Einsatz von Sämaschinen und Mähdreschern. Hier in der Île-de-France haben wir fruchtbare Böden, große und ebene Felder, ausreichenden Niederschlag und günstige Temperaturen. Immer besseres Saatgut und verbesserte Pflanzenschutzmittel lassen die Weizenerträge ständig steigen. Je mehr Weizen wir erzeugen, desto günstiger können wir ihn anbieten und sind damit weltweit konkurrenzfähig. Kein Wunder, dass sich immer mehr Landwirte auf den Getreideanbau spezialisieren."

M 2 Landwirt Moreau berichtet

T1 Gute Bedingungen für den Ackerbau

Die Bedingungen für die Landwirtschaft sind in der Gemäßigten Zone besonders günstig. Hohe und regelmäßige Niederschläge sowie ausgeglichene Temperaturen garantieren eine lange Wachstumszeit. Pflanzen wie Weizen, Zuckerrüben, Futterpflanzen, Gemüse oder Kartoffeln gedeihen ganz ohne zusätzliche Bewässerung. Man nennt diese Form des Ackerbaus **Regenfeldbau**, da der Wasserbedarf vollständig aus den Niederschlägen gedeckt wird.

Doch nicht allein das Klima sorgt für hohe Erträge. Ebenso entscheidend sind fruchtbare Böden wie die Lössböden des Pariser Beckens oder die Schwarzerden der Steppen im Osten Europas. Diese weisen eine sehr fruchtbare Humusschicht auf, weshalb das Anbaugebiet auch als „Kornkammer" Osteuropas bezeichnet wird.

Vielfältige Landwirtschaft 3

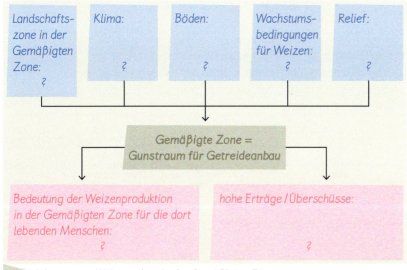

M 3 Schema zum Weizenanbau in der Gemäßigten Zone

M 5 Begriffe zu M 3

T2 Anbau für den Weltmarkt – wie lange noch?

In den meisten Staaten der Gemäßigten Zone ist nicht nur die Versorgung der eigenen Bevölkerung sichergestellt. Etwa 45 % der Weizenproduktion werden direkt vom Menschen als Grundnahrungsmittel verwendet. Weizen wird aber auch als Tierfutter, in der Industrie und als Saatgut benötigt. Weizenproduzierende Länder wie Frankreich exportieren einen großen Teil. Das heißt sie verkaufen den Weizen an andere Länder. Doch der Klimawandel und die damit verbundene Trockenheit und Hitze machen Frankreichs Landwirtschaft zunehmend zu schaffen. Neue Weizenarten sollen helfen, die Erträge zu erhalten.

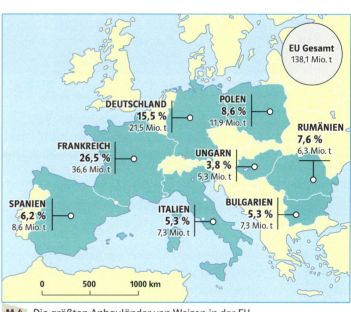

M 4 Die größten Anbauländer von Weizen in der EU

---

1 Weizenanbau: (T1, M1)
a) Erkläre, welche Bedingungen für den Weizenanbau wichtig sind.
b) Erkläre den Fachbegriff dieser Form von Ackerbau.

2 Beschreibe, wie Landwirt Moreau (M2) zu seinen hohen Weizenerträgen kommt.

2 Begründe, warum Landwirt Moreau so viel Weizen erzeugen kann. Nutze hierfür M2 und T1.

3 Übertrage das Schema zum Weizenanbau M3 in dein Heft und vervollständige es mithilfe von M5.

3 SP Bearbeite Aufgabe A3. Erläutere in eigenen Worten mithilfe des Wirkungsschemas M3, warum die Gemäßigte Zone ein Gunstraum für den Weizenanbau ist.

4 Arbeite mit T2 und M4:
a) Nenne die fünf größten Weizenerzeuger der EU.
b) Erkläre, wofür Weizen angebaut wird.
c) Erläutere, mit welchem Problem sich Frankreichs Landwirte auseinandersetzen müssen.

AFB I: 2, 3, 4a II: 1, 4b, 4c   AFB I: 4a, 4c II: 1-3, 4b, 4c   → Lösungshilfen ab S. 129

> Die Merkmale der konventionellen Landwirtschaft am Beispiel Massentierhaltung beschreiben

Viel Fleisch für viele

Würstchen, Schnitzel und Hamburger – im Durchschnitt isst jeder Deutsche 83 Kilogramm Fleisch und Wurst pro Jahr. Früher konnte man sich höchstens einmal pro Woche ein Stück Fleisch leisten. Wie kann es sein, dass Fleisch heute bei vielen Menschen fast täglich auf dem Speiseplan steht?

M1 Kastenstand im Schweinemastbetrieb

M3 Maststall

Kastenstand
Während der Trächtigkeit und Säugezeit werden die Zuchtsauen im Kastenstand gehalten, damit keine Ferkel durch die Sauen erdrückt werden.

konventionell
herkömmlich, üblich

T1 **Wie Schweinefleisch erzeugt wird**
Rund 32 kg Schweinefleisch isst jeder Deutsche pro Jahr. Damit dies zu einem günstigen Preis möglich ist, werden jährlich etwa 60 Millionen Schweine in Deutschland meist in konventionellen Betrieben auf engem Raum gemästet und nach weniger als einem Jahr geschlachtet.
In einem Aufzuchtbetrieb leben mehrere Tausend Schweine. Wegen der großen Anzahl von Tieren spricht man auch von **Massentierhaltung**. Der Stall ist in Boxen aufgeteilt, in denen je eine Muttersau mit acht bis zehn Ferkeln gehalten werden. Die Boxen stehen auf Spaltenböden, durch die der Kot und Urin der Tiere hindurchfällt. Dies erspart das Ausmisten und Einstreuen von Stroh. Nach etwa vier Wochen kommen die Ferkel in einen Aufzuchtstall, wo sie sechs Wochen bleiben. Danach werden sie an einen Mastbetrieb verkauft. Die Schweine müssen täglich 500 bis 800 Gramm an Gewicht zunehmen. Computergesteuerte Anlagen verteilen das spezielle Mastfutter an die Tiere. Ihre Aufzucht wird streng kontrolliert; in engen Ställen darf kein Schwein krank werden. Klima- und Belüftungsanlagen sorgen für die ideale Raumluft. Die Automatisierung spart dem Landwirt Kosten und ermöglicht niedrige Preise für die Kunden.

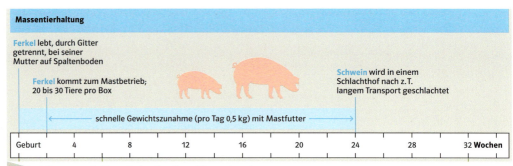

M2 Mästen nach Plan: Aufzucht eines Mastschweins

Übung: Vom Mastschwein zum Schinken

Vielfältige Landwirtschaft

Landwirt Wichmann berichtet:

Unser Schweinemastbetrieb liegt in Nordrhein-Westfalen. Hier, im Norddeutschen Tiefland, werden fast 60 % aller deutschen Schweine gehalten. Das liegt vor allem an der geringen Qualität der Böden: Getreideanbau kommt für die Landwirte hier nicht infrage, aber für den Anbau von Futtermais reicht es. Es ist uns gelungen, Flächen in der Nachbarschaft hinzuzukaufen. Dadurch konnten wir die Anzahl der Tiere und die Größe der Nutzfläche verdoppeln. Mit nur ein wenig mehr Aufwand ist die Arbeit nun viel gewinnbringender. Andere Landwirte haben nicht so viel Glück, sie müssen Futtermittel, z. B. Soja aus Brasilien, zukaufen.

M 4

Landwirtin Schotte kann sich kaum über Wasser halten. Sie erklärt die Gründe:

Seit Jahren geht die Zahl der kleineren Schweinemastbetriebe zurück, weil sie dem Preisdruck der Großbetriebe nicht standhalten können. Große Betriebe können Schweinefleisch durch größere Ställe und eine stärkere Automatisierung kostengünstig produzieren und das ist es, was die Kunden wollen! Den Preis für die Billigfleischstrategie zahlen die Tiere – und die Umwelt. Die Böden in Norddeutschland sind aufgrund der riesigen Mengen an Gülle regelrecht überdüngt, was zu einer sehr hohen Nitratbelastung des Grundwassers geführt hat. Mir bleiben zwei Möglichkeiten, mich über Wasser zu halten: Entweder ich erhöhe die Anzahl an Tieren drastisch oder ich setze die strengen und richtigen Auflagen zu mehr Tierwohl um. Dafür muss ich staatliche Förderung in Anspruch nehmen und darauf hoffen, dass die Kunden einen höheren Preis für Schweinefleisch zahlen wollen.

M 6

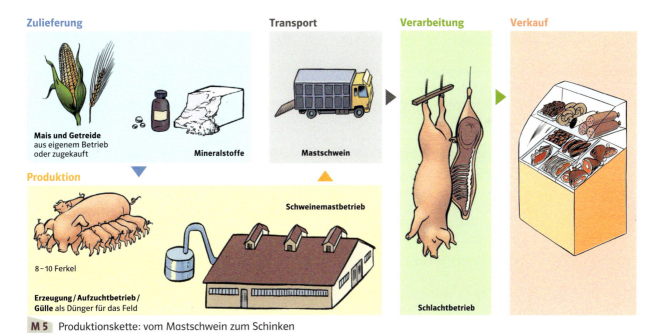

M 5 Produktionskette: vom Mastschwein zum Schinken

---

1 Beschreibe den Weg vom Mastschwein aus der Viehzucht zum verkaufsfertigen Produkt (T1, M5).

2 Zähle auf, was typisch für die Massentierhaltung ist (T1, M1–M3).

3 Erläutere, warum sich viele Landwirte in Norddeutschland für die Tiermast entscheiden (M4).

4 Viel Fleisch für viele (M1, M2, M6):
a) Diskutiert die Folgen für Mensch, Tier und Umwelt.
b) Wie soll sich Landwirtin Schotte entscheiden? Begründet eure Wahl.

2 Erkläre die Aussage: „Ein Schwein hat keinen Geburtstag" (T1, M2).

3 Vergleiche die Situation der beiden Landwirte in M 4 und M 6.

Merkmale der ökologischen Landwirtschaft beschreiben

Es geht auch anders: ökologische Landwirtschaft

Immer mehr Menschen kaufen Bio-Lebensmittel – und das, obwohl sie dafür mehr Geld ausgeben müssen. Was versprechen sie sich davon? Wodurch unterscheidet sich konventionelle von ökologischer Landwirtschaft?

M 2 Schweine auf einem Biobauernhof

M 1 Bio-Landwirtin Pfeifer

ökologisch: in diesem Fall umweltschonend und artgerecht

T1 „Schwein gehabt"

Bio-Landwirtin Pfeifer betreibt **ökologische Landwirtschaft**. Grundlage ist ein möglichst geschlossener Kreislauf: Landwirtin Pfeifer hält nur so viele Schweine, wie sie von ihrem selbst erzeugtem Tierfutter ernähren kann. Dabei ist ihr „Qualität statt Masse" wichtig, ihre Schweine sollen sich „sauwohl" fühlen. Mist, Gülle und Reste angebauter Pflanzen werden auf die Felder gebracht und versorgen den Boden mit Nährstoffen. So kann Landwirtin Pfeifer auf mineralische Düngemittel und chemisch-synthetische Pflanzenschutzmittel verzichten und das schont die Umwelt.

T2 Artgerechte Tierhaltung

Für ökologisch arbeitende Betriebe gelten strenge Regeln, die regelmäßig kontrolliert werden. Der Schweinestall muss ausreichend groß und gut durchlüftet sein sowie genügend Tageslicht hereinlassen. Alle Tiere haben die Möglichkeit sich ausreichend zu bewegen – auch im Freien. Das Futter stammt aus ökologischem Anbau und die Ferkel werden mindestens 40 Tage von ihrer Mutter gesäugt. Das stärkt die Abwehrkräfte des Ferkels und macht es weniger anfällig für Krankheiten. Die Mast erfolgt über einen längeren Zeitraum. Daher hat das Fleisch eine höhere Qualität.

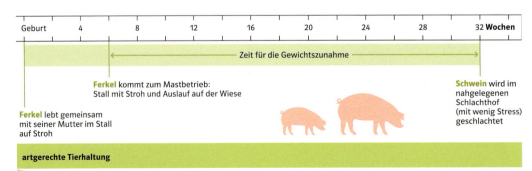

M 3 Aufzucht eines Bio-Mastschweins

104 Übung
Ökologischer Landbau

3 Vielfältige Landwirtschaft

SP Tipp

Einen Vergleich anstellen
→ Aufgabe 1 und B 3

- Im Vergleich zu …
- Es lassen sich zahlreiche Gemeinsamkeiten feststellen, z. B. …
- Im Gegensatz zu …
- Unterschiede sind …

M 4 Schema der ökologischen Landwirtschaft: „Wirtschaften im Kreislauf"

T 3 Vermarktung

Ökologisch erzeugte Produkte sind teurer als konventionell hergestellte Erzeugnisse. Das liegt daran, dass das Futter aufwendiger herzustellen ist und die Tiere langsamer wachsen. Landwirtin Pfeifers Kundinnen und Kunden sind bereit, höhere Preise zu zahlen. Das gilt inzwischen für immer mehr Menschen, denn insgesamt genießen Bio-Produkte einen guten Ruf. Längst sind sie nicht mehr nur über Direktvermarktung im Hofladen erhältlich, sondern auch im Supermarkt oder Discounter. Manche Supermarktketten haben sich sogar auf Bio-Produkte spezialisiert.

Die Produkte der ökologischen Landwirtschaft erkennt man an den Bio-Siegeln. Das bekannteste unter ihnen ist das sechseckige staatliche Bio-Siegel. Damit können nur Produkte gekennzeichnet werden, deren Zutaten zu 95 Prozent aus ökologischem Anbau stammen. Die Produkte der ökologischen Verbände wie „Naturland" oder „demeter" sind zusätzlich gekennzeichnet. Sie unterliegen ähnlichen Richtlinien.

M 5 Biosiegel

1 SP Vergleicht das Foto M 2 mit den Fotos M 1 und M 3 auf S. 56.

2 a) Nenne Merkmale der ökologischen Landwirtschaft (T 1).
b) Erkläre den Kreislauf M 4.

3 Beschreibe Merkmale der artgerechten Tierhaltung (T 2, M 2, M 3).

4 Erkläre, warum Bio-Fleisch teurer ist als konventionell erzeugtes Fleisch (T 2).

5 MB a) Beschreibe anhand von M 5, welche Produkte das staatliche Bio-Siegel erhalten.
b) Informiere dich im Internet über die beiden anderen Siegel.
c) Nenne Unterschiede zwischen den drei Siegeln.

2 Erläutere anhand von T 1 und M 4, was man unter ökologischer Landwirtschaft versteht.

3 SP Bearbeite A 3. Vergleiche die beiden Haltungsformen in M 3 und M 2 auf S. 56.

4 Begründe, warum viele Menschen bereit sind, höhere Preise für Bio-Produkte zu zahlen (T 2).

AFB I: 2a, 3, 5 II: 2, 2b, 4   AFB I: 5 II: 1–4   → Lösungshilfen ab S. 129   59

Methode

Mithilfe eines Mysterys Zusammenhänge erarbeiten

Soll Landwirt Jan Helmer Energiewirt werden?

Ein Mystery ist eine Art Rätsel, das aus einer Geschichte und einer Reihe von Informationen (Mystery-Karten) besteht, die auf den ersten Blick nicht miteinander zusammenhängen. Verknüpfe die Informationen und stelle Zusammenhänge her – dann lässt sich das Rätsel lösen!

Was du brauchst:
- die ausgedruckten Mystery-Karten (D 10)
- ein leeres DIN-A3-Blatt
- eine Schere
- Bleistift, Farbstift, Klebestift

Wie du ein Mystery löst:

1. Schritt: Ausgangslage und Leitfrage diskutieren
Lies dir die Ausgangslage (unten) durch und überlege, in welcher Situation sich Landwirt Helmer befindet.

2. Schritt: Mystery-Karten lesen
Bildet Gruppen von drei bis fünf Schülerinnen und Schülern und lest die Mystery-Karten auf der rechten Schulbuchseite durch oder ihr lasst euch die Karten ausdrucken (Arbeitsblatt D 10), schneidet sie aus und lest sie gut durch.

3. Schritt: Informationen auswerten
Unterstreicht auf jeder Karte des Ausdrucks mit einem Farbstift die wichtigste Aussage.

4. Schritt: Mystery-Karten ordnen
Versucht die Mystery-Karten auf einem A3-Blatt so anzuordnen und mit Bleistift-Pfeilen zu verbinden, dass ihr einen Zusammenhang zwischen den Karten erkennen könnt. Vorsicht: Nicht alle Karten sind wichtig für die Lösung!

5. Schritt: Leitfrage beantworten
Erklärt mithilfe der Karten und der Pfeile die Entscheidung von Landwirt Helmer. Formuliert eine Antwort und präsentiert eure Lösungen vor der Klasse und vergleicht sie.

T1 Ausgangslage

Jan Helmer hat 50 Kühe und baut Getreide an. Doch die Preise für Milch und Getreide sind niedrig. Um als Landwirt überleben zu können, muss er ganz genau überlegen, womit er auf dem Hof sein Geld verdient. Viele seiner Kollegen setzen auf ein zweites Standbein: Sie bauen Mais, Gerste und Roggen nicht als Futtermittel oder Brotgetreide an, sondern als nachwachsende Energierohstoffe. Hierfür erhalten sie höhere Preise. Die Energiepflanzen werden zusammen mit minderwertigem Viehfutter zunächst durch Vergären im Silo haltbar gemacht. In einer Biogasanlage zersetzen dann Milliarden von Bakterien ein Gemisch aus Silage und Gülle und bilden daraus Methan, ein **Biogas**, das als Brennstoff für ein Blockheizkraftwerk dient. Dieses erzeugt Wärme und Strom für viele Haushalte.

Ein großer Vorteil ist dabei, dass Herr Helmer Energie aus nachwachsenden Rohstoffen (z. B. Mais) gewinnen würde. Bisher stammt die meiste Energie in Deutschland aus Erdöl, Erdgas und Kohle. Doch diese Rohstoffe sind endlich, d. h., sie werden irgendwann verbraucht sein. Bei ihrer Verbrennung entsteht Kohlenstoffdioxid, welches zur weltweiten Erderwärmung beiträgt. Außerdem müssen wir vor allem Erdöl und Erdgas aus anderen Ländern einkaufen, d. h. importieren. Dadurch machen wir uns aber von diesen Ländern abhängig.

„Toll", denkt Herr Helmer, „wenn ich auf meinen Ackerflächen Energiepflanzen statt Futter- und Nahrungsmittel anbaue, kann ich **erneuerbare Energie** erzeugen, mehr Geld verdienen und dabei die Umwelt schonen. Und die Abfälle aus der Biogasanlage kann ich sogar noch als organischen Dünger auf meinem Acker nutzen." Doch nach längeren Gesprächen mit seiner Familie kommt er ins Grübeln …

Soll Landwirt Jan Helmer Energiewirt werden?

Vielfältige Landwirtschaft

E
Die landwirtschaftliche Nutzfläche, auf der in Deutschland Energiepflanzen angebaut werden, steigt immer weiter an. Die Zahl der Biogasanlagen auch. 2021 gab es etwa 9 600 Biogasanlagen in Deutschland.

F
Mit dem Ertrag aus einem Hektar Mais kann in Biogasanlagen genügend Strom für fünf Haushalte mit drei bis vier Personen erzeugt werden. Eine Großstadt wie Stuttgart hat etwa 300 000 Haushalte.

B
„Die Nachfrage nach erneuerbarer Energie ist hoch. Mit dem Anbau von Energiepflanzen und dem Betrieb einer Biogasanlage sichere ich mein Einkommen und schone die Umwelt."

H
Egal ob Futter-, Nahrungsmittel oder nachwachsende Rohstoffe zur Energieerzeugung: Alle Anbauprodukte müssen sich die gleiche landwirtschaftliche Nutzfläche teilen. Aber die Fläche steht nur begrenzt zur Verfügung.

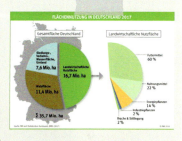

A
Biogasanlagen werden in der Nähe von Siedlungen gebaut. Die Belästigungen durch unangenehme Gerüche, erhöhtes Verkehrsaufkommen sowie die Explosionsgefahr beunruhigen die Bevölkerung.

C
Es gibt für fast jeden landwirtschaftlichen Standort eine Energiepflanze mit passenden Standortansprüchen. Mais erbringt den höchsten Energieertrag pro Fläche.

D
Monokulturen, z. B. von Mais, schaden dem Boden, belasten das Grundwasser und stören das Landschaftsbild. Eine vielfältige Fruchtfolge wäre besser.

G
Die Weltbevölkerung wächst und muss mit Nahrungsmitteln versorgt werden. Dafür braucht man genügend landwirtschaftliche Nutzflächen.

I
Der Anbau verschiedener Energiepflanzen verteilt die Erntearbeiten über einen längeren Zeitraum im Jahr und entlastet den Landwirt.

1 Löst das Mystery, indem ihr die Leitfrage mit den Materialien dieser Doppelseite beantwortet. Benutzt dafür die Schritte 1–5 und die Mystery-Karten zum Ausdrucken D10.

Die Bedeutung der Forstwirtschaft in Nordeuropa erläutern

Das „grüne Gold" des Nordens

Holz ist ein wertvoller Rohstoff, den man vielseitig verwenden kann. Er stammt meistens aus dem Norden Europas, wo die Forstwirtschaft eine wichtige Industrie ist. Doch wie müssen Länder wie Finnland wirtschaften, damit Holz auch in Zukunft genutzt werden kann?

M 1

M 2 Holzvollernter bei der Arbeit

Rohstoff
Naturstoff, der zur Herstellung von Gebrauchsgütern oder zur Gewinnung von Energie dient

Forstwirtschaft
wirtschaftlicher Anbau, Pflege und Nutzung von Wäldern für die Erzeugung von Holz

Holzwirtschaft
Wirtschaftsbereich, der neben der holzverarbeitenden Industrie auch den Holzhandel und das Holzhandwerk umfasst

T1 Rohstoff Holz

Wald – soweit das Auge reicht! So kann man die Landschaft in Finnland beschreiben. Wegen der niedrigen Temperaturen im Norden wachsen die Bäume sehr langsam. Deshalb hat ihr Holz eine besonders gute Qualität. Die Menschen wissen daher diesen Rohstoff zu schätzen, denn er ist vielseitig verwendbar. Möbel, Fußböden, Türen, Fenster, Brennmaterial, Papier, Pappe und Getränketüten – eine Menge Dinge können daraus hergestellt werden. Der Rohstoff Holz ist auch ein sehr begehrtes Baumaterial. Viele Menschen in Nordeuropa errichten ihre Wohnhäuser aus Holz.

T2 Forst- und Holzwirtschaft in Finnland

Finnland zählt zu den wichtigsten Holz- und Papierproduzenten Europas. Die Forstwirtschaft ist daher ein bedeutender Industriezweig in Finnland.
Die früher schwere Arbeit in den Wäldern erfolgt heute mit modernster Technik. Bei der Ernte der Bäume sitzt der Waldarbeiter in einem Holzvollernter. Diese Maschine erledigt viele Schritte in einem Arbeitsgang: Sie fällt den Baum, entfernt alle Zweige und zerschneidet den Stamm in wenigen Minuten. Die Information, welche Bäume gefällt werden sollen, erhält der Waldarbeiter über Satelliten. Die Menge der gefällten Bäume wird im Computer des Holzvollernters gespeichert.

T3 Beispiel Varkaus in Finnland

Viele Beschäftigte der über 20 000 Einwohnern der Stadt Varkaus leben von der holzverarbeitenden Industrie, einem Zweig der Holzwirtschaft. Sie sind in Sägewerken,

Vielfältige Landwirtschaft 3

M 3 Werksgelände der Stora Enso AG in Varkaus: **1** Kraftwerk, **2** Furnierschichtholzwerk, **3** biologische Abwasserkläranlage, **4** Holzbehandlung (Entrindung, Holzschnitzel), **5** Sägewerk, **6** Holzschnitzel, **7** Holzhafen (nicht mehr in Betrieb), **8** Eisenbahngleise, **9** Transportbänder

Zellstoff- und Kartonagefabriken oder Zuliefererbetrieben der Holzverarbeitung beschäftigt. Ein großer Arbeitgeber ist das Unternehmen Stora Enso.
Die verkehrsgünstige Lage der Stadt ermöglicht den Transport von Holz und Holzprodukten auf der Straße, dem Schienen- oder dem Wasserweg. Während früher viele Güter über die Häfen von Varkaus umgeschlagen wurden, erfolgt heute der Transport überwiegend per Bahn oder Lkw.

T 4 Nachhaltigkeit – oberstes Gebot
Damit auch zukünftige Generationen die Wälder Nordeuropas nutzen können, darf jährlich nicht mehr Holz geerntet werden, als nachwächst. Es werden immer nur kleine Flächen abgeholzt. Einige alte Bäume bleiben als Samenbäume stehen.
Bei der Holzverarbeitung entstehen Schadstoffe, die die Umwelt belasten. Deshalb werden die Abwässer durch Kläranlagen gereinigt und Abfallprodukte wie z. B. Späne zur Energiegewinnung eingesetzt.

Zellstoff
faserige Masse, die aus Holz gewonnen wird

A / B

1 Erstelle eine Liste mit Gegenständen, die aus Holz hergestellt werden (T 1).

2 Beschreibe, wie Holz geerntet wird (M 2, T 2).

3 Holzwirtschaft:
a) Beschreibe mithilfe von M 3 die Verarbeitung von Holz.
b) Erläutere die Bedeutung der holzverarbeitenden Industrie für die Menschen (T 3).

3 Bearbeite Aufgabe A 3.
Begründe die Lage der holzverarbeitenden Industrie am Beispiel Varkaus (T 3, M 3).

4 Erläutere, warum in Finnland großen Wert auf nachhaltige Forstwirtschaft gelegt wird (T 4).

4 Überprüfe die Aussage: „Nachhaltigkeit bedeutet, dass die Holzerzeugung nie unterbrochen werden darf."

5 a) Erläutere die Überschrift dieser Doppelseite.
b) Begründe, weshalb wir Altpapier sammeln sollten (T 4).

AFB I: 1, 2, 3a II: 3b, 4, 5   AFB I: 1, 2, 3a II: 3b, 5 III: B3, 4   → Lösungshilfen ab S. 129

Orientierung

Sich in Nordeuropa orientieren

Orientieren in Nordeuropa

Norwegen, Schweden und Finnland bilden die Skandinavische Halbinsel. Zusammen mit Dänemark und Island gehören diese Länder zu Nordeuropa. Die vielen Gemeinsamkeiten und der enge Zusammenhalt dieser nordischen Völker werden auch durch die Flaggen dieser Länder deutlich.

M 1

M 2 Gletscherlagune des Vatnajökull

M 5 Eishotel in Kemi

M 3 Hauptstadt Stockholm

M 6 Fischerdorf auf den Lofoten

Skandinavien

Bezeichnung im geographischen Sinn für die Länder Finnland, Schweden und Norwegen

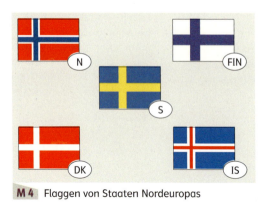

M 4 Flaggen von Staaten Nordeuropas

1

Topografisches Grundwissen:
Arbeite mit Karte M 7 und dem Atlas oder dem Kartenanhang.
a) Benenne die Staaten 1–5 und die dazugehörigen Städte 1–10.
b) Benenne die Meere A–C, die Inseln a–e und das Gebirge.
c) Welche skandinavischen Länder haben Anteil an einem Hochgebirge?

3 Vielfältige Landwirtschaft

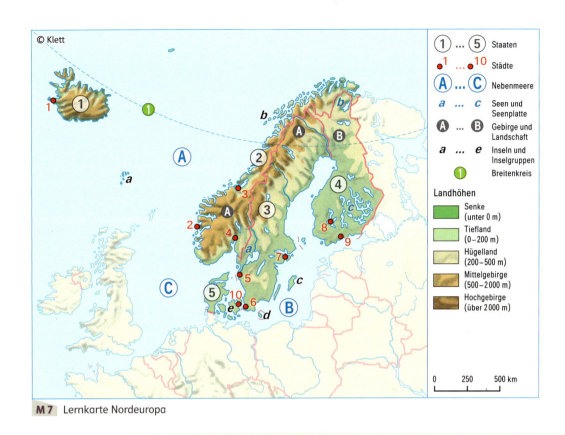

M 7 Lernkarte Nordeuropa

Die Massenwanderung der Berglemminge

Berglemminge kommen in Europa nur im äußersten Norden vor. Die kleinen Nagetiere sind hervorragend an die rauen Umweltbedingungen der Tundra angepasst. In ihren weitläufigen unterirdischen Gängen legen sie Vorratskammern für den Winter an, denn sie halten keinen Winterschlaf.
Fällt der Winter einmal kürzer aus, vermehren sich die Berglemminge explosionsartig. Da ihnen Platz und Nahrung fehlt, werden die Tiere aggressiv, beißen und verletzen sich. Dies ist das Startsignal für eine riesige Tierwanderung. Ein Instinkt zwingt die Tiere immer geradeaus zu laufen. Auf der Suche nach neuem Lebensraum legen sie bis zu 100 Kilometer zurück. Dabei durchqueren sie Flüsse und Seen, laufen durch Gletscher und Städte. Viele sterben dabei.

M 8

2 Ordne mithilfe des Kartenanhangs und des Internets den Fotos M 2, M 3, M 5 und M 6 das entsprechende nordeuropäische Land zu.

3 Flaggen-Experte gesucht!
a) Ordne die Flaggen (M 4) den nordeuropäischen Staaten zu.
b) Was für eine Gemeinsamkeit weisen alle nordeuropäischen Flaggen auf?

4 Richtig oder falsch?
Verbessere die falschen Aussagen und schreibe sie richtig auf.
a) Norwegen und Finnland sind Nachbarstaaten.
b) Die Insel Island liegt in der Ostsee.
c) Die Hauptstadt von Dänemark heißt Oslo.
d) Schweden ist das flächengrößte Land Nordeuropas.
e) Gotland ist die größte norwegische Ostseeinsel.

5 Beschreibe, welche Auswirkungen und Folgen ein kurzer Winter für die Berglemminge hat (M 8).

Training

Wichtige Begriffe

- artgerechte Tierhaltung
- Bewässerungsfeldbau
- Boden
- Forstwirtschaft
- konventionelle Landwirtschaft
- Massentierhaltung
- ökologische Landwirtschaft
- Regenfeldbau

Sich orientieren

1 Leckeres aus Europa
Arbeite mit den Fotos M 2, der Karte M 1 und dem Kartenanhang.
a Aus welchen europäischen Ländern könnten die Produkte (M 2) stammen?
b Notiere weitere typische Anbauprodukte der jeweiligen Klimazone.

Kennen und verstehen

2 Findest du die Begriffe?
a Anbaumethode, bei der der Wasserbedarf vollständig aus den Niederschlägen gedeckt werden kann
b In großer Anzahl und beengt werden Tiere gehalten.
c Landwirtschaft, bei der keine chemischen Pflanzenschutzmittel verwendet werden dürfen

M 2

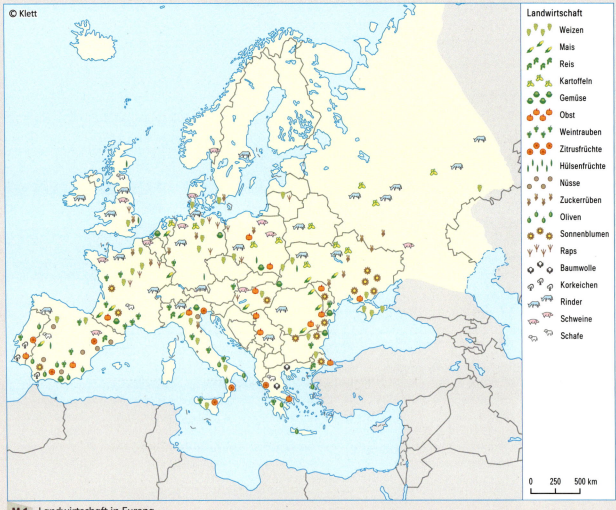

M 1 Landwirtschaft in Europa

3 Vielfältige Landwirtschaft

3 Richtig oder falsch?
Verbessere die falschen Aussagen und schreibe sie richtig auf:
a Bei der Forstwirtschaft ist Nachhaltigkeit das oberste Gebot.
b Gülle fällt in jedem landwirtschaftlichen Betrieb an.
c Ein Landwirt kann Energie anbauen.
d Klima und Boden beeinflussen die landwirtschaftliche Produktion.
e In der ökologischen Landwirtschaft werden Tiere in engen Käfigen gehalten.
f Orangenbäume brauchen wenig Wasser und viel Kälte.

4 Bilderrätsel
Löse die Bilderrätsel und erkläre die gesuchten Begriffe.

a

b

c

5 Für Bewässerungsexperten
a Benenne die Bewässerungsmethode, die auf Foto M 4 dargestellt ist.
b Nenne Vor- und Nachteile dieser Methode.

Beurteilen und bewerten

6 Meer aus Plastik
a Welche Früchte aus Spanien kannst du im Herbst bei uns im Supermarkt kaufen (M 3)?
b Erdbeeren im März – muss das sein? Diskutiere (M 5).

7 Die Herkunft von landwirtschaftlichen Produkten untersuchen und bewerten
a Sammle die Etiketten der Obst- und Gemüseeinkäufe einer Woche und notiere dir die dort genannten Herkunftsländer.
b Welche kommen aus der Nähe, welche aus Deutschland, welche aus Europa und welche aus anderen Erdteilen?
c „Es ist nicht egal, wo unsere Lebensmittel herkommen." Beurteile diese Aussage.

M 5 In der Region Almería im Süden Spaniens

	J	F	M	A	M	J	J	A	S	O	N	D
Erdbeere			x	x	x							
Aprikose						x	x					
Kirsche						x	x					
Pfirsich						x	x					
Weintrauben								x	x	x		
Granatapfel									x	x		
Mango										x	x	
Kaki										x	x	
Cherimoya	x									x	x	x
Orange	x	x	x	x	x					x	x	x
Avocado	x	x	x							x	x	x
Mandarine	x											x

M 3 Früchte aus Spanien

M 4

Wähle aus

A Boden untersuchen
diese Seite

B Vom Fisch zum Fischstäbchen
Seite 70/71

Die Entstehung eines Bodens und dessen Merkmale beschreiben

1 Beschreibe die Zusammensetzung des Bodens (T 2) und verwende folgende Begriffe: Ausgangsgestein, Humusschicht, Zerkleinerung, Bodenlebewesen, Bodenschicht.

2 Führe die beiden Versuche M 2 und M 3 durch:
a) Beschreibe, was dir auffällt.
b) Dokumentiere deine Beobachtungen im Untersuchungsprotokoll (D 14).

A Boden untersuchen

Ohne den Boden gäbe es kaum Leben auf der Erde. Im Boden wurzeln Pflanzen, von denen sich Menschen und Tiere ernähren und die Sauerstoff produzieren.

T1 Wertvoller Boden
Boden ist die oberste, lockere Schicht der Erdoberfläche. Nach unten wird er von festem Gestein begrenzt, nach oben durch die Pflanzendecke. Boden besteht aus verwittertem Gesteinsmaterial, abgestorbenen Resten von Pflanzen und Tieren, Lebewesen wie Regenwürmern sowie aus Wasser und Luft.

T2 Boden ist ein Körnergemisch
Humus bildet die oberste Bodenschicht. Er enthält viele Nährstoffe für die Pflanzen. Boden besteht darüber hinaus aus einem Gemisch mit unterschiedlichen Korngrößen: Kies, Sand, Schluff und Ton. Ein Lehmboden enthält Ton, Schluff und Sand zu etwa gleichen Teilen. In einem Tonboden überwiegen

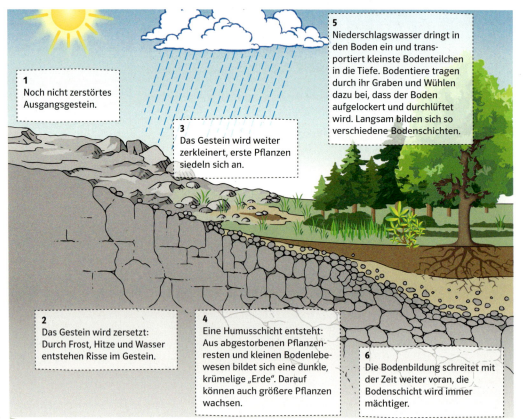

1 Noch nicht zerstörtes Ausgangsgestein.

2 Das Gestein wird zersetzt: Durch Frost, Hitze und Wasser entstehen Risse im Gestein.

3 Das Gestein wird weiter zerkleinert, erste Pflanzen siedeln sich an.

4 Eine Humusschicht entsteht: Aus abgestorbenen Pflanzenresten und kleinen Bodenlebewesen bildet sich eine dunkle, krümelige „Erde". Darauf können auch größere Pflanzen wachsen.

5 Niederschlagswasser dringt in den Boden ein und transportiert kleinste Bodenteilchen in die Tiefe. Bodentiere tragen durch ihr Graben und Wühlen dazu bei, dass der Boden aufgelockert und durchlüftet wird. Langsam bilden sich so verschiedene Bodenschichten.

6 Die Bodenbildung schreitet mit der Zeit weiter voran, die Bodenschicht wird immer mächtiger.

M 1 Wie ein Boden entsteht

Schon gewusst?
Boden kann wenige Zentimeter bis mehrere Meter dick sein. Bei uns dauert es 100 bis 300 Jahre, bis ein Zentimeter Boden entsteht.

Je dicker die wertvolle Humusschicht ist, desto besser!

D 13	D 14	D 15	
Arbeitsblatt Eine Bodenprobe erstellen	Arbeitsblatt Ein Untersuchungsprotokoll erstellen	Arbeitsblatt Lösungen	Vielfältige Landwirtschaft **3**

3 Erstelle eine Kurzpräsentation.

AFB I: 1, 2a II: 2b, 3 → Lösungshilfen ab S. 129

Körner unter 0,002 mm Korngröße. Ein guter Boden muss optimal durchlüftet sein.

T 3 Boden ist ein Wasserspeicher
Der Boden speichert in kleinen Hohlräumen Wasser und gibt es an die Pflanzenwurzeln ab. Die Wassermenge, die ein Boden aufnehmen kann, ist vor allem durch die Größe und Anordnung der einzelnen Bestandteile des Bodens bestimmt.
Ein guter Boden muss ausreichend Wasser speichern können.

Korngröße
der Durchmesser einzelner Bestandteile des Bodens

Versuch

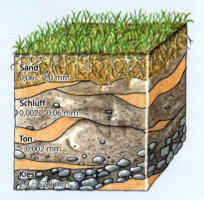

Material: Bodenprobe

Durchführung:
Nimm einen Teil der Bodenprobe in die Hand, presse sie kurz zusammen. Öffne die Hand und beobachte:

Der Boden …
- rieselt durch die Finger = Sand;
- krümelt durch die Finger = lehmiger Sand;
- bröckelt durch die Finger = sandiger Lehm;
- ist formbar, zerbricht in der Hand = mittlerer Lehm;
- ist formbar, einzelne Risse beim Zusammenbacken = toniger Lehm;
- ist zu kleinen Rollen formbar = Ton.

Auswertung:
Bestimme mithilfe dieser Liste, welche Bodenart dir vorliegt.

M 2 Die Bodenart bestimmen

Versuch

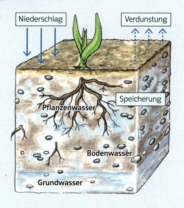

Material: jeweils 300 g lufttrockene Bodenproben (Lehm, Sand, Humus), drei Blumentöpfe, Becherglas, Messzylinder, Watte, Stoppuhr

Durchführung:
Arbeitet in einer Gruppe. Dichtet die Löcher in den Töpfen mit Watte ab und setzt jeweils einen Topf in das Becherglas. Füllt die Bodenprobe ein und gießt darüber genau 250 ml Wasser.
Messt nun die Zeit, bis das erste Wasser ins Becherglas läuft. Gießt das durchgesickerte Wasser noch zwei- bis dreimal über die Proben und bestimmt danach die Wassermenge im Becherglas.

Auswertung:
Vergleicht die Messwerte und erklärt die Unterschiede.

M 3 Bestimmen, wie viel Wasser der Boden speichert

Wähle aus

Den Weg vom Fischfang zum Endprodukt beschreiben

A Boden untersuchen
Seite 68/69

B Vom Fisch zum Fischstäbchen
diese Seite

1
Vom Fisch zum Fischstäbchen:
a) Beschreibe diesen Weg mithilfe von M 1, M 2 und M 3.
b) Ordne die Bilder A und B (M 2) der Abbildung M 3 zu.

2
Gefährdete Fischbestände:
a) Erkläre den Begriff Überfischung (T 1).
b) Erläutere Maßnahmen, die eine Überfischung verhindern (M 4, T 1).

B Vom Fisch zum Fischstäbchen

Sie kommen goldbraun und knusprig auf den Tisch. Mehr als 2 Milliarden davon werden jedes Jahr in Deutschland gegessen. Doch wie werden aus Fischen Fischstäbchen?

Mit der schwimmenden Fischfabrik unterwegs im Nordostatlantik

Kapitän Fritz Flindt fährt fünf Tage hinaus zur See. Mit seinem Hightech-Kutter „Iris" und der fünfköpfigen Besatzung geht es von Hantsholm in Dänemark nach Norwegen. Hier will die Crew Seelachs fischen. Ein Blick auf das Echolot zeigt Kapitän Flindt die genaue Position der Fischschwärme an. Er gibt der Mannschaft Befehl, das Schleppnetz ins Meer zu lassen. Dort verbleibt es etwa fünf Stunden bis zum ersten „Hol", wie das Einholen des Netzes genannt wird. Per Funk erhalten die Männer ihre Kommandos. Mithilfe einer Seilwinde wird das Netz heil an Bord gebracht. Über einer Luke wird der Netzinhalt entleert. Im Bauch der „Iris" befindet sich eine komplette Fischfabrik, denn der Fisch muss sofort fachgerecht verarbeitet werden. Zunächst wird der Beifang aussortiert. Dabei handelt es sich um ungewollt mitgefangene Fische und Meereslebewesen. Die Schleppnetze, die auf der „Iris" zum Einsatz kommen, haben extra große Maschen, durch die kleinere Fische schadlos hindurchschlüpfen können. Das schont die Fischbestände und verhindert den Beifang.

Streikt ausnahmsweise die vollautomatische Schlachtmaschine, müssen die Arbeiter auf der Fischfabrik die Fische selbst ausnehmen und auf Rückstände von Innereien kontrollieren. Sind die Fischfilets einwandfrei, werden sie in Blöcken schockgefroren und in den großen Tiefkühlladeraum gebracht. Nach mehreren „Hols" geht es für die „Iris" wieder zurück an Land. Die gefrorenen Fischfilets werden nun versandfertig gemacht und nach Bremerhaven verschickt. Dort angekommen, werden die Blöcke in Fischstäbchengröße zugesägt, paniert, kurz frittiert und verpackt. Abschließend gehen die Fischstäbchen auf große Fahrt in unsere Supermärkte. Und bis es soweit ist, fährt Kapitän Flindt mit seiner Mannschaft längst wieder hinaus auf hohe See.

M 1

M 2 Arbeit auf dem Fabrikschiff

D 16
Arbeitsblatt
Lösungen

3 Vielfältige Landwirtschaft

3 MB
Informiere dich im Internet über …
a) … das MSC-Siegel (M 4);
b) … Fischarten, die noch nicht überfischt sind.

AFB I: 1a II 1b–3 → Lösungshilfen ab S. 129

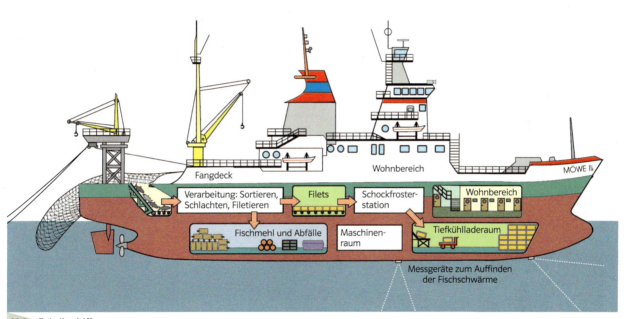

M 3 Fabrikschiff

T1 **Fischreichtum der Meere in Gefahr**
Die Ozeane sind wichtige Nahrungsquellen für die Welt. Doch mehr als drei Viertel der darin vorkommenden Fischarten sind durch Überfischung gefährdet. Überfischung heißt, mehr Fisch aus den Meeren zu fangen, als wieder nachwachsen kann.
Um das zu verhindern, wurden Fischfangquoten eingeführt. Das bedeutet, das nur so viel Fisch pro Jahr gefangen werden darf, wie in einem Jahr wieder nachwachsen kann. Doch die Fischbestände gehen weiterhin zurück – nicht alle halten sich an diese Regeln oder verwenden – wie es auf dem Kutter „Iris" üblich ist – großmaschige Netze.

M 4 Kapitän Flindt macht Werbung für das Siegel MSC

71

4 Industrie und Dienstleistungen

M 1 Schweißroboter in der Automobilindustrie

Deutschland ist ein wichtiger Industriestandort in Europa. Ob Kleidung, Fahrzeuge oder Nahrungsmittel – damit wir eine Hose, ein Auto oder einen Burger kaufen können, müssen viele Menschen in verschiedenen Industriebetrieben und in unterschiedlichen Berufen arbeiten. Sie produzieren diese Waren. Diejenigen, die diese Produkte verkaufen, erbringen eine Dienstleistung. In diesem Kapitel lernst du verschiedene Bereiche der Wirtschaft kennen.

M 2 In einem Logistikzentrum eines Online-Versandhändlers

Vielfältige Arbeitswelt

Unsere Arbeitswelt ist sehr vielseitig und unterliegt einem ständigen Wandel. Lerne die verschiedenen Bereiche der Wirtschaft kennen und ordne ihnen unterschiedliche Berufe zu.

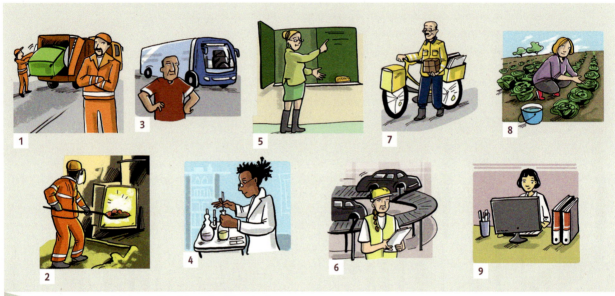

M 1 Berufe aus verschiedenen Bereichen der Wirtschaft

T1 Die Bereiche der Wirtschaft

Die Menschen in Deutschland arbeiten in vielen unterschiedlichen Berufen. Auf Feldern bauen sie Nahrungsmittel an, in Fabriken stellen sie Produkte her, im Dienstleistungsbereich übernehmen sie bestimmte Tätigkeiten für andere. Es richtet sich also nach der Art der Tätigkeit, in welchem Bereich der Wirtschaft jemand arbeitet. Diese Bereiche werden als **Wirtschaftssektoren** bezeichnet.

T2 Der erste Sektor

Morgens isst du zum Frühstück vielleicht Brot oder Brötchen. Das Korn dafür erzeugt der Landwirt oder die Landwirtin. Sie arbeiten im ersten Sektor der Wirtschaft. Hier geht es um die Erzeugung von landwirtschaftlichen Produkten. Aber auch alle Beschäftigten in der Forstwirtschaft und Fischerei sowie alle, die Bodenschätze fördern und Rohstoffe erzeugen, gehören zu diesem Sektor. Er wird **primärer Sektor** genannt.

T3 Der zweite Sektor

Deine Schultasche, dein Fahrrad oder dein Smartphone wurde in einer Fabrik hergestellt. Wer in der **Industrie** oder in einem Handwerksbetrieb arbeitet und ein Produkt erzeugt, gehört zum zweiten Sektor. Dieser heißt **sekundärer Sektor**.

T4 Der dritte Sektor

Personen, die z. B. im öffentlichen Nahverkehr, im Friseurhandwerk, im Handel, bei der Polizei oder bei einer Bank arbeiten, gehören zum dritten Sektor, auch **tertiärer Sektor** genannt. Da die Menschen in diesem Sektor Dienstleistungen für andere Menschen erbringen, nennt man ihn auch Dienstleistungssektor.

Rohstoff unverarbeiteter Stoff (z. B. Eisenerz, Erdöl), der in der Natur vorkommt und dem Menschen zur Herstellung von Gütern oder zur Gewinnung von Energie dient

	1960	1990	2021
primärer Sektor	13,7	3,5	1,3
sekundärer Sektor	47,9	36,6	23,8
tertiärer Sektor	38,4	59,9	74,9

M 2 Anteil der Beschäftigten in % in Deutschland

Die Bereiche der Wirtschaft nennen und Beispiele zuordnen

106 Übung Wirtschaftssektoren

Industrie und Dienstleistungen 4

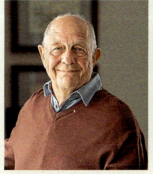

Alois Esser
- geboren 1949 in Stuttgart
- Ausbildung zum Schlosser in einem Sanitärbetrieb
- ab 1970 Schichtarbeit am Fließband bei einem Automobilhersteller
- ab 1977 Meister in der Motorenproduktion
- seit 2012 Rentner

Brigitte Becker
- geboren 1972 in Stuttgart
- Abitur
- Lehramtsstudium an der Pädagogischen Hochschule
- arbeitet seit 1998 als Lehrerin an einer Realschule
- seit 2015 ehrenamtliches Engagement bei der Integration geflüchteter Kinder und Jugendlicher

Julian Becker
- geboren 2000 in Stuttgart, Sohn von Brigitte Becker
- Realschulabschluss
- Ausbildung zum Gold- und Silberschmied
- bis 2021 Angestellter bei einem großen Schmuckhersteller in Pforzheim
- 2022 Gründung eines eigenen Schmuckateliers mit drei Angestellten

Julia Becker
- geboren 2002 in Stuttgart, Tochter von Brigitte Becker
- Realschulabschluss
- Abitur am Beruflichen Gymnasium
- Studium des Ingenieurwesens am Karlsruher Institut für Technologie

M 3

A **1** Benenne die Berufe 1–9 in M 1.

B **2** Erstelle zu den drei Wirtschaftssektoren eine Übersicht mit Erklärungen und Beispielen (T1–T4).

2 Bearbeite Aufgabe A 2. Erstelle zu jedem Wirtschaftssektor noch eine Zeichnung.

3 a) Ordne die Berufe aus M1 den Wirtschaftssektoren zu (T2–T4).
b) Ordne die Familienmitglieder aus M3 den Wirtschaftssektoren zu.

4 Beschreibe die Entwicklung der Beschäftigten in den drei Wirtschaftssektoren in Deutschland (M 2).

AFB I: 1, 4 II: 2, 3   AFB I: 1, 4 II: 2, 3   → Lösungshilfen ab S. 129   75

Standortfaktoren und Produkte der chemischen Industrie nennen

Chemische Industrie am Rhein

Viele Verpackungen und Produkte bestehen aus Kunststoff. Eine große Menge verschiedener Kunststoffe wird bei der BASF in Ludwigshafen hergestellt. Das Chemiewerk der BASF liegt am Rhein – und das ist kein Zufall.

M 1

Die BASF Ludwigshafen in Zahlen (2017)
- Werksgelände 5 km lang
- Fläche etwa 10 km² = 1298 Fußballfelder
- 2000 Gebäude
- 106 km Straßen
- 230 km Gleise
- 2800 km Rohrleitungen über der Erde

M 2 Das BASF-Gelände (1 Landeshafen Nord, 2 Klärwerk und Klärschlammverbrennung, 3 Erweiterungsfläche, 4 Kunststofflaboratorium, 5 Biotechnologie, 6 Verwaltung, 7 Güterbahnhof, 8 Lagerhallen, 9 Styroporfabrik, 10 Kunststoffproduktion, 11 Schwefelsäurefabrik, 12 Sodafabrik, 13 Stromhafen)

BASF
Badische Anilin- und Sodafabrik

Anilin
Ausgangsstoff für die Herstellung von Farben, Kunstfasern, Kautschuk und Medikamenten

Soda
wichtiger Rohstoff zur Herstellung von Glas, Waschmitteln, Farben und Lederprodukten

T1 Warum am Rhein?

Die Geschichte der BASF in Ludwigshafen begann 1865. Der Mannheimer Unternehmer Friedrich Engelhorn wollte seine Fabrik erweitern. Doch die Stadt Mannheim stellte ihm keine Fläche zur Verfügung. Dann wurde der Fluss begradigt und auf der anderen Rheinseite, in Ludwigshafen, entstand neues Baugelände. Engelhorn kaufte es. Das Gelände hatte für ihn viele Vorteile: Es war groß und in der Umgebung gab es zahlreiche **Arbeitskräfte**. Aber vor allem lag es am Rhein. Der Fluss ist ein wichtiger Transportweg für die Produkte des Chemiewerks und Wasserlieferant für die Produktion. Diese Bedingungen waren wichtige Gründe, warum sich die BASF an diesem **Standort** niedergelassen hat. Man spricht deshalb von **Standortfaktoren**.

T2 Wenige Rohstoffe, viele Endprodukte

Bei der BASF entstehen aus wenigen Rohstoffen über 8000 Endprodukte. Bis zum Beginn des 20. Jahrhunderts waren Anilin und Soda die wichtigsten Produkte des Unternehmens. Heute sind es vor allem Farbstoffe, Kunstdünger, Kunststoffe, Waschmittel und Medikamente. Viele Erzeugnisse werden halbfertig an andere Fabriken verkauft, die sie weiterverarbeiten. Die Produkte der Chemieindustrie werden praktisch in jedem anderen Industriezweig gebraucht – von der Elektroindustrie bis zur Stahlerzeugung. Unser Alltag ist ohne sie gar nicht mehr vorstellbar. Allerdings sieht man vielen Produkten nicht an, dass sie aus der Chemieindustrie kommen: Plastikflaschen, Tabletten, Make-up, Textilien, Sitzmöbel – so vielfältig sind die Produkte.

Industrie und Dienstleistungen 4

Herr Vieten erzählt von der BASF

Herr Vieten hat wie viele andere Mitarbeiterinnen und Mitarbeiter an einer der nahegelegenen Universitäten studiert. Er produziert als Chemiker Farbstoffe für Kleidung, zum Beispiel das blaue Indigo für Jeans. Wie viele andere Mitarbeiter und Mitarbeiterinnen parkt er sein Auto auf dem Parkplatz vor Tor 12 und steigt auf sein Dienstfahrrad um. Dann radelt er quer über das Gelände. Am Rhein legt er eine kurze Pause ein: „Darf ich vorstellen: der Rhein – unser wichtigster Mitarbeiter. Ohne ihn ginge hier gar nichts. Für die Produktion benötigen wir riesige Mengen Wasser. Außerdem müssen die Produktionsanlagen mit viel Wasser gekühlt werden. Und schließlich werden auf dem Rhein große Mengen der Rohstoffe, die wir für die Produktion benötigen, günstig herangeschafft sowie unsere hergestellten Produkte abtransportiert."

Täglich erreichen und verlassen mehr als 20 große Binnenschiffe die BASF. Außerdem verlassen und erreichen uns täglich etwa 2 100 Lkw sowie 400 Eisenbahnwaggons.

M 3

Forschung und Entwicklung: Hier werden neue Produkte entwickelt und bestehende Produkte verbessert.

Fertigung und Produktion: Die entwickelten Produkte werden für die Kunden fertiggestellt.

Logistik: Alle Waren und Güter, die das Unternehmen braucht bzw. herstellt, müssen antransportiert bzw. abtransportiert und auch gelagert werden.

Verwaltung: Diese Abteilung ist für alle betrieblichen Abläufe verantwortlich, die nicht unmittelbar mit der Herstellung zu tun haben.

M 4 Ein Großunternehmen wie die BASF besteht aus verschiedenen Bereichen.

1
a) Gliedere das Foto in verschiedene Bereiche (M 2).
b) Beschreibe die Lage des Chemiewerks (M 1, M 2).

2
Nenne Standortfaktoren, die zur Entscheidung für den Standort Ludwigshafen geführt haben (T 1).

a) Bearbeite Aufgabe A 2.
b) „Der Rhein ist der wichtigste Mitarbeiter der BASF." Erläutere diese Aussage (T 1, M 3).

3
Nenne Erzeugnisse der chemischen Industrie (T 2).

Produkte der chemischen Industrie sind eine wichtige Grundlage für viele Industriezweige. Erläutere (T 2).

4
Ordne die Bereiche des Werkes aus Foto M 2 den Unternehmensbereichen in M 4 zu.

5 EXTRA
Nenne weitere Standorte der chemischen Industrie in Deutschland (Karte M 2, S. 83).

AFB I: 1, 2, 3, 5 II: 4   AFB I: 1, 5 II: 2–4   → Lösungshilfen ab S. 129   77

> Einen industriellen Produktionsablauf und seine Veränderungen benennen

Automobilproduktion heute und morgen

Über fünf Millionen Autos werden in großen Automobilfabriken pro Jahr gebaut. Doch die Automobilindustrie steht vor einem starken Umbruch. In Zukunft wird das Auto anders aussehen, anders angetrieben und anders hergestellt werden als früher.

M 1 Autobau früher und heute

Karosserie
der komplette Aufbau bzw. die Außenhaut eines Fahrzeugs

Stahlblech
sehr dünn gepresster Stahl, der geformt werden kann

Fahrwerk
beim Auto insbesondere die Räder, Bremsen, Federung und Lenkung

T1 Mensch und Maschine
Auch wenn ein Auto aus mehr als 10 000 Einzelteilen besteht, dauert es nur wenige Stunden, bis es zusammengebaut ist. Das ist nur möglich, weil die Fabriken heute zum größten Teil auf Automatisierung umgestellt haben. Menschen und Roboter arbeiten Hand in Hand, um die Produktion zu beschleunigen. Fahrbare Roboter transportieren die Einzelteile zu den Plätzen im Werk, an denen sie eingebaut werden. Sie erkennen Hindernisse auf dem Weg, weichen ihnen aus und rufen über WLAN selbstständig Aufzüge, wenn sie gebraucht werden. Roboter verbauen mit den Arbeitern zusammen Einzelteile am Auto. Vom Roboter kommt die Kraft, vom Menschen das Feingefühl.

T2 Vom Metall zum Fahrzeug
Nur ein Fünftel der Teile eines Autos stammt vom Autohersteller selbst. Die meisten, wie Scheinwerfer oder Armaturenbrett, werden von anderen Unternehmen hergestellt. Diese Unternehmen nennt man **Zulieferbetriebe**. Zu Beginn der Produktion werden die Karosserieteile hergestellt. Riesige Maschinen schneiden und formen mit einem Druck von mehreren 1 000 Tonnen aus Stahlblechen die vorprogrammierten Teile. Danach wird die Karosserie von Robotern komplett zusammengebaut und lackiert. Anschließend erfolgt die „Hochzeit": Motor, Karosserie und Fahrwerk werden zusammengefügt. Bei der Schlusskontrolle werden alle Funktionen des Autos überprüft.

T3 Der Antrieb der Zukunft
Die Zeit, in der Autos mit Benzin oder Diesel angetrieben werden, geht langsam zu Ende. Der für Verbrennungsmotoren benötigte Rohstoff Erdöl wird auf Dauer knapp und die Motoren produzieren klimaschädliche Abgase. Zurzeit werden vor allem E-Autos entwickelt, die keine Abgase ausstoßen. Die Herausforderung besteht darin, auch den Strom klimafreundlich zu produzieren und bereitzustellen. Außerdem benötigt man leistungsstarke Batterien, für deren Produktion neben Energie viele wertvolle Rohstoffe erforderlich sind. Eine Alternative ist die Wasserstofftechnologie, die zukünftig weiterentwickelt werden soll.

4 Industrie und Dienstleistungen

M 2 Produktionskette: ein Auto wird gefertigt

Autofahren in der Zukunft

Braucht ein Auto in einigen Jahren noch einen Menschen am Steuer? Schon heute halten viele Autos auf der Autobahn ihre Fahrspur und den Abstand zum vorausfahrenden Fahrzeug ganz von allein ein. Selbsttätig einzuparken ist nichts Besonderes mehr. Und die Automobilfirmen entwickeln selbstfahrende Autos ständig weiter. Um das Auto zu steuern, werden Informationen, die das Fahrzeug über Sensoren und Kameras erhält, mit digitalen Karten verknüpft. Mithilfe künstlicher Intelligenz soll das Verhalten anderer Autos und Fußgänger vorhergesagt werden, um Unfälle zu vermeiden. Doch vielleicht spielt das eigene Auto künftig gar keine so große Rolle mehr? In Ballungsgebieten verzichten heute schon viele Menschen auf ein eigenes Auto. Sie fahren mit dem Fahrrad oder dem öffentlichen Personennahverkehr. Und sie leihen sich dann ein Auto, wenn sie eines brauchen. Man nennt dies Carsharing, weil sich mehrere Personen ein Auto teilen (= engl. to share).

M 3

M 4 Standorte der Automobilindustrie in Deutschland

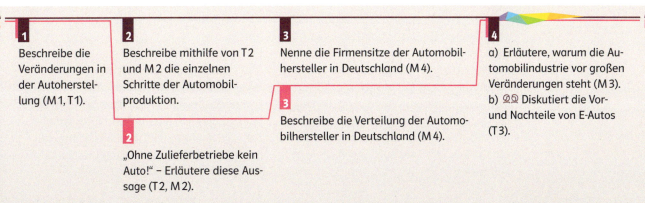

1 Beschreibe die Veränderungen in der Autoherstellung (M1, T1).

2 Beschreibe mithilfe von T2 und M 2 die einzelnen Schritte der Automobilproduktion.

2 „Ohne Zulieferbetriebe kein Auto!" – Erläutere diese Aussage (T2, M 2).

3 Nenne die Firmensitze der Automobilhersteller in Deutschland (M 4).

3 Beschreibe die Verteilung der Automobilhersteller in Deutschland (M 4).

4 a) Erläutere, warum die Automobilindustrie vor großen Veränderungen steht (M 3).
b) Diskutiert die Vor- und Nachteile von E-Autos (T3).

Die Bedeutung der Lage für ein Logistikunternehmen erläutern

Von Köln in die ganze Welt

Wenn du heute etwas im Internet bestellst, dann erwartest du, dass es möglichst schnell zu dir nach Hause geliefert wird. Hast du dir schon einmal Gedanken darüber gemacht, wie so etwas möglich ist?

M 1

M 2 Das Verteilzentrum von UPS am Flughafen Köln/Bonn und die nächtliche Arbeit

Güter

sämtliche Waren für den Transport, zum Beispiel Schuhe, Kleidung oder Elektrogeräte

UPS

United Parcel Service

T1 In der Mitte Europas

Kurze Lieferzeiten für Bestellungen sind nur durch den weltumspannenden Frachtflugverkehr möglich. Besonders eilige Waren werden über große Entfernungen mit Frachtflugzeugen befördert. Anders als Passagierflugzeuge befördern solche Frachtflieger ausschließlich **Güter**.

Der Flughafen Köln/Bonn ist eines der wichtigsten Zentren für den Frachtflugverkehr in Europa. Von hier aus werden 80 Flugziele weltweit angeflogen. Daher hat hier neben anderen auch eines der weltweit größten **Logistikunternehmen** seinen zentralen europäischen Umschlagort – die amerikanische Firma UPS. Ein Unternehmen der Logistik kümmert sich um Transport und Verteilung von Waren.

T2 Warum Köln/Bonn?

Seine Lage in der Mitte Europas zeichnet den Flughafen aus. Er liegt außerdem in einem der größten Ballungsgebiete Deutschlands. Innerhalb von einer Stunde Fahrzeit werden hier 17,5 Millionen Kunden erreicht. In einem Raum von 350 Kilometern um den Flughafen herum werden 40 % der Wirtschaftsleistung der Europäischen Union erbracht.

Ein weiterer Vorteil für UPS ist es, dass hier auch nachts geflogen werden darf. An anderen Standorten ist das nicht der Fall. Das bedeutet aber auch, dass am Flughafen Köln/Bonn auch nachts gearbeitet wird. Zum Glück findet UPS rund um Köln genügend Arbeitskräfte, die dazu bereit sind.

Industrie und Dienstleistungen 4

M 3 Das Flugnetz von UPS

M 5 Anbindung des Flughafens Köln/Bonn

Frau Maresch ist Leiterin des UPS-Frachtverteilungszentrums in Köln/Bonn. Sie berichtet:

Ab 23:00 Uhr treffen im Minutentakt unsere 37 Frachtmaschinen aus den USA, Hongkong, Athen oder Lissabon ein. Gleichzeitig kommen etwa 300 Lkw aus einem Umkreis von 500 Kilometern an. Sämtliche Pakete werden dann entladen, laufen über fast 40 Kilometer lange Förderbänder und fallen computergesteuert und zielsicher in die zugewiesenen Container. Eine Sendung von Dublin nach Paris wird zum Beispiel ebenso in Köln umgeladen wie ein Paket von Helsinki nach New York. Ab 02:30 Uhr starten dann die vollbeladenen Frachtmaschinen wieder. In diesen 3,5 Stunden muss alles über die Bühne gehen. Damit sämtliche Prozesse reibungslos ablaufen, muss alles durchdacht organisiert sein. Denn jede Minute Verzögerung kostet. Zum anderen werden viele fleißige und hellwache Mitarbeiter benötigt.

M 4

Jahr	Frachtaufkommen in Köln/Bonn in Tonnen
2005	640 114
…	…
2010	638 181
…	…
2015	739 511
2016	768 149
2017	822 164
2018	844 292
2019	799 101
2020	841 696
2021	967 026

M 6 Frachtaufkommen am Flughafen Köln/Bonn

---

1 Beschreibe den Arbeitsablauf bei UPS am Flughafen Köln/Bonn mithilfe von M 2 und M 4.

2 Erläutere die Bedeutung der Lage für UPS bei Köln (T1, T2, M 3, M 5).

2 Bearbeite Aufgabe A 2.
a) Ordne UPS einem Wirtschaftssektor zu.
b) Begründe deine Zuordnung.

3 Erkläre, warum ein Paket nicht direkt von Helsinki nach New York geschickt wird, sondern den Umweg über Köln/Bonn nimmt (M 3, M 4).

3 Erkläre, warum es Verteilerzentren geben muss (M 3, M 4).

4 Frachtaufkommen in Köln/Bonn (M 6):
a) Beschreibe die Entwicklung des Frachtaufkommens.
b) Stelle die Zahlen in Form eines Säulendiagramms dar.

5 EXTRA Wie reagiert die Bevölkerung in der näheren Umgebung des Flughafens auf die nächtlichen Starts und Landungen?
a) Recherchiert mithilfe des Internets.
b) Diskutiert die Argumente aus Sicht der Anwohner, des Flughafenbetreibers und der Unternehmen.

AFB I: 1, 4a II: 2, 3, 4b, 5a III: 5b   AFB I: 1, 4a II: 2a, 3, 4b, 5a III: 2b, 5b   → Lösungshilfen ab S. 129

Methode

Eine thematische Karte schrittweise auswerten

Eine thematische Karte auswerten

Thematische Karten sind in Geographie unverzichtbar. Sie behandeln immer ein spezielles Thema in einer Region, zum Beispiel Wirtschaftsregionen in Deutschland. Hier lernst du, wie du solche Karten schrittweise auswertest.

SP Tipp

→ Aufgabe 2

Die Karte zeigt … / Das Thema der Karte ist …

In der Legende werden verschiedene Farben, Linien und Kartensymbole erklärt: …

Die Karte hat den Maßstab …

Nicht überall gibt es …

Besonders …

1. Schritt: Raum und Inhalt erkennen
Welcher Raum ist dargestellt? Welches Thema hat die Karte?

Die Karte M 2 hat den Titel „Wirtschaftsregionen in Deutschland". Sie zeigt die Lage und Verteilung der Industriegebiete sowie verschiedene Industriezweige.

2. Schritt: Die Legende der Karte lesen
Welche Bedeutung haben die Farben, Linien und Kartensymbole in der Legende? Welchen Maßstab hat die Karte?

Rechts neben der Karte befindet sich die Legende. Mit ihrer Hilfe lassen sich verschiedene Industriezweige wie zum Beispiel chemische Industrie, Elektrotechnik oder Fahrzeugbau unterscheiden. Die Legende zeigt auch …

3. Schritt: Karteninhalt beschreiben
Welche Unterschiede in der Verteilung der Kartensymbole kannst du beobachten? Erkennst du Regelmäßigkeiten oder Besonderheiten?

Die größten Industrieregionen in Deutschland sind Rhein-Ruhr, … Die Industriegebiete liegen meist an schiffbaren Flüssen wie z. B. Rhein …

4. Schritt: Karteninhalt erklären
Welche Ursachen hat die unterschiedliche Verteilung der Kartensymbole? Nutze eventuell weitere Karten oder andere Informationsquellen zur Erklärung.

Die schiffbaren Flüsse und Kanäle sind wichtige Verkehrswege, auf denen Rohstoffe oder Produkte transportiert werden. … Industriegebiete entstehen auch da, wo viele …

M 1 Beispiele für Industrien in Deutschland

 Ordne die Fotos in M 1 je einem Industriezweig aus Karte M 2 zu.

 SP Werte Karte M 2 mithilfe der Schritte 1–4 aus. Ergänze den zweiten, dritten und vierten Schritt. Nutze auch die Sprachtipps.

4 Industrie und Dienstleistungen

M 2 Wirtschaftsregionen in Deutschland

3 Nenne die Industriezweige der großen Wirtschaftsregionen am Rhein.

4 Wähle aus Karte M 2 fünf Wirtschaftsregionen aus.
a) Beschreibe die wichtigsten Industriezweige in der Region.
b) Beschreibe ihre Lage in den Bundesländern (Kartenanhang, Atlas).

Methode

Informationen aus einem Erklärvideo gewinnen

MB Ein Erklärvideo auswerten

Was sind eigentlich Standortfaktoren? Ein Erklärvideo verdeutlicht komplizierte Sachverhalte besonders anschaulich und verständlich. Aber einem Erklärvideo gezielt Informationen zu entnehmen, will gelernt sein.

M 1 Conny Croissant und Harry Schnell suchen nach dem besten Standort für ihre Unternehmen.

T1 Auf der Suche nach dem besten Standort

Wenn sich ein Unternehmen neu gründet oder umzieht, macht sich die Unternehmensleitung Gedanken darüber, welcher Ort am besten geeignet wäre. Bei der Entscheidung für einen Standort spielen bestimmte Aspekte eine Rolle, die man als **Standortfaktoren** bezeichnet. Diese können je nach Art des Unternehmens sehr unterschiedlich sein. Doch was bedeutet das genau?

T2 Erklärvideos: über die Augen und Ohren in den Kopf

Wenn du ein Thema verstehen möchtest, dann kann dir das mithilfe eines Erklärvideos gelingen. Es dauert für gewöhnlich zwischen zwei und fünf Minuten. In aller Kürze wird ein Thema erklärt und das Wesentliche auf den Punkt gebracht. Bilder, Zeichnungen oder sogar aufwendigere Animationen veranschaulichen die Erklärung. Dadurch werden Zusammenhänge verständlich. Musik oder Geräusche unterstreichen die Aussagen.

1. Schritt: Eigene Fragestellung formulieren

Zu welchem Thema oder zu welcher Frage benötigst du das Erklärvideo? Formuliere eine möglichst genaue Frage oder auch mehrere Fragen.

Was sind Standortfaktoren?
Wie entscheiden sich Unternehmen für einen Standort?

2. Schritt: Film ansehen

Sieh dir das Video an und mache dir stichwortartig Notizen. Du kannst das Video komplett oder in Teilen wiederholen und jederzeit stoppen.

3. Schritt: Das Video in Abschnitte einteilen

Versuche, das Video in Abschnitte zu gliedern und kurz darzulegen, was gesagt wird.

Im ersten Abschnitt des Videos zu den Standortfaktoren wird der Ort Terrahausen vorgestellt.
Im zweiten Abschnitt geht es darum, dass sich Unternehmen nicht zufällig ...
Im dritten Abschnitt ...

V04
Erklärvideo
Standortfaktoren

4 Industrie und Dienstleistungen

M2 Verschiedene Standortfaktoren

4. Schritt: Informationen entnehmen und Frage/n beantworten
Sieh dir das Video eventuell ein weiteres Mal an und ergänze deine Notizen.

5. Schritt: Die Notizen sortieren und übersichtlich darstellen
Schau dir deine Notizen noch einmal an und ordne sie, zum Beispiel in Form einer Auflistung, Tabelle oder Mindmap. Dann hast du hinterher einen besseren Überblick.

6. Schritt: Das Erklärvideo bewerten
Konntest du mithilfe des Erklärvideos alle deine Fragen beantworten? Falls etwas offengeblieben ist, nutze noch andere Quellen.

1
Sieh dir das Erklärvideo (V04 ▷) zu den Standortfaktoren an. Folge den Schritten 1–6. Erkläre anschließend
a) den Begriff Standortfaktoren,
b) harte und weiche Standortfaktoren.
c) Nenne jeweils mindestens drei harte und drei weiche Standortfaktoren (M2).

2
Conny Croissant und Harry Schnell suchen den besten Standort für ihre Unternehmen. Helft ihnen bei der Standortwahl (M1, Erklärvideo V04 ▷).
a) Was planen Conny Croissant und Harry Schnell?
b) Welche drei Orte kommen für Conny infrage?
c) Welche Standortvorteile und -nachteile haben die unterschiedlichen Orte?
d) Tausche dich mit einem Partner / einer Partnerin über eure Ergebnisse a–c aus. Versetzt euch in die Person Conny Croissants. Entscheidet euch für einen der drei Standorte. Begründet.
e) Welche Standortfaktoren sind für Harry Schnell entscheidend?

3
Finde heraus, welche Standortfaktoren für die Stadt Terrahausen wichtig sind, wenn sich möglichst viele Unternehmen hier ansiedeln sollen (Erklärvideo V04 ▷, M2).

4 EXTRA
Entscheide und begründe: Welche Standortfaktoren aus M2 sind für einen Supermarkt wichtig?

AFB I: 1c, 2a–2c II: 1a, 1b, 2d–3 III: 4 → Lösungshilfen ab S. 129

Auf der Suche nach dem besten Standort

Wenn ein Unternehmen neu gegründet wird oder umzieht, werden sich viele Gedanken über die Lage des neuen Standorts gemacht. Denn davon hängt der Erfolg des Unternehmens ab.

SP Tipp

Begründen
→ Aufgabe 3b
- Deshalb …
  Da …
- Dies ist der Grund, weshalb …
- Die Gründe dafür sind …

T1 Die Bedeutung von Standortfaktoren

Entscheidend für die Ansiedlung eines Unternehmens sind sogenannte Standortfaktoren wie zum Beispiel die Nähe zu Rohstoffvorkommen, eine günstige Verkehrsanbindung, die Kosten für das Baugelände, die Höhe der Miete, qualifizierte Arbeitskräfte, die Entfernung zu den Kunden, Konkurrenzbetriebe in der Nähe usw.

Die fünf Unternehmerinnen und Unternehmer (M1) suchen für ihren Betrieb einen geeigneten Standort in Tröllestadt oder in der näheren Umgebung (M2). Helft ihnen bei der Standortwahl.

A Herr Riekert sucht einen neuen Standort für sein Call-Center. Die Kundinnen und Kunden, die bei seinen 120 Angestellten anrufen, informieren sich über Produkte und Verträge eines Mobilfunkanbieters.

B Frau Drommer möchte ein Betonwerk eröffnen. Für den Beton benötigt sie die Rohstoffe Wasser und Kies sowie Zement.

C Herr Yıldırım möchte eine Spedition eröffnen. Er hat sich auf den Transport italienischer Produkte nach Deutschland spezialisiert.

D Herr Bianchi möchte ein Eiscafé eröffnen.

E Frau Zelenka ist Software-Entwicklerin. Bislang war sie bei einer Firma angestellt, nun möchte sie sich selbstständig machen.

M1

A B 1 Erläutere, warum für ein Unternehmen die Lage von großer Bedeutung ist (T1).

2 Ordne folgende Standortfaktoren den Betrieben A–E zu. Nicht alle passen!
Flussnähe, Rohstoffnähe, Nähe zur Autobahn, Nähe zum Flughafen, niedrige Miete, Nähe zu den Kunden, großer Flächenbedarf, Innenstadtnähe, keine Konkurrenz, Fußgängerzone, Nähe zum Hafen, Nähe zu Sehenswürdigkeiten, viele Arbeitskräfte, Entfernung zum Naturschutzgebiet, schnelles Internet, Wohnumfeld, Freizeitwert, Bildungsangebote

2 Notiert für den jeweiligen Betrieb die wichtigsten Standortfaktoren. Legt eine Tabelle an:

	Betrieb	Standortfaktoren
A	Call-Center	schnelles Internet
B	Betonwerk	…

3 a) Lokalisiere für den jeweiligen Betrieb (M1) den aus deiner Sicht besten Standort auf der Karte.
b) Begründe deine Entscheidung.

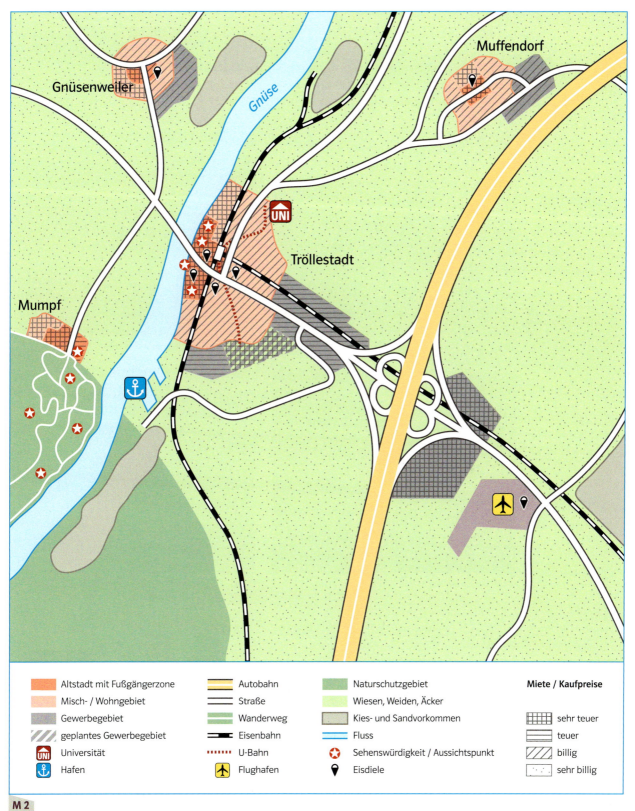

Orientierung

Sich in Ost- und Südosteuropa orientieren

Orientieren in Ost- und Südosteuropa

Dieser Teil Europas nimmt mehr als die Hälfte der Fläche des Kontinents ein. Reisende müssen sich hier erst einmal an die großen Entfernungen gewöhnen und in manchen Ländern auch an eine ganz andere Schrift.

M 1

M 2 Roter Platz in Moskau

M 5 Getreideanbau in der Dniproniederung

M 3 Blick auf die Stadt Dubrovnik

M 6 Das Donaudelta aus der Luft

Kyrillische Schrift

In Russland und einigen anderen Ländern Europas und Asiens verwendet man die kyrillische Schrift.

Beispiele (russisch):

Guten Tag!
Добрый день!
(dobryj djen')

Auf Wiedersehen!
До свидания!
(dasswidan'ja)

– Die Wolga ist mit 3 531 km der längste Fluss in Osteuropa.
– Mehr als 1 200 größere und kleinere Inseln im Adriatischen Meer gehören zu diesem Land.
– Das flächenmäßig kleinste Land hat nur 10 887 km² und ist damit kleiner als Schleswig-Holstein.
– Ein Staat in Südosteuropa hat 8 Nachbarstaaten.
– Das zweitgrößte Flussdelta Europas liegt am Schwarzen Meer.

M 4 Rekorde in Ost- und Südosteuropa

M 7 Flaggen von Staaten Ost- und Südosteuropas

4 Industrie und Dienstleistungen

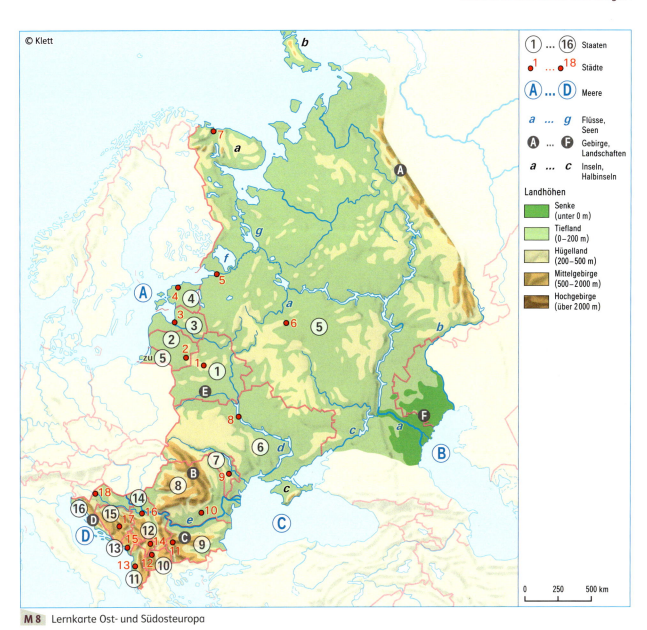

M 8 Lernkarte Ost- und Südosteuropa

1
Arbeite mit der Karte M 8 und dem Atlas oder dem Kartenanhang. Benenne:
a) die Staaten 1–16,
b) die Städte 1–18,
c) die Gebirge und Landschaften A–F,
d) die Inseln und Halbinseln a–c,
e) die Meere A–D,
f) die Flüsse und Seen a–g.

2
Richtig oder falsch? Verbessere die falschen Aussagen und schreibe sie richtig auf.
a) Die Donau mündet in das Mittelmeer.
b) Russland und Polen sind Nachbarstaaten.
c) Russland grenzt an die Ostsee.
d) Kroatien liegt am Schwarzen Meer.
e) Das Balkangebirge liegt in Rumänien.

3
Staaten gesucht!
a) Ordne den Fotos M 2, M 3, M 5 und M 6 den entsprechenden Staat zu (Atlas, Kartenanhang).
b) Nenne die Staaten, in denen die Rekorde liegen (M 4).

4 EXTRA
Flaggen-Experte gesucht: Zu welchen Staaten gehören die Flaggen (M 7)?

Training

Wichtige Begriffe

- Arbeitskraft
- Dienstleistung
- Industrie
- Rohstoff
- Standort
- Standortfaktoren
- Wirtschaftssektor:
  - primärer Sektor
  - sekundärer Sektor
  - tertiärer Sektor
- Zulieferbetrieb

M 1

M 2

M 3

Kennen und verstehen

1 Industrie in Deutschland
a Benenne die Wirtschaftssektoren, die in den Fotos M1–M3 dargestellt sind.
b Ordne dem produzierenden Industriezweig aus M1–M3 mindestens zwei Standorte in Deutschland zu. Verwende hierzu M2 auf S. 83.

2 Begriffe zuordnen
Ordne die folgenden Begriffe den drei Wirtschaftssektoren zu:
- Zeitungsverlag
- Fischfabrik
- Pizzeria
- Bauernhof
- Spedition
- Stahlwerk
- Fachhochschule

3 Richtig oder falsch?
Verbessere die falschen Aussagen und schreibe sie richtig auf.
a Unternehmen der chemischen Industrie liegen nur selten an Flüssen.
b Zulieferbetriebe sind Unternehmen, die fertig gebaute Autos zu den Kunden liefern.
c Beim Bau von neuen Industriebetrieben spielen Standortfaktoren keine Rolle.
d Die Nähe zu einer Autobahn kann ein wichtiger Standortfaktor sein.
e Der Flughafen Köln/Bonn ist für Versandunternehmen von Bedeutung, weil man hier auch nachts starten und landen darf.
f Im Dienstleistungssektor werden Produkte hergestellt.

4 Bilderrätsel
Löse die Bilderrätsel und erkläre die gesuchten Begriffe.

a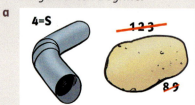

b

c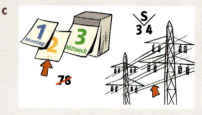

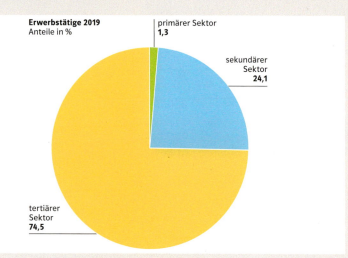

M 4 Erwerbstätige in Deutschland

| D18 Arbeitsblatt Selbsteinschätzung | I07 Übung Industrie und Dienstleistungen | D19 Arbeitsblatt Lösungen | Industrie und Dienstleistungen 4 |

5 Standortfaktoren

Übernimm die Tabelle in dein Heft. Ordne die Standortfaktoren aus M 2 auf Seite 85 richtig ein:

harte Standortfaktoren	weiche Standortfaktoren
…	…

Fachmethoden anwenden

6 Diagramme auswerten

a Werte das Diagramm M 4 aus.
b Überlege, wie ein vergleichbares Diagramm aus dem Jahr 1950 ausgesehen haben könnte. Erkläre den Unterschied.

Beurteilen und bewerten

7 Wo ist der beste Standort?

Herr Maier und Frau Weber suchen in Tröllestadt den besten Standort für einen neuen Supermarkt.

a Notiere die wichtigsten Standortfaktoren.
b Beurteile mithilfe der Karte M 5, wo für den Supermarkt der beste Standort sein könnte.
c Begründe deine Entscheidung.

Wissen vernetzen

8 Wirtschaftssektoren

Übernimm die Übersicht M 6 in dein Heft. Füge dann die folgenden Begriffe richtig ein:
– Industrie
– Dienstleistungen
– Immobilienkosten
– gute Böden
– Standortfaktoren (3 x)
– Kundennähe
– primär
– sekundär
– tertiär
– Verkehrsanbindung

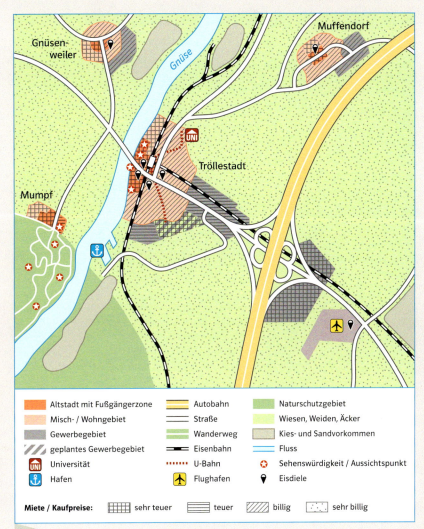

M 5

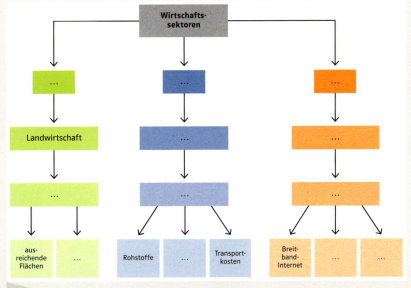

M 6

Wähle aus

Die Entwicklung eines europäischen Unternehmens beschreiben und Probleme nennen

A „... und Europa ebenso!"
diese Seite

B Digitalisierung überall
Seite 94/95

1 Nenne mindestens drei Gründe, die zum Erfolg von Haribo beitrugen (M 1).

2 Nenne die europäischen Staaten, in denen der Süßwarenhersteller Haribo produziert (M 5).

3 a) Nenne Gründe für die Schwierigkeiten der Süßwarenindustrie (M 4).
b) Beurteile die Anstrengungen zur Nachhaltigkeit (M 4).

A „... und Europa ebenso!"

Zwei Zentimeter groß, 2,3 Gramm schwer und in sechs Geschmacksrichtungen erhältlich – wer kennt ihn nicht, den „Goldbären" von Haribo? Wie hat es ein deutscher Süßwarenhersteller mit einfachsten Rohstoffen geschafft, europa- und weltweit Erfolg zu haben?

Haribo – eine Erfolgsgeschichte

Alles beginnt 1920 in einer kleinen, einfachen Küche in einem Vorort von Bonn. Mit nicht viel mehr als einem Sack Zucker und einem Kupferkessel ausgestattet, sucht Hans Riegel nach neuen Süßwaren-Rezepten. Und bereits Ende dieses Jahres gründet er die Firma Haribo. Der Firmenname leitet sich jeweils aus den ersten Buchstaben seines Namens und seiner Heimatstadt ab. 1921 heiratet der Achtundzwanzigjährige. Seine Frau wird die erste Haribo-Mitarbeiterin.
1922 erfindet Hans Riegel eine kleine Bärenfigur aus Fruchtgummi. Fruchtgummi bestand damals allein aus den Rohstoffen Zucker, Gummi arabicum (Baumharz) und Aromastoffen. Schnell stellt sich ein großer Erfolg mit den Gummibären ein. 1930 beschäftigt Haribo bereits 160 Mitarbeiterinnen und Mitarbeiter und beliefert mit Lastwagen ganz Deutschland. Zu dieser Zeit entwirft Hans Riegel auch den erfolgreichen Werbespruch „Haribo macht Kinder froh ...", den heute noch nahezu jeder kennt.
In die 1960er-Jahre werden die Gummibären dann in „Goldbären" umbenannt. Auch wird in dieser Zeit die Produktion und der Vertrieb auf ganz Europa ausgeweitet.
Heute liefert Haribo mit insgesamt 7 000 Beschäftigten über 1 000 verschiedene Süßwarenprodukte in mehr als hundert Länder. Unbestrittener Star des Unternehmens ist aber auch nach fast 100 Jahren der Gummibär aus den einfachen Zutaten: Zucker, Gelatine, Farb- und Aromastoffe.

Gelatine
Gemisch, das vor allem aus Haut und Knochen von geschlachteten Tieren gewonnen wird

„Haribo macht Kinder froh und Erwachsene ebenso"
Der erste Teil des Slogans stammt aus den 1930er-Jahren. Es ist einer der beliebtesten und am längsten im Umlauf befindlichen Werbeslogans der Welt.

M 2 Die „Goldbären" von Haribo

M 3 „Goldbären" werden produziert

4 Industrie und Dienstleistungen

D 20
Arbeitsblatt
Lösungen

4
Vergleiche den Umsatz der größten Süßwarenhersteller der Welt (M 6).

AFB I: 1, 2, 3a II: 4 III: 3b → Lösungshilfen ab S. 129

Süßwarenindustrie in Schwierigkeiten

32 Kilogramm Süßigkeiten und Knabbereien isst ein Deutscher durchschnittlich im Jahr. Damit gilt der deutsche Süßwarenmarkt als gesättigt. Mehr Schokolade, Kekse und Bonbons können die deutschen Hersteller nur noch im europäischen Ausland verkaufen. Der Exportanteil stieg deshalb von einem Fünftel im Jahr 2000 auf inzwischen die Hälfte.

Aufgrund der unsicheren Wirtschaftslage und gestiegener Kosten für Energie und Rohstoffe ist das Süßwarengeschäft in Europa momentan aber kein Zuckerschlecken. Höhere Preise sind bei den Lebensmittelketten schwer durchzusetzen. Ein Teil der deutschen Unternehmen wird deshalb schließen oder sich zusammenschließen müssen. Nachhaltigkeit ist ein zunehmend wichtiges Thema in der deutschen Süßwarenindustrie. Die Unternehmen setzen sich z. B. für den Umwelt- und Artenschutz bei der Palmölproduktion im tropischen Regenwald ein. Rund 90 % des in der deutschen Süßwarenindustrie verwendeten Palmöls ist nachhaltig zertifiziert. Z. B. werden hierbei Vorgaben gegen Regenwaldrodung und für die Achtung der Menschenrechte beachtet.

M 4

Schon gewusst?

Haribo produziert pro Tag europaweit 160 Millionen „Goldbären". Würde man alle „Goldbären" einer Jahresproduktion nebeneinanderstellen, ergäbe dies eine Kette von 160 306 Kilometer, die viermal um die Erde reichen würde.

M 5 Haribo in Europa (2022)

	Unternehmen	Produkte (Beispiele)	Umsatz in Mio. US-$	Land
1	Mars	Mars, Twix …	20 000	USA
2	Ferrero	Duplo, Hanuta, …	13 566	Italien/Luxemburg
3	Kraft/Mondelez	Milka, Oreo …	11 467	USA
4	Meji	Juicy Gummy	10 075	Japan
5	Hershey's	Nuggets, Drops …	8 066	USA
6	Nestlé	Kitkat, Smarties, …	7 636	Schweiz
7	pladis	Ülker Albeni, Flipz	4 655	UK
8	Lindt&Sprüngli	Lindt	4 331	Schweiz
9	Haribo	Haribo, Maoam	3 300	Deutschland

M 6 Die weltweit größten Süßwarenhersteller (2020)

93

Wähle aus

A „... und Europa ebenso!"
Seite 92/93

B Digitalisierung überall
diese Seite

Die Auswirkungen der Digitalisierung auf verschiedene Bereiche des Lebens bewerten

1 Nenne Bereiche deines Lebens, in denen du selber schon mit Digitalisierung zu tun hattest.
Beispiele:
Kommunikation: Smartphone
Einkaufen: Bestellen im Internet
usw.

2 Liste in einer Tabelle die Vor- und Nachteile der Digitalisierung auf.

3 Stelle einen Zusammenhang zwischen M 6 und T 1 her.

B Digitalisierung überall

In jedem Bereich deines Alltags hast du es mit Computern zu tun: in der Schule, zu Hause, beim Einkaufen. Auch die Berufswelt wird durch Computer bestimmt. Dies wird in Zukunft weiter zunehmen und hat Auswirkungen auf unser gesamtes Leben.

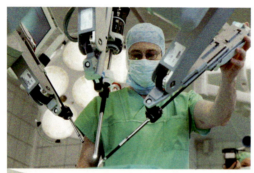

M 2 Unterstützung durch OP-Roboter

M 3 Laptop, Tablet und Whiteboard im Unterricht

Künstliche Intelligenz im Einsatz für die Gesundheit

Künstliche Intelligenz (KI) soll Ärzten in Zukunft die Arbeit erleichtern. Eigentlich. Bei Professor Holger Hänßle von der Universitätsklinik Heidelberg war es aber erst einmal genau andersherum: Nachdem der Dermatologe [Hautarzt] im ver-
5 gangenen Jahr eine Studie zum Einsatz von KI in der Hautkrebserkennung veröffentlicht hatte, erlebte er den „hellen Wahnsinn". Medien aus aller Welt bombardierten ihn (...) mit Anfragen (...). Grund der Aufregung: Herr Hänßle hatte als einer der Ersten eine Studie veröffentlicht, in der
10 Mensch und Maschine im direkten Vergleich zeigen sollten, wer bessere Diagnosen stellt. Genauer: wer (...) den gefürchteten „schwarzen Hautkrebs" besser erkennen kann. Das Ergebnis machte Schlagzeilen. „Die Künstliche Intelligenz war deutlich besser als die durchschnittliche Leistung der Ärzte",
15 berichtet Holger Hänßle. „Nur 13 der 58 beteiligten Hautärzte konnten den Computer schlagen."

Christian Buck: Dr. Algorithmus. 26.02.2019. Unter: www.welt.de

M 1

Unterwegs in der Smart City

Karin möchte in Reutlingen einkaufen. Vor dem Fahrtantritt prüft sie online die Verkehrslage: Es gibt keine Staus. Die Anzahl der Autos wird ständig durch Sensoren gemessen, damit der Verkehrsfluss besser gesteuert werden kann. Karin fährt los. Damit sie nicht so lange nach einem freien Parkplatz suchen muss, schaut sie auf ihr Handy und parkt schnell, bequem und stressfrei ein. Auf dem Weg in die Einkaufszone ruft sie die neusten Angebote der örtlichen Einzelhändler ab. Nach dem Einkauf packt Karin noch auf dem Parkplatz ihre neue Uhr aus. Den Karton entsorgt sie im Mülleimer. Und dieser meldet sich, sobald er voll ist, bei den städtischen Entsorgungsbetrieben. So gibt es in Reutlingen keine überquellenden Mülleimer mehr.

M 4

D 21
Arbeitsblatt
Lösungen

Industrie und Dienstleistungen 4

4
Überprüfe die Befürchtungen der Arbeitnehmer und Arbeitnehmerinnen (T1) mithilfe von M 7.

5
Erstelle anhand der Materialien auf dieser Doppelseite und deiner Bearbeitungen der Aufgaben 1–3 eine Präsentation zum Thema Digitalisierung.

AFB I: 1, 2   II: 3, 5   III: 4   → Lösungshilfen ab S. 129

T1 Digitalisierung und Arbeitsplätze

Zukünftig werden Computerprogramme oder Roboter immer mehr Tätigkeiten übernehmen, die bisher der Mensch ausgeübt hat. Das betrifft nicht nur einfache Arbeiten, sondern zunehmend auch schwierige, die bisher dem Menschen vorbehalten waren. Daher haben viele Menschen die Befürchtung, dass sie zukünftig keine Arbeit mehr finden, weil der Computer sie überflüssig macht. Andererseits entstehen dabei auch neue Arbeitsplätze. Wie auch immer die Zukunft aussieht – schon heute steht fest: Nur wer über eine gute Bildung und Ausbildung verfügt, wird zukünftig auf dem Arbeitsmarkt Chancen haben.

Digitalisierung
die verstärkte Nutzung von Computern in allen Bereichen des Lebens

Wenn der Motor sagt, wo der Roboter ihn einbauen soll

Schon heute gibt es bei der Autoherstellung viele Roboter. Sie arbeiten allein oder mit Menschen zusammen. Doch die Entwicklung wird noch weitergehen. In Zukunft wird es intelligente Fabriken geben. In diesen Fabriken teilen die Werkstücke den Maschinen mit, wie sie bearbeitet werden sollen. Wird das Blech rot oder gelb lackiert? Das teilt das Blech dem Lackierroboter selber mit – digital, versteht sich. Und der Lackierroboter gibt dem Techniker ein Signal, wenn er überprüft werden muss – natürlich bevor eine Reparatur fällig ist. Wenn neue Teile für die Autoproduktion gebraucht werden, dann bestellen die Roboter sie selbstständig – direkt beim Zulieferbetrieb, dessen Maschinen gleich mit der Fertigung beginnen.
Nur noch wenige Menschen werden in solchen Fabriken gebraucht. Die Maschinen und die Werkstücke steuern die Fertigung selbst, der Mensch kontrolliert.
Die neue Art, Produkte zusammenzusetzen, hilft dabei, Kosten zu sparen und auf die Wünsche jedes einzelnen Kunden individuell eingehen zu können.

M 5

M 6

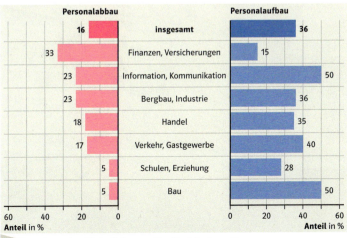

M 7 Folgen der Digitalisierung für die Arbeitswelt

5 Tourismus und Freizeit

M1

Eine Reise in die Berge, Urlaub am Meer, der Besuch einer interessanten Stadt oder ein Ausflug in die nähere Umgebung – die Urlaubsmöglichkeiten in Europa sind sehr vielfältig. Deshalb reisen jedes Jahr Millionen von Menschen an unterschiedliche Urlaubsziele in Europa. Durch den Ansturm der Urlauberinnen und Urlauber verändern sich die Urlaubsorte sehr stark. Dies hat oft Auswirkungen auf das Leben der Einheimischen und die Umwelt.

Wohin geht die Reise?

Die Sommerferien stehen bevor und viele Familien freuen sich auf den Urlaub. Die Koffer sind gepackt und alle fragen sich gespannt: „Was erleben wir dieses Jahr?"

M 1 Städtereise nach Kopenhagen

M 3 Badeurlaub auf Kreta

Wellness
Englischer Ausdruck für „Wohlbefinden" und „Wohlfühlen". Hierzu zählen gesunde Ernährung, Bewegung und Entspannung.

T1 Warum verreisen Menschen?
Im Sommer planen viele Familien einen Badeurlaub am Meer. Wer Wellen und die Gezeiten mag, fährt an die Nordsee oder den Atlantischen Ozean. Etwas ruhiger ist die Ostsee. Garantiert Sonne gibt es entlang des Mittelmeeres oder am Schwarzen Meer. Während für einige Menschen eher die Erholung im Vordergrund steht, sind für andere sportliche Aktivitäten sehr wichtig. „Aktivurlauber" entscheiden sich gerne für Reiterferien, Kajakfahren, Radwandern oder Bergsteigen. Einen Wanderurlaub kann man zum Beispiel in den Alpen oder in einem der vielen Mittelgebirge Deutschlands verbringen. Im Winter bieten besonders die Alpen gute Möglichkeiten zum Skifahren. Städtereisen sind sehr beliebt bei Menschen, die sich für Geschichte, Architektur und Kultur interessieren. Für Reisende, die Entspannung suchen, ist Wellnessurlaub in Form eines Kurzurlaubs attraktiv. Immer mehr Menschen verbringen auch gerne einige Tage in Freizeitparks oder Spaßbädern.

T2 Wie verreisen Menschen?
Reiseziele, Aktivitäten im Urlaub und die Dauer einer Reise können sehr unterschiedlich sein. Auch für die Organisation des Urlaubs gibt es verschiedene Möglichkeiten. Einige Menschen organisieren die Anreise, Unterkunft und das Programm allein. Sie führen eine **Individualreise** durch. Andere buchen ihren Urlaub im Reisebüro oder im Internet bei einer Reiseagentur. Sie machen eine **Pauschalreise**. Sehr beliebt sind All-inclusive-Urlaube, wo neben der Anreise und Unterkunft sogar die Verpflegung im Preis inbegriffen ist.

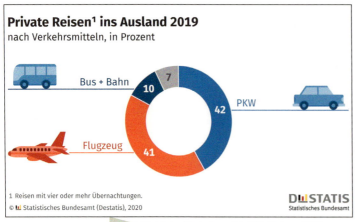

Private Reisen[1] ins Ausland 2019
nach Verkehrsmitteln, in Prozent

- Bus + Bahn: 10
- Flugzeug: 41
- PKW: 42
- (sonstige): 7

[1] Reisen mit vier oder mehr Übernachtungen.
© Statistisches Bundesamt (Destatis), 2020

M 2 Wahl der Verkehrsmittel für Reisen 2019

Tourismus und Freizeit 5

M 4 Aktivurlaub in den Alpen

M 5 Europa-Park in Rust

T 3 Reisen – keine Selbstverständlichkeit

Zu Beginn des 20. Jahrhunderts konnten nur wenige wohlhabende Menschen eine Urlaubsreise unternehmen. Mit der Bahn reisten sie in die Alpen oder an die deutsche Küste. Ab den 1950er-Jahren ging es den Menschen in Deutschland finanziell besser. Immer mehr Familien fuhren nun mit dem eigenen Auto in den Urlaub. Seitdem zieht es die Reisenden auch vermehrt ins Ausland. Seit etwa vier Jahrzehnten ist das Flugzeug zu einem beliebten Verkehrsmittel geworden. Auch Urlaubsflüge auf einen anderen Kontinent nehmen seither deutlich zu.

Doch auch wenn es heutzutage eine Vielzahl an verlockenden Reiseangeboten gibt, ist es wichtig, auch an unsere Umwelt zu denken. Besonders eine Reise mit dem Flugzeug, Kreuzfahrtschiff oder Auto belastet die Umwelt sehr stark.

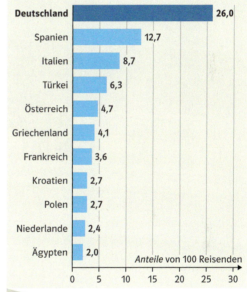

Land	Anteile von 100 Reisenden
Deutschland	26,0
Spanien	12,7
Italien	8,7
Türkei	6,3
Österreich	4,7
Griechenland	4,1
Frankreich	3,6
Kroatien	2,7
Polen	2,7
Niederlande	2,4
Ägypten	2,0

M 6 Beliebteste Reiseziele der Deutschen 2019

1
a) Wählt aus M 1, M 3, M 4 und M 5 jeweils das Urlaubsziel aus, das euch am meisten anspricht. Begründet eure Entscheidung.
b) Suche auf einer Tourismuskarte im Atlas drei Orte, an denen deine gewählte Urlaubsform möglich ist.
c) Nenne Gründe, warum Menschen verreisen (T 1).

2 Individual- oder Pauschalreise? Ordne folgende Beispiele zu (T 2):
– Familie Kurz hat ihren Badeurlaub mithilfe eines Reisebüros organisiert.
– Familie Rossi hat sämtliche Urlaubsaktivitäten selbst recherchiert und online gebucht.

2 Erkläre die Begriffe Individualreise und Pauschalreise mit eigenen Worten (T 2).

3 Beschreibe, wie sich das Reisen entwickelt hat (T 3, M 2).

3 Bearbeite A 3.
„Mit dem Flugzeug übers Wochenende nach Barcelona zum Schnäppchenpreis." Beurteile dieses Angebot.

4 Wähle ein Reiseziel aus M 6 aus und informiere dich im Internet über Urlaubsmöglichkeiten an diesem Reiseziel (z. B. Lage, Gebirge, Gewässer, bekannte Städte, Klima).

Merkmale und Auswirkungen des Massentourismus erläutern

Massentourismus auf Mallorca

Klares Wasser, blauer Himmel, weite Sandstrände – Millionen Menschen zieht es jährlich ans Mittelmeer. Die Ferieninsel Mallorca gehört zu den beliebtesten Reisezielen. Doch welche Auswirkungen hat der Tourismus?

M 1

M 2 El Arenal, Strand auf Mallorca

T1 Warum so viele Menschen kommen

Mallorca ist die größte Insel der Balearen. Sie hat lange weiße Strände, malerische Buchten, Steil- und Felsenküsten. Die Sommer sind lang und warm – mit viel Sonnenschein und wenig Regen.

Der Tourismus auf Mallorca setzte bereits in den 1950er- und 1960er-Jahren ein. Vor allem aus dem Vereinigten Königreich und Deutschland strömten Sonnenhungrige auf die Insel. Sehr schnell wuchsen die Touristenzahlen (M 4). Dafür wurden auf Mallorca große Hotelanlagen gebaut. Viele Restaurants und Bars eröffneten, Boutiquen und Souvenirläden luden zum Bummeln ein. Die Küstenorte wuchsen schnell und neue Straßen mussten gebaut werden. Seit dem Bau des internationalen Flughafens ist die Insel schnell zu erreichen. Günstige Flugverbindungen auf die Insel und All-inclusive-Pauschalangebote locken sehr viele Menschen an. Man spricht von **Massentourismus**. Schon seit über 50 Jahren gibt es auf der Insel mehr Touristen als Einheimische.

Tourismus
umfasst alles, was mit Urlaub und Reisen zusammenhängt: Reiseorganisation, Verkehrsmittel, Gaststätten, Hotels oder Freizeitwirtschaft

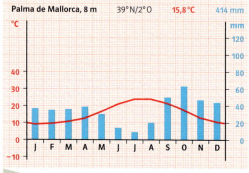

M 3 Klimadiagramm von Palma de Mallorca

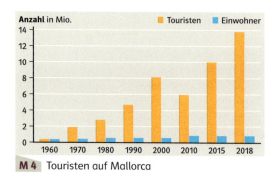

M 4 Touristen auf Mallorca

Tourismus und Freizeit 5

M 5 Tourismus auf Mallorca (2021)

T 2 Folgen des Massentourismus

Die vielen Touristinnen und Touristen bringen der Insel Mallorca Arbeitsplätze und Geld. Der Tourismus ist die wichtigste Einnahmequelle für die einheimische Bevölkerung.

Doch der Massentourismus bringt auch hohe Belastungen mit sich: Fast jedes Jahr wird das Trinkwasser knapp. Die Kläranlagen sind veraltet und überfordert. Über 500 000 Tonnen Müll fallen jährlich an. Weite Teile der Küste sind durch den Bau der vielen Hotelanlagen mittlerweile zubetoniert. Dadurch wurden schöne Naturlandschaften zerstört. Unzählige Leihautos belasten die Straßen und Ortschaften. Die Lärmbelästigung ist enorm. Am Strand feiern viele Touristen mit großer Lautstärke bis spät in die Nacht hinein.

M 6 Verkehrsstau in Palma, der Hauptstadt von Mallorca

SP Sprachtipp

Ein Diagramm auswerten
→ Aufgabe 3

- Die Einwohnerzahl hat sich ungefähr …
- Die Anzahl der Touristen …
- 1970 gab es … Touristen. 2018 …

---

1 Urlaub auf Mallorca:
a) Beschreibe den Strand in M 2.
b) Nenne Gründe, weshalb Mallorca als Reiseziel bei Touristen so beliebt ist (T 1, M 3).

2 Erkläre, was man unter Massentourismus versteht (T 1, M 2 und M 6).

3 SP Vergleiche in M 4 die Jahre 1970 und 2018.

3 SP Beschreibe die Entwicklung des Tourismus auf Mallorca (M 4).

4 Nenne Vor- und Nachteile des Massentourismus auf Mallorca (T 2, M 2, M 6).

4 „Je mehr Touristen auf Mallorca Urlaub machen, desto besser für die Insel." Nimm Stellung zu dieser Aussage (T 2, M 2, M 6).

5 Übernachtungsangebote auf Mallorca:
a) Nenne die drei Orte mit den höchsten Bettenzahlen (M 5).
b) Viele Touristenorte sind an der Küste. Begründe (M 5).

AFB I: 1, 4, 5a II: 2, 3 III: 5b   AFB I: 1, 3, 5a II: 2 III: 4, 5b   → Lösungshilfen ab S. 129   101

Methode

Auswirkungen des Massentourismus im Rollenspiel diskutieren

Ein Rollenspiel durchführen

Bei einem Rollenspiel schlüpft jeder in die Rolle eines anderen Menschen. So kann man dessen Sichtweise und Handlungen besonders gut nachempfinden. Durch das Spielen von Konfliktsituationen werden uns Streitfälle des Alltags verständlich und wir können lernen, mit diesen besser umzugehen.

M 1 Schülerinnen und Schüler diskutieren im Rollenspiel

SP Sprachtipp

Folgen beschreiben

Ein Vorteil/Nachteil für … ist, dass …

Für die Touristen/ die Umwelt/ die Einheimischen bedeutet das, dass …

Eine Meinung äußern

Ich bin für/gegen …, weil …

Ich sehe … kritisch, weil …

Ich bin der Meinung, dass …

Meiner Meinung nach …

Ich bin überzeugt/ finde/denke, dass …

T1 Massentourismus – Fluch oder Segen?

Die Auswirkungen des Massentourismus auf die Lebensweise und die Kultur der einheimischen Bevölkerung von Mallorca sowie auf das Landschaftsbild und die Umwelt sind enorm. Auf Mallorca ist der Massentourismus sehr umstritten. Während die einen vom Tourismus profitieren, leiden andere unter den negativen Folgen.
In einer Diskussionsrunde tauschen sich die Einheimischen über die Vor- und Nachteile des Massentourismus auf Mallorca aus.

1. Schritt: Situation erfassen

Macht euch mit der Situation vertraut. Worum geht es? Wertet alle dazu vorhandenen Materialien aus.

2. Schritt: Rollen verteilen

Bildet Arbeitsgruppen zu den einzelnen Rollen und stellt Rollenkarten her, auf denen ihr kurz die Person beschreibt und ihre Argumente notiert. Anschließend bestimmt jede Gruppe einen Rollenspieler als Vertreter.

3. Schritt: Rollenspiel durchführen

Die Interessenvertreter tragen nun die verschiedenen Argumente vor und diskutieren darüber. Dabei solltet ihr beachten, dass die Teilnehmenden des Rollenspiels nicht ihre eigene Meinung vertreten, sondern die zuvor auf den Rollenkarten notierten Argumente vorbringen. Alle anderen Schülerinnen und Schüler übernehmen eine beobachtende Rolle und notieren sich überzeugende Argumente für die Auswertung. Auch die Beobachtenden dürfen sich zu Wort melden. Am Ende stimmen alle über den Streitfall ab.

4. Schritt: Rollenspiel auswerten

Tauscht euch nun über eure Erfahrungen im Rollenspiel aus: Wie habt ihr euch in euren Rollen gefühlt? Was ist euch leicht-, was schwergefallen?
Diskutiert Verhalten und Argumente der Rollenspieler: Haben sie die Situation so dargestellt, wie ihr sie selbst verstanden habt? Was hat euch besonders überzeugt? Welche Erkenntnisse hat das Rollenspiel gebracht?

Tourismus und Freizeit 5

Alicia Alvarez, Tourismusbeauftragte:
Der Tourismus ist für die Menschen auf der Insel die wichtigste Einnahmequelle. Er brachte viele Arbeitsplätze im Baugewerbe, im Handel, in Hotels und anderen Dienstleistungsbetrieben. Die Landwirtschaft und die Fischerei spielen nur noch eine geringe Rolle. Daher müssen wir den Tourismus weiter ausbauen.

Celesti Martínez, Gastwirt:
In unserem kleinen Dorf lebten früher 2 000 Menschen, heute sind wir nur noch 70. Die Jungen sind in die Städte an der Küste gezogen. Das Leben hier ist für sie nicht mehr attraktiv und das Einkommen reicht nicht für den Lebensunterhalt. Wir Alten sind geblieben. Im Dorf pflegen wir bis heute unsere mallorquinischen Sitten und Bräuche. Doch wie lange noch?

Pablo Hector, Bürgermeister:
Touristen bringen Geld, aber sie verursachen auch Kosten. Neue Straßen, der Ausbau der Häfen und Flughäfen, der Bau von Kläranlagen und die Müllentsorgung verschlingen viel Geld. Der Tourismus verändert die Landschaft und besonders schlimm ist der Flächenverbrauch.

Juan Sanchez, Koch:
Vor fünf Jahren habe ich eine Anstellung als Koch in einem großen Strandhotel gefunden. Mit meinem Verdienst bin ich zufrieden. Im Sommer arbeiten auf Mallorca Tausende Köche und Bedienstete im Service als Saisonarbeiter. Wir sind auf die Touristen aus Deutschland und den anderen Ländern Europas angewiesen.

Anna-Marie Matas, Landwirtin:
Unser größtes Problem ist das Wasser. Für den Anbau von Gemüse müssen wir im Sommer aufgrund der geringen Niederschläge die Felder bewässern. Aber die Hotels, Swimmingpools und Golfplätze verbrauchen große Wassermengen. Dafür reichen das Grundwasser und das Wasser aus den Stauseen meist nicht aus.

Blanca Xamena, Hotelbesitzerin:
Der Tourismus der Zukunft muss sich verändern. Natürlich wird der Badeurlaub bei uns weiterhin am wichtigsten sein. Aber das Bild von „Malle" mit Dauerpartys wird uns auf Dauer mehr schaden als nützen. Außerdem sind manche Küstenabschnitte schon jetzt komplett verbaut. Wir müssen umdenken, sonst bleiben irgendwann die Touristen weg!

M 2 Massentourismus – Fluch oder Segen für Mallorca?

---

1 Bereitet das Rollenspiel zum Thema Massentourismus mithilfe von M 2 vor (Schritt 1 und Schritt 2).
Hinweis: Die Rollenkarten können noch ergänzt werden. Wer übernimmt zum Beispiel die Rolle des Moderators oder der Moderatorin?

2 Führt das Rollenspiel durch (Schritt 3).

3 Wertet das Rollenspiel aus (Schritt 4).

4 Massentourismus – Fluch oder Segen? Erörtere diese Aussage.

> Erklären, was man unter nachhaltigem Tourismus versteht

Neue Wege im Tourismus am Mittelmeer

Der Massentourismus hat zahlreiche Schattenseiten. Deshalb suchen die Urlaubsorte nach neuen Möglichkeiten, Urlaub im Einklang mit der Natur anzubieten. Auch auf Mallorca geht man im Tourismus neue Wege.

M 1 Auch das ist Mallorca – einsame Meeresbucht im Süden Mallorcas

Der nachhaltige Tourist:
- wählt umweltfreundliche Verkehrsmittel
- bevorzugt eine landestypische Unterkunft
- vermeidet Müll
- respektiert die Kultur der Einheimischen
- …

T1 Neue Wege im Tourismus
Der nachhaltige Tourismus hat zum Ziel, negative Eingriffe in Natur und Landschaft zu verringern. Gleichzeitig sollen die Bedürfnisse der Touristen mit denen der einheimischen Bevölkerung in Einklang gebracht werden. Maßnahmen hierfür sind:
- Ausbau des öffentlichen Nahverkehrs und Radwegenetzes,
- weniger Flächenverbrauch für Hotels und Freizeiteinrichtungen,
- Anpassung der Bauweise an die Landschaft und Beseitigung von Bauwerken, die das Landschaftsbild zerstören,
- Einrichtung von Naturschutzgebieten,
- Reduzierung von Müll, Wasser- und Stromverbrauch,
- umweltgerechte Müll- und Abwasserentsorgung,
- größeres Angebot an regionalen und saisonalen Speisen,
- Beteiligung der einheimischen Bevölkerung bei touristischen Entscheidungen,
- Erhalt und Pflege von Kulturgütern.

T2 Mallorca muss umdenken
Mit Mallorca verbinden viele überfüllte Strände, große Hotels, Party, Lärm und Müll. Von diesem negativen Ruf möchte die Inselregierung wegkommen. Im Juli 2016 wurde eine Tourismussteuer eingeführt. Sie soll Maßnahmen des Umweltschutzes und die Erhaltung der Kultur unterstützen. Viele Maßnahmen wurden bereits in Angriff genommen. Beispielsweise wurden Fahrradwege und das öffentliche Nahverkehrsnetz ausgebaut, Baustopps für neue Großhotels verhängt, alte Hotels saniert oder abgerissen, Naturschutzgebiete errichtet, der Wasser- und Energieverbrauch in den Hotelanlagen gesenkt oder die Arbeitsbedingungen der Beschäftigten im Tourismussektor verbessert.

A03 Hörtext
Kalle Orca auf Mallorca

Tourismus und Freizeit 5

Blaue Umweltflagge

Jedes Jahr werden Strände und Häfen auf der meistbesuchten Insel Europas mit dem europäischen Qualitätssiegel der „Blauen Flagge" ausgezeichnet.
Um die Auszeichnung zu erhalten, müssen Strände und Häfen bei der Wasserqualität, den sanitären Einrichtungen (Toiletten, Duschen), der Umweltinformation und dem Umweltmanagement (Abfall- und Abwasserentsorgung) besondere Qualitäten aufweisen. Außerdem müssen sie Rettungsschwimmer beschäftigen und auf Sauberkeit achten. Auch rollstuhlgerechte Zugänge müssen an den Stränden und Häfen vorhanden sein.

M 2

M 4 Umwelt-Auszeichnung: Strände mit Blauer Flagge auf Mallorca

Umweltfreundliche Fincas

Mehr und mehr Fincavermieter bemühen sich um Nachhaltigkeit:
– Photovoltaikanlagen, Windgeneratoren und Mülltrennung sorgen für eine umweltfreundliche Ver- und Entsorgung;
– Urlauber können kostenlos Fahrräder nutzen und manche „E-Fincas" stellen sogar ein Elektroauto mit umweltfreundlich erzeugtem Ladestrom zur Verfügung.

M 3

Naturschutzgebiete

Viele Gebiete auf Mallorca stehen inzwischen unter Naturschutz, um die landschaftliche Schönheit zu erhalten und seltene Tiere und Pflanzen zu schützen. Touristen können diese Gebiete zu Fuß oder mit dem Fahrrad erkunden. Es gelten strenge Verhaltensregeln, damit die Natur möglichst unberührt bleibt. In den Naturschutzgebieten bieten Besucherzentren weitere Informationsmöglichkeiten über die bedrohte Tier- und Pflanzenwelt.

Finca
spanische Bezeichnung für ein Grundstück mit einem Landhaus

Flamingos im Naturpark S'Albufera

M 5

---

1 Erkläre den Begriff nachhaltiger Tourismus (T1).

2 Wähle zwei Maßnahmen des nachhaltigen Tourismus aus, die du für besonders wichtig erachtest. Begründe deine Auswahl (T1).

2 Ordne die Maßnahmen des nachhaltigen Tourismus (T1) den drei Dimensionen des Nachhaltigkeitsdreiecks zu.

3 Erläutert, wie sich ein nachhaltiger Tourist verhalten sollte und ergänzt die Liste in der Randspalte.

3 Nehmt Stellung zu der Aussage: „Unsere Urlaubsplanung hat Auswirkungen auf die Umwelt."

4 a) Erläutere, wie Mallorca versucht die Auswirkungen des Massentourismus einzudämmen (T2).
b) Beschreibe die Ziele der drei Projekte (M2–M5).

5 EXTRA Recherchiere im Internet nach weiteren Urlaubszielen im Mittelmeerraum, die sich um einen nachhaltigen Tourismus bemühen.

AFB I: 4b II: 1, 3, 4a, 5 III: 2   AFB I: 4b II: 1, 2, 4a, 5 III: 3   → Lösungshilfen ab S. 129   **105**

Nachhaltigen Städtetourismus beschreiben

Eine nachhaltige Städtereise nach Wien

In Städten gibt es viel zu erleben. Kein Wunder, dass Städtereisen besonders an langen Wochenenden immer beliebter werden. Doch wie kann eine Städtereise nachhaltig gestaltet werden? Die Stadt Wien hat bereits viele Ideen entwickelt …

M 1

M 2 Mit Bikesharing unterwegs in Wien

← nachhaltiger Tourismus Seite 104/105

T1 Magnet Stadt
Touristen können in Städten viel erleben: Kultur, Geschichte, Sehenswürdigkeiten, Einkaufen, Veranstaltungen und vieles mehr. Auch Wien hat für Besucher viel zu bieten. Zu den bekanntesten Sehenswürdigkeiten gehören zum Beispiel das Schloss Schönbrunn, die Hofburg, der Stephansdom oder das Hundertwasserhaus. Bei Kindern und Jugendlichen sind besonders der Vergnügungspark Prater mit dem Riesenrad, der Tiergarten Schönbrunn oder eine Schifffahrt auf der Donau sehr beliebt. Möchte man zwischendurch mal eine Pause machen, so laden schöne Parks und Gärten zum Entspannen ein. Auch am Abend ist viel geboten. Man kann zum Beispiel ins Theater, Musical, Konzert oder in die Oper gehen.

T2 Folgen des Städtetourismus
Der Tourismus ist für Städte und die Einwohner eine wichtige Einnahmequelle. Die Touristen schaffen viele Arbeitsplätze (z. B. in Hotels, Gaststätten oder im Einzelhandel). Doch der Städtetourismus bringt auch Probleme mit sich: Volle Innenstädte, Müll, Lärm oder viel Verkehr sind Beispiele für die negativen Aspekte des Tourismus. Auch Wohnungen in der Stadtmitte sind immer schwerer zu bekommen, da einige Eigentümer ihre Wohnungen lieber an Touristen vermieten, was ihnen höhere Einnahmen bringt.

T3 Nachhaltiger Städtetourismus
Viele Städte entwickeln deshalb in den letzten Jahren neue Konzepte, um den Tourismus nachhaltiger zu gestalten. Ziel ist es, die Belastungen für die Umwelt so gering wie möglich zu halten. Gleichzeitig sollen die Wünsche der Touristen, mit denen der einheimischen Bevölkerung in Einklang gebracht werden. Die Stadt Wien hat bereits viele Möglichkeiten für nachhaltiges Reisen geschaffen. Einige Beispiele kannst du auf der nächsten Seite entdecken.

Tourismus und Freizeit 5

Umweltgerechte Gestaltung des Verkehrs

Nachhaltiges Reisen beginnt bereits bei der An- und Abreise in die Stadt. Um Lärm, Staus und Umweltverschmutzung durch die vielen Autos zu vermeiden, kann man ganz einfach mit dem **Fernbus** oder der **Bahn** anreisen. Auch für die Fortbewegung in der Stadt gibt es in Wien vielfältige Möglichkeiten:
- **Zu Fuß**: Viele Sehenswürdigkeiten oder die Innenstadt kann man sehr gut zu Fuß erkunden.
- **Bikesharing**: Fahrräder kann man rund um die Uhr an verschiedenen Standorten in Wien ausleihen.
- **Öffentliche Verkehrsmittel**: Mit U-Bahn, Straßenbahn oder Bus kann man sich in Wien gut fortbewegen.
- **Green Taxis**: Hybrid- oder Elektro-Taxis bringen die Touristen umweltfreundlich ans Ziel.

M 3

Nachhaltige Unterkünfte

Auch bei vielen Hotels spielt Nachhaltigkeit eine wichtige Rolle. Manche Hotels haben zum Beispiel eine begrünte Fassade, welche Lärm reduziert, die Luft reinigt, das Haus kühlt und einen Lebensraum für Bienen oder Vögel bietet. Andere Hotels sind aus Holz gebaut oder für die Einrichtung wurden alte Möbel wiederverwertet, um daraus neue Tische oder Bänke herzustellen. Auch das erste Stadthotel mit einer Null-Energie-Bilanz in ganz Europa befindet sich in Wien. Durch eine eigene Grundwasserwärmepumpe, Photovoltaikanlage und Solaranlage wird so viel Energie gewonnen, wie im Hotel benötigt wird.

Stadthotel mit Null-Energie-Bilanz

M 4

Nachhaltige Verpflegung

Wer beim Erkunden der Stadt etwas trinken möchte, muss in Wien keine teuren Wasserflaschen aus Plastik kaufen. An etwa 1 300 Trinkbrunnen in der ganzen Stadt kann man seine Trinkflasche kostenlos auffüllen. Das spart nicht nur Geld, sondern trägt auch zur Vermeidung von Plastikmüll bei.

Viele Restaurants und Cafés in Wien sind mit dem „Natürlich gut essen"-Gütesiegel ausgezeichnet. Die ausgezeichneten Betriebe bieten regionale, saisonale und ökologisch produzierte Speisen an und achten dabei auf das Tierwohl.

Trinkwasserbrunnen in Wien

M 5

1
a) Nenne Gründe, warum Touristen in Städte reisen (T1).
b) Stelle das Besondere des Reiseziels Wien dar (T1).

2
a) Nenne mithilfe von T2 positive und negative Aspekte des Städtetourismus.
b) Erkläre, was man unter nachhaltigem Städtetourismus versteht (T3).

2
Erläutere, weshalb Tourismus in Städten in Zukunft nachhaltiger gestaltet werden sollte (T2, T3).

3
Nenne Beispiele für nachhaltigen Städtetourismus in der Stadt Wien (M3–M5).

3
Erläutere am Beispiel der Stadt Wien, wie nachhaltiger Städtetourismus aussehen kann (M3–M5).

4 MB EXTRA
Plane mithilfe von T1, M3 und dem Internet einen nachhaltigen Städtetrip nach Wien. Du startest von deinem Heimatort aus und bist drei Tage unterwegs. Plane ein umweltfreundliches und abwechslungsreiches Programm für dich und deine Familie.

AFB I: 1, 2a, 3 II: 2b, 4   AFB I: 1 II: 2–4   → Lösungshilfen ab S. 129

Methode

Einen Städtetrip mit Apps planen

Lust auf Hamburg? – Mit Apps planen

Apps sind vor allem bei Städtereisen sehr beliebt. Fragen zum Reiseziel, zur Unterkunft, zu Sehenswürdigkeiten oder zum öffentlichen Nahverkehr können ganz einfach mit dem Smartphone oder dem Tablet geklärt werden.

M 1

M 2 Hafenrundfahrt in Hamburg

App

ist die Abkürzung für das englische Wort *application*. Gemeint ist eine Anwendung bzw. ein Computerprogramm, das vor allem für Smartphones oder Tablets entwickelt wurde und bestimmte Aufgaben erledigt. Besonders beliebte Apps auf Reisen sind zum Beispiel Navigations-Apps, ÖPNV-Apps, Wetter-Apps oder Reiseführer-Apps.

T1 Faszination Hamburg

In Hamburg gibt es sehr viele Attraktionen und Sehenswürdigkeiten: mehrere Musicals, das Miniaturwunderland, der Fischmarkt, der Tierpark Hagenbeck, die Speicherstadt, der Hafen, die Elbphilharmonie und noch vieles mehr locken jedes Jahr auch zahlreiche Familien in die Stadt an der Elbe. Der öffentliche Personennahverkehr (ÖPNV) ist sehr gut ausgebaut, sodass man sich in Hamburg problemlos mit öffentlichen Verkehrsmitteln fortbewegen kann. Und natürlich gibt es für die Touristen in Hamburg auch zahlreiche Hotels und Restaurants.

T2 Einen Städtetrip mit Apps planen

Vor Reisebeginn hat sich Familie Lang zusammengesetzt und überlegt, was sie in Hamburg alles erkunden will (M 3). Frieda verkündet stolz: „Ich habe schon mal verschiedene kostenlose Apps heruntergeladen und geschaut, welche für unsere Unternehmungen nützlich sind. Die Hamburg-App ist die offizielle App der Stadt Hamburg. Sie enthält zum Beispiel einen Stadtplan, eine Fahrplanauskunft des öffentlichen Nahverkehrs, Informationen zu Sehenswürdigkeiten, Tipps für Musicalbesuche und so weiter. Und wenn diese App mal nicht ausreicht, dann finde ich vor Ort bestimmt noch schnell eine andere App."

Mithilfe der App arbeiten die Langs einen Plan aus, sodass sie möglichst viel gemeinsam unternehmen können. Einige Aktivitäten können sie aber nicht zu viert besuchen – sonst reicht die Zeit nicht. Doch wie sich wiederfinden? – Mit dem Smartphone natürlich kein Problem.

Frieda: Hafenrundfahrt, Miniaturwunderland, Tierpark Hagenbeck, Musical
Louis: Hafenrundfahrt, Millerntor-Stadion, Musical
Frau Lang: Rathaus, HafenCity, Elbphilharmonie, Fischmarkt, Musical
Herr Lang: Hafenrundfahrt, Speicherstadt, Binnenalster, Sternschanze

M 3 Wunschliste von Familie Lang

Tourismus und Freizeit 5

T3 Apps haben ihren Preis

Die meisten kostenlosen Apps finanzieren sich über Werbung. Die Nutzerinnen und Nutzer „bezahlen" also damit, dass sie sich die Werbung anschauen und die Produkte möglicherweise kaufen. Einige Apps verlangen auch Informationen zum Standort des Nutzers oder sie möchten Zugriff auf Daten, zum Beispiel Adressen oder Bilder. Man bezahlt also für die Nutzung der App mit seinen Daten.

Neben den kostenlosen Apps gibt es auch kostenpflichtige Apps. Diese sind meist ohne Werbung und haben ein umfangreicheres Datenangebot. Aber es ist wichtig zu klären, ob das erweiterte Angebot sinnvoll und notwendig ist und wer die Kosten für die App trägt.

M 4 Mögliche Themen der Hamburg-App (Stand Februar 2023)

T4 Apps sinnvoll nutzen – eine Checkliste

1. Schritt: Sich über die App informieren
Gib im Suchfeld eines App Stores ein, wonach du suchst. Wähle aus den Angeboten eine geeignete App aus. Kontrolliere, ob die App kostenpflichtig ist. Kläre gegebenenfalls, wer bezahlt. Die meisten Apps für eine Reise sind kostenlos, auch viele Reiseführer-Apps für den Städtetourismus. Das ist erstaunlich, weil sie aufwendig erstellt wurden, zum Beispiel die Hamburg-App.

2. Schritt: Die App installieren
Wenn du dir klar darüber bist, dass du die App nutzen möchtest, tippe auf „Herunterladen". Viele kostenlosen Apps verlangen jetzt ein Einverständnis für den Zugriff auf bestimmte Daten, zum Beispiel auf deinen Standort oder die Kamera. Auch die Hamburg-App verlangt Zugriff auf solche Daten. Es ist daher sinnvoll deine Eltern oder den Lehrer oder die Lehrerin zu fragen, ob sie dich beim Herunterladen der App unterstützen.

3. Schritt: Die App anwenden
Mache dich vor der eigentlichen Nutzung mit der App vertraut. Meist gibt es dafür am Anfang eine Kurzanleitung.
In der Hamburg-App kannst du als Übung beispielsweise nach Informationen über die Speicherstadt suchen.

4. Schritt: Die App bewerten
Prüfe, ob die Informationen der App nützlich und sinnvoll für dich sind.
Hilft dir die App nicht weiter, dann entferne sie gleich wieder von deinem Gerät.

Zulassen, dass die App auf Fotos, Medien und Dateien auf deinem Gerät zugreifen darf? ABLEHNEN ZULASSEN

Bei Anfragen dieser Art solltest du dir genau überlegen, ob du den Zugriff auf deine Daten erlauben möchtest.

1
Erkläre den Begriff „App" (Randspalte).

2
a) Lade eine Reiseführer-App von Hamburg auf ein Smartphone oder Tablet. Beachte dabei die Schritte 1–3 in T 4.
b) Informiere dich mithilfe der Reiseführer-App über die Wunschziele der Familie Lang und notiere zu jedem Ziel mindestens zwei Fakten.
c) Informiere dich mit einer Reiseführer-App über weitere Sehenswürdigkeiten in Hamburg. Notiere jeweils den Namen und mindestens zwei Fakten.
d) Bewerte die von dir benutzte Reiseführer-App (Schritt 4 in T 4).

3
a) Nenne Vorteile und Nachteile von Apps auf Reisen (T 2, T 3).
b) Erkläre mithilfe von T 3 folgende Aussage: „Alle Apps muss man bezahlen – auch die kostenlosen!"

Orientierung

Sich in Südeuropa orientieren

Orientieren in Südeuropa

Die meisten südeuropäischen Staaten liegen auf Halbinseln des Kontinents: auf der Iberischen Halbinsel, der Apenninen-Halbinsel und der Balkanhalbinsel. Nicht nur wegen des Klimas, sondern auch wegen ihrer Sehenswürdigkeiten sind sie beliebte Urlaubsziele.

M 1

M 2 Schiefer Turm von Pisa

M 5 Park Güell in Barcelona

M 3 Meteora-Klöster östlich von Igoumenitsa

M 6 Die weltweit größten Wellen nördlich von Lissabon

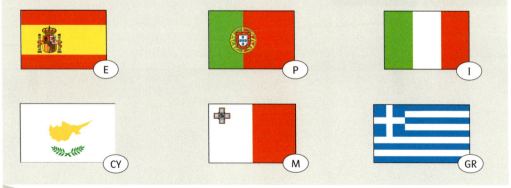

M 4 Flaggen von Staaten Südeuropas

5 Tourismus und Freizeit

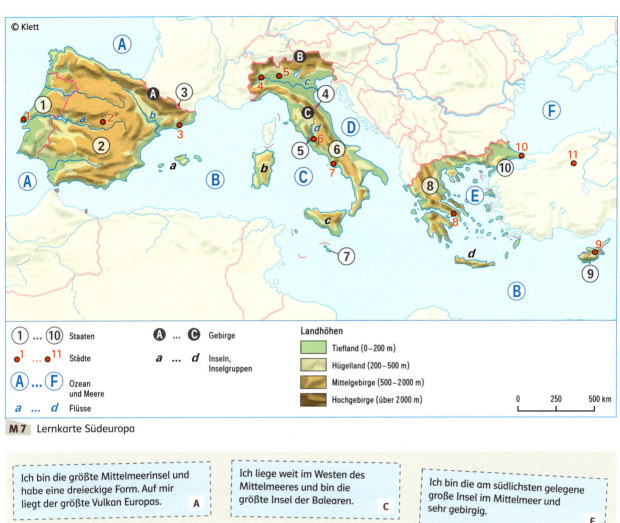

M 7 Lernkarte Südeuropa

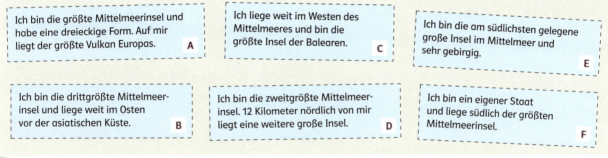

M 8 Insel-Beschreibungen

A: Ich bin die größte Mittelmeerinsel und habe eine dreieckige Form. Auf mir liegt der größte Vulkan Europas.

C: Ich liege weit im Westen des Mittelmeeres und bin die größte Insel der Balearen.

E: Ich bin die am südlichsten gelegene große Insel im Mittelmeer und sehr gebirgig.

B: Ich bin die drittgrößte Mittelmeerinsel und liege weit im Osten vor der asiatischen Küste.

D: Ich bin die zweitgrößte Mittelmeerinsel. 12 Kilometer nördlich von mir liegt eine weitere große Insel.

F: Ich bin ein eigener Staat und liege südlich der größten Mittelmeerinsel.

1

Arbeite mit der Karte M 7 und dem Atlas oder dem Kartenanhang.
Benenne:
a) die Staaten 1–10,
b) die Städte 1–11,
c) die Gebirge A–C,
d) die Inseln und Inselgruppen a–d,
e) die Flüsse a–d,
f) die Ozeane und Meere A–F.

2

Fotos zuordnen:
a) Ordne den Fotos M 2, M 3, M 5 und M 6 jeweils das entsprechende südeuropäische Land zu.
b) Formuliere für diese vier Länder je eine Lagebeziehung, zum Beispiel: „… liegt südlich von …".

3

a) Nenne die Inseln, die sich hinter den Beschreibungen M 8 verbergen.
b) Ordne diesen Inseln jeweils das passende Land zu.

4 EXTRA

Flaggen-Experte gesucht!
Zu welchen Staaten gehören die Flaggen (M 4)?

AFB I: 1, 3a II: 2, 3b, 4 → Lösungshilfen ab S. 129

Training

Wichtige Begriffe

- Individualreise
- Massentourismus
- nachhaltiger Tourismus
- Pauschalreise
- Tourismus

Sich orientieren

1 Am Mittelmeer
Arbeite mit M1 und dem Kartenanhang.
a Benenne
- die Staaten 1–6,
- die Städte 1–5,
- die Badestrände 1–5.
b Finde heraus, welches südeuropäische Land keine Badeküste am Mittelmeer hat.
c Schreibe fünf unvollständige Sätze zu den Staaten 1–6 und den Städten 1–5 auf. Lasse sie von deinem Lernpartner/deiner Lernpartnerin vervollständigen. Beispiel: Spanien liegt im Westen von …
d Ordne folgende Inseln den Staaten zu, zu denen sie gehören: Kreta, Korsika, Mallorca, Sardinien, Rhodos und Sizilien.

Kennen und verstehen

2 Begriffe finden
a Urlaub, bei dem man sich um Anreise, Unterkunft und Programm selbst kümmert
b Art des Reisens, bei der Rücksicht auf die Natur und Menschen genommen wird
c Reise, bei der ein Veranstalter die gesamte Organisation übernimmt
d Form des Tourismus, bei dem sich viele Menschen an einem Urlaubsort aufhalten

3 Richtig oder falsch?
Verbessere die falschen Aussagen und schreibe sie richtig auf.
a Die Einwohner in fremden Ländern werden als Touristen bezeichnet.
b Spanien ist das beliebteste ausländische Urlaubsziel der Deutschen.
c Bei einer Pauschalreise muss der Urlauber alles selbst organisieren.
d Das beliebteste Verkehrsmittel, um in den Urlaub zu fahren, ist der Pkw.

4 Wo soll der Urlaub stattfinden?
a Ordne den Fotos M4, M5, M7 und M8 eine Urlaubsart zu.
b Für welche der vier Urlaubsarten würdest du dich entscheiden? Begründe deine Entscheidung.

Methoden anwenden

5 Immer prima Klima?
a Werte das Klimadiagramm M2 aus.
b Begründe, in welchem Monat du am besten Urlaub machen kannst.

M 2

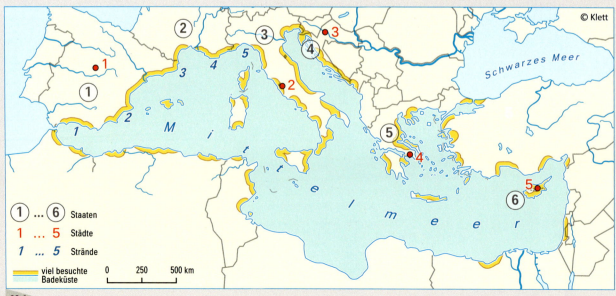

M 1

D 22	I 08	D 23	Tourismus und Freizeit **5**
Arbeitsblatt Selbsteinschätzung	Übung Tourismus und Freizeit	Arbeitsblatt Lösungen	

Beurteilen und bewerten

6 Reiseangebote bewerten
Beurteile die Reiseangebote nach Mallorca unter dem Aspekt der Nachhaltigkeit (M 6, M 9).

7 Tourismuskonzept Wien
„Das Tourismuskonzept in Wien (siehe S. 106/107) sollte zum Vorbild für andere Städte werden." Nimm Stellung zu dieser Aussage.

Wissen vernetzen

8 Massentourismus und nachhaltiger Tourismus

a Übertrage das Schema M 3 in dein Heft und ergänze dabei die folgenden Begriffe: Zerstörung gewachsener Siedlungen/Verkehrsberuhigung/Wandern abseits der Wege/Rücksichtnahme auf Pflanzen und Tiere/lautes, lärmendes Verhalten/Bau großer Hotelanlagen/sparsamer Umgang mit Wasser.

b Ergänze das Schema um weitere Aspekte zusammen mit einem Lernpartner/einer Lernpartnerin.

M 4 Therme in Erding

M 7 Museum Louvre in Paris

M 5 Küste auf Sardinien

M 8 Rafting in den Pyrenäen

Hotel Playa, Port d'Alcúdia, Mallorca

7 Tage Doppelzimmer, Halbpension, Strandnähe, kostenloses WLAN, großer Spa- und Wellnessbereich, große Poollandschaft außen und innen, Wassersport, Tennis, tägliches Sportprogramm, Animation, Abendunterhaltung auch Folklore, internationale Küche

639 € inklusive Flug

M 6

Das andere Mallorca

1 Woche vielseitige 4–7-stündige Berg- und Küstenwanderungen, Unterkunft in landestypischen Fincas mit mallorquinischer Küche aus regionalen Produkten, Sierre de Tramuntana und Besteigung des Puig de Massanella, Besuch des Kap Pinar und der Klosterruine La Trapa, naturbelassene Badebuchten, Halbpension/Lunchpaket

ab 1 145 € ohne Flug

M 9

M 3

Wähle aus

A Auf dem Flughafen Frankfurt
diese Seite

B Im Hotel über die Meere
Seite 116/117

Die Abläufe und Bedeutung eines internationalen Flughafens beschreiben

1 Betrachte die Bilder und lies die Texte M 2–M 6. Nutze auch das Lexikon M 7. Beschreibe, was dich am meisten beeindruckt.

2 „Der Frankfurter Flughafen ist wie eine große Stadt." Erläutere diese Aussage (M 5).

A Auf dem Flughafen Frankfurt

Der Frankfurter Flughafen gehört zu den wichtigsten Flughäfen in Europa. Er hat die Größe von ca. 3 000 Fußballfeldern. Täglich starten und landen hier zahlreiche Passagier- und Frachtflugzeuge. Am Frankfurter Flughafen haben aber auch sehr viele Menschen ihren Arbeitsplatz. Werfen wir einen Blick hinter die Kulissen!

M 1

Im Flughafen-Terminal

Ein Blick auf die großen Anzeigetafeln und man sieht die wichtigsten Informationen: Terminal, Gate und Boarding Time. Vor den Check-in-Schaltern der Fluggesellschaften warten oft viele Fluggäste zum Einchecken. Danach passiert man die Sicherheitskontrolle. Pässe werden kontrolliert, das Handgepäck wird durchleuchtet und man geht durch ein Tor, das mit Metalldetektoren ausgestattet ist.
Wenn das Flugzeug direkt am Terminalgebäude abgestellt ist, so kann man es über die Gangway betreten.

Im Abflugterminal

M 2

Charterflüge und Linienflüge

Die meisten Urlaubsflüge finden als Charterflüge statt. Das bedeutet, dass ein Reiseunternehmen komplette Flugzeuge im Vorhinein bucht. Linienflüge folgen einem festen Flugplan und sind meist teurer.

Die Gepäckförderanlage

In der Gepäckförderanlage unter dem Terminal ist es menschenleer. Dort sausen die Koffer in Gepäckwannen auf Förderbändern mit 18 Stundenkilometern durch das über 70 Kilometer lange Labyrinth. Im Durchschnitt werden ca. 50 000 Gepäckstücke pro Tag transportiert. Lesegeräte erkennen durch Aufkleber am Gepäck den Flug und das Gate, an dem das Gepäck ankommen soll.

Gepäckförderanlage

M 3

D 24
Arbeitsblatt
Lösungen

Tourismus und Freizeit 5

3 Sammle Berufe, die ein moderner Flughafen benötigt, und stelle eine Liste zusammen (M 2–M 6).

4 Erkläre den Unterschied zwischen Charterflügen und Linienflügen (Randspalte).

AFB I: 1, 3 II: 2, 4   → Lösungshilfen ab S. 129

Zwischen Start und Landung

Während des Turnarounds wird das Flugzeug für den nächsten Start vorbereitet. Es wird gereinigt, Essen und Getränke werden an Bord gebracht und das Gepäck wird verladen. Gleichzeitig wird das Flugzeug mit bis zu 320 000 Litern Flugbenzin betankt und die Piloten prüfen alle wichtigen Teile auf ihre Funktionsfähigkeit. Wenn alle Passagiere an Bord sind, meldet die Crew des Carriers: „Boarding completed". Das Flugzeug rollt dann im festgelegten Zeitfenster zur Startbahn und wartet auf die Starterlaubnis.

Ein Loader an der Frachtluke

M 4

Arbeitsplatz Flughafen

Der Flughafen Frankfurt funktioniert wie eine Stadt mit über 500 Firmen und Geschäften, in denen es Lebensmittel, Mode, Kosmetik, Reisebedarf und vieles mehr gibt. Neben Restaurants und Bars gibt es alle Dienstleistungen wie zum Beispiel Banken, Reisebüros, Autovermietung, Apotheken, Ärzte und Friseure. Insgesamt arbeiten ungefähr 81 000 Menschen am Frankfurter Flughafen. Fast 23 000 davon sind bei der Fraport AG (Frankfurt Airport AG) beschäftigt, die damit einer der größten Arbeitgeber in Deutschland ist.

Der Arbeitsplatz des Fluglotsen

M 5

Flughafenfeuerwehr

Ohne Feuerwehr geht an einem Flughafen nichts. Etwa 300 hauptamtlich angestellte Feuerwehrleute sorgen für den Brandschutz auf dem Frankfurter Flughafen. Die Feuerwehrleute müssen für den Notfall rund um die Uhr bereitstehen, sonst darf kein Flugzeug starten oder landen. Im Alarmfall müssen sie innerhalb von 180 Sekunden an der Einsatzstelle eintreffen.

M 6

Lexikon rund um den Flughafen:

Boarding: Zeit zwischen Aufruf zum Besteigen des Flugzeugs und dem Schließen der Türen
Carrier: Fluggesellschaft
Check-in: Abfertigungsvorgang für Flugreisende (Ticketkontrolle, Platzvergabe, Gepäckabgabe)
Gate: Zugang vom Terminal eines Flughafens zum Flugzeug, auch Flugsteig genannt
Gangway: Zugangsbrücke zum Besteigen eines Flugzeugs
Loader: Hebebühne zur Be- und Entladung des Flugzeugs
Turnaround: Standzeit des Flugzeugs am Boden zwischen Landung und Start

M 7

Wähle aus

A Auf dem Flughafen Frankfurt
Seite 114/115

B Im Hotel über die Meere
diese Seite

Den Kreuzfahrttourismus als eine besondere Form des Massentourismus beschreiben

1 Familie Peters ist von ihrer Kreuzfahrt begeistert. Nenne Gründe dafür (M 2).

2
a) Nenne Probleme, die durch den Kreuzfahrttourismus entstehen (T 1, M 3, M 4).
b) Bewerte den Lösungsansatz von Dubrovnik (M 6).

B Im Hotel über die Meere

Urlaub auf einem Kreuzfahrtschiff wird immer beliebter. Doch was auf der einen Seite eine bequeme Art des Reisens ist, belastet auf der anderen Seite das Klima, die Natur und die Hafenstädte.

M 1

M 3 Kreuzfahrtschiffe vor Dubrovnik

Internetblog der Familie Peters

„Unsere Kreuzfahrt war ein unvergessliches Erlebnis. Wir haben sehr viel gesehen und erlebt. So haben wir z. B. Dubrovnik mit dem Fahrrad erkundet und sind in einer Bucht vor Sardinien Kanu gefahren. Alle Ausflüge wurden vom Schiff aus organisiert und begleitet. Papa hat sich jedoch meist über die überteuren Preise für die Tagesausflüge und den Massenansturm der Touristen aufgeregt. Natürlich war auch Sightseeing angesagt, z. B. in Venedig und Valetta. Unserer Mutter haben viele Städte so gut gefallen, dass sie gerne noch länger geblieben wäre, z. B. um in einem Restaurant lokale Spezialitäten zu probieren. Wir waren meist froh, nach den langen Fußmärschen in der Hitze wieder zurück auf dem Schiff zu sein. Dort waren wir entweder am Pool schwimmen oder haben etwas mit den anderen Jugendlichen aus dem Teens Club unternommen. Die Animateure haben sogar eine digitale Schatzsuche und einen Discoabend für uns organisiert. Unsere Eltern waren absolut begeistert vom Angebot in den verschiedenen Restaurants und vom abwechslungsreichen Abendprogramm. Die Comedy-Zaubershow hat auch uns beiden sehr gut gefallen."

M 2

D25
Arbeitsblatt
Lösungen

Tourismus und Freizeit 5

3 Erläutere die Entwicklung des Kreuzfahrttourismus mithilfe von M 5.

4 Bewerte den Kreuzfahrttourismus im Hinblick auf seine Nachhaltigkeit (Wirtschaft – Umwelt – Soziales).

AFB I: 1, 2a II: 2 III: 2b, 3   → Lösungshilfen ab S. 129

M 4 Abgase eines Kreuzfahrtschiffes vor Neapel

M 5 Passagiere auf Kreuzfahrtschiffen weltweit

T1 Schattenseiten des Kreuzfahrttourismus

Die Schattenseiten einer Kreuzfahrt sind meist nicht auf den ersten Blick zu erkennen. Ein Großteil der Schiffe verwendet nach wie vor Schweröl als Treibstoff. Dadurch werden Schadstoffe ausgestoßen, die für Mensch und Umwelt schädlich sind. Zudem entstehen auf Kreuzfahrtschiffen große Mengen an Abfall und Abwasser.
Die Gäste an Bord werden rund um die Uhr versorgt und unterhalten. Für die Servicekräfte bedeutet das viel Stress bei oft geringer Bezahlung.
Heutzutage gibt es Kreuzfahrtschiffe, die über 5 000 Passagiere und eine Crew von fast 2 000 Mitarbeitern beherbergen können. Legen diese Schiffe in den Hafenstädten an, so werden diese von den Touristenmassen regelrecht überschwemmt. Die Städte profitieren dabei nur wenig von den Urlaubern, da die Kreuzfahrttouristen beim Landgang relativ wenig Geld ausgeben. Der Grund hierfür: Sie verpflegen sich an Bord und können dort alles einkaufen, was sie benötigen.
Viele Reedereien (Schifffahrtsunternehmen) haben die Herausforderungen des Kreuzfahrttourismus inzwischen erkannt. Sie versuchen zunehmend den Aspekt der Nachhaltigkeit zu berücksichtigen – doch der Weg zum klimaneutralen Kreuzfahrtschiff ist weit.

Beschränkung der Touristen

Die Altstadt von Dubrovnik wurde vom Kreuzfahrttourismus extrem belastet. Die UNESCO drohte sogar der Stadt ihren Welterbe-Status abzuerkennen, falls keine Maßnahmen ergriffen würden. Seit 2019 grenzt Dubrovnik daher die Ankünfte von Kreuzfahrtschiffen stark ein: nur noch zwei Schiffe und maximal 5 000 Gäste pro Tag sind erlaubt. Auch andere europäische Städte wie Venedig in Italien, Barcelona in Spanien oder Bergen in Norwegen stehen vor denselben Problemen.

M 6

6 Arbeitsanhang

In diesem Anhang findet ihr wertvolle Hilfen für die selbstständige Arbeit im Geographieunterricht: Tipps zum Lernen, Lösungshilfen zu den Aufgaben sowie die Erklärungen der wichtigen Begriffe.

Baden-Württemberg in Zahlen

Fläche:	35 748 km²
Bevölkerung:	11 124 642 Einw.
Bevölkerungsdichte:	312 Einw. je km²
Gegründet:	1952
Landeshauptstadt:	Stuttgart

Vier Regierungsbezirke:
1. Stuttgart — 4 150 000 Einwohner
2. Karlsruhe — 2 810 000 Einwohner
3. Freiburg — 2 270 000 Einwohner
4. Tübingen — 1 870 000 Einwohner

Die Angaben zur Bevölkerung in Baden-Württemberg beziehen sich auf das Jahr 2021.

44 Stadt- und Landkreise:
Der flächengrößte Landkreis:
Ortenau — 1 860,29 km²
Die zwei bevölkerungsreichsten Landkreise:
Rhein-Neckar-Kreis — 549 030 Einwohner
Ludwigsburg, Landkreis — 544 679 Einwohner

1101 Gemeinden:
Die größte Stadt:
Stuttgart — 626 275 Einwohner
Die kleinste Gemeinde:
Dahlem — 4 100 Einwohner
Die neun größten Städte:
Stuttgart — 626 275 Einwohner
Mannheim — 311 831 Einwohner
Karlsruhe — 306 502 Einwohner
Freiburg im Breisgau — 231 848 Einwohner
Heidelberg — 159 245 Einwohner
Ulm — 126 949 Einwohner
Heilbronn — 125 613 Einwohner
Pforzheim — 125 529 Einwohner
Reutlingen — 116 456 Einwohner

Die höchsten Berge:
Feldberg (Südschwarzwald) — 1493 m
Hornisgrinde (Nordschwarzwald) — 1164 m
Schwarzer Grat (Allgäu) — 1118 m
Lemberg (Schwäbische Alb) — 1015 m
Hohenstoffeln (Hegau) — 844 m
Höchsten (Oberschwaben) — 833 m
Katzenbuckel (Odenwald) — 626 m

Die längsten Flüsse:
Rhein — 402 km (insgesamt 1320 km)
Neckar — 367 km
Donau — 320 km (insgesamt 2858 km)
Jagst — 203 km
Kocher — 182 km

Europa in Zahlen

Fläche: 10 532 000 km²
Bevölkerung: 751 Mio. Einw.

Die Europäische Union zum Vergleich
Fläche: 4 463 600 km²
Bevölkerung: 447 Mio. Einw.

Sämtliche Angaben zu Europa beziehen sich auf das Jahr 2021.

Die flächengrößten Staaten
Russland (einschließlich asiatischer Teil)	17 098 000 km²	145,8 Mio. Einw.
Ukraine	604 000 km²	41,4 Mio. Einw.
Frankreich	550 000 km²	67,8 Mio. Einw.
Spanien	505 000 km²	47,4 Mio. Einw.
Schweden	450 000 km²	10,5 Mio. Einw.
Deutschland	357 000 km²	83,2 Mio. Einw.

Die größten Verdichtungsräume und Städte
(Einwohner in Mio.)

	Verdichtungsraum	Stadt
Moskau	15,1	12,3
London	14,3	9,5
Istanbul	15,5	8,3
Paris	12,5	2,2
St. Petersburg	5,4	4,8
Berlin	4,7	3,7
Madrid	6,4	3,3
Rhein-Ruhr	12,9	–

Die häufigsten Sprachen in Europa
Russisch	160 Mio. Menschen
Deutsch	94 Mio. Menschen
Französisch	60 Mio. Menschen
Englisch	60 Mio. Menschen
Italienisch	60 Mio. Menschen
Spanisch	42 Mio. Menschen

Die höchsten Berge
Alpen:	Mont Blanc	4 807 m
Pyrenäen:	Pico de Aneto	3 404 m
Sizilien:	Ätna	3 323 m
Apenninen:	Gran Sasso	2 914 m
Karpaten:	Gerlsdorfer Spitze	2 655 m
Dinarisches Gebirge:	Durmitor	2 522 m
Skandinavisches Gebirge:	Galdhøpiggen	2 489 m
Ural:	Norodnaja	1 894 m

Die längsten Flüsse
Wolga	3 531 km
Donau	2 858 km
Ural	2 428 km
Dnipro	2 201 km

Die größten Seen
Ladogasee (Russland)	17 703 km²
Onegasee (Russland)	9 720 km²
Vänersee (Schweden)	5 585 km²

Die größten Inseln
Großbritannien	228 300 km²
Island	103 000 km²
Irland	84 500 km²
Spitzbergen (Norwegen)	39 000 km²
Sizilien (Italien)	25 400 km²
Sardinien (Italien)	23 300 km²
Zypern	9 300 km²
Korsika (Frankreich)	8 700 km²
Kreta (Griechenland)	8 300 km²

Klimastationen

			J	F	M	A	M	J	J	A	S	O	N	D	Jahr
Deutschland															
List/Sylt, 26 m		°C	1	1	3	6	11	14	16	16	14	10	6	3	8
		mm	57	35	45	40	42	56	62	72	83	89	96	72	749
Hamburg, 16 m		°C	1	1	4	7	12	16	17	17	14	10	5	2	9
		mm	61	42	56	51	56	74	83	70	71	63	72	72	771
Berlin, 57 m		°C	−1	2	5	9	14	17	19	19	14	10	5	2	10
		mm	50	36	38	42	53	60	81	57	43	41	40	40	581
Frankfurt/Main, 113 m		°C	1	1	6	9	14	17	18	19	15	10	5	1	10
		mm	44	40	51	51	61	70	63	66	48	52	58	54	658
Stuttgart, 314 m		°C	1	2	5	9	13	16	18	18	15	10	5	2	10
		mm	38	35	39	54	84	93	63	76	53	41	48	41	665
Alpen															
Zugspitze, 2 963 m		°C	−11	−11	−10	−7	−3	0	2	2	1	−2	−7	−9	−5
(Deutschland)		mm	185	154	186	197	172	185	183	170	115	105	156	183	1 991
Sonnblick, 3 107 m		°C	−13	−13	−11	−8	−4	−1	2	2	0	−3	−8	−11	−6
(Österreich)		mm	128	107	141	154	159	143	157	161	114	100	133	132	1 629
Chur, 555 m		°C	−2	0	4	8	13	15	17	16	14	9	3	0	8
(Schweiz)		mm	41	36	44	43	61	79	111	108	70	62	50	51	756
San Bernardino, 1 639 m		°C	−6	−5	−3	1	5	9	11	11	8	4	0	−4	3
(Schweiz)		mm	66	79	106	131	173	178	192	210	176	186	132	95	1 724
Lugano, 273 m		°C	3	4	7	11	15	19	20	20	17	12	7	3	12
(Schweiz)		mm	57	67	125	159	204	186	181	193	158	181	130	92	1 733
Nordeuropa															
Reykjavík, 14 m		°C	−1	0	1	3	6	9	11	10	8	4	1	0	4
(Island)		mm	76	81	83	58	44	51	51	62	67	86	73	78	810
Bergen, 36 m		°C	2	1	3	6	10	13	15	15	12	8	6	3	8
(Norwegen)		mm	179	139	109	140	83	126	141	167	228	236	207	203	1 958
Tromsø, 10 m		°C	−4	−4	−2	1	5	9	12	11	7	3	−1	−3	3
(Norwegen)		mm	81	86	64	60	48	53	72	82	94	125	104	104	973
Stockholm, 52 m		°C	−3	−3	0	4	11	16	17	16	11	8	3	−1	7
(Schweden)		mm	39	27	26	31	31	46	71	65	55	50	53	46	540
Helsinki, 56 m		°C	−7	−7	−3	3	10	15	17	15	10	5	0	−4	5
(Finnland)		mm	41	31	34	37	35	44	73	80	73	73	72	58	651
Westeuropa															
Valentia, 2 m		°C	7	7	8	9	11	13	15	15	14	12	9	8	11
(Irland)		mm	164	123	121	77	89	80	73	112	125	154	147	159	1 424
London, 62 m		°C	4	4	6	8	11	14	16	16	14	11	7	5	10
(Vereinigtes Königreich)		mm	78	53	60	54	55	58	44	55	67	73	76	80	753
Straßburg, 154 m		°C	1	2	6	9	14	17	19	18	15	10	5	2	10
(Frankreich)		mm	32	34	36	46	74	72	55	67	55	41	46	42	600
Marseille, 36 m		°C	6	8	10	13	17	21	24	23	20	16	11	7	15
(Frankreich)		mm	46	54	43	46	42	28	14	27	47	78	57	52	534

			J	F	M	A	M	J	J	A	S	O	N	D	Jahr
Südeuropa															
Lissabon, 95 m		°C	11	12	14	15	18	21	23	23	22	19	15	12	17
(Portugal)		mm	79	96	69	67	53	13	5	7	21	81	118	102	711
Madrid, 667 m		°C	6	7	10	12	16	21	24	24	21	15	9	6	14
(Spanien)		mm	46	46	33	54	41	27	13	9	30	45	64	51	459
Palma de Mallorca, 8 m		°C	9	10	11	13	16	21	24	24	22	18	13	11	16
(Spanien)		mm	37	35	36	39	30	14	9	20	50	63	47	44	424
Messina, 51 m		°C	12	12	13	15	19	23	26	26	24	20	16	13	18
(Italien)		mm	117	95	84	60	33	15	19	26	56	98	106	114	823
Athen, 107 m		°C	9	10	12	15	20	25	27	27	23	18	15	11	18
(Griechenland)		mm	44	48	42	29	18	10	3	4	12	50	51	66	377
Istanbul, 40 m		°C	5	6	8	12	17	21	23	23	20	15	12	8	14
(Türkei)		mm	99	67	62	49	31	22	19	26	41	71	89	122	698
Östliches Mitteleuropa															
Warschau, 107 m		°C	−3	−2	2	8	13	17	18	17	13	8	3	−1	8
(Polen)		mm	22	21	28	32	59	72	67	63	43	38	42	32	519
Prag, 197 m		°C	−2	−1	3	8	13	16	18	17	13	8	3	−1	8
(Tschechien)		mm	23	23	28	38	77	73	66	70	40	30	32	26	526
Budapest, 120 m		°C	−2	2	7	12	17	20	22	21	17	11	5	0	11
(Ungarn)		mm	32	39	35	42	62	69	45	56	39	34	52	40	545
Siliac, 318 m		°C	−4	−1	3	9	14	17	18	17	13	8	3	−2	8
(Slowakei)		mm	44	45	43	47	63	86	59	71	58	50	67	56	689
Osteuropa															
Archangelsk, 13 m		°C	−15	−12	−6	0	7	13	16	13	8	2	−5	−10	1
(Russische Föderation)		mm	32	26	27	30	40	54	57	67	60	60	51	41	545
Moskau, 156 m		°C	−9	−8	−2	6	13	17	18	16	11	5	−1	−6	5
(Russische Föderation)		mm	45	37	34	40	58	76	92	74	64	58	58	52	688
Kasan, 64 m		°C	−13	−12	−5	5	13	17	19	17	11	4	−3	−9	4
(Russische Föderation)		mm	33	28	26	36	37	70	69	67	46	47	46	37	542
Minsk, 234 m		°C	−7	−6	−2	6	13	16	17	17	12	6	1	−4	6
(Belarus)		mm	40	33	41	44	60	79	85	72	58	46	51	53	662
Kiew, 179 m		°C	−5	−4	1	9	15	18	19	19	14	8	2	−2	8
(Ukraine)		mm	46	46	38	48	52	69	87	67	43	39	50	47	632
Südosteuropa															
Bukarest, 90 m		°C	−2	1	6	12	17	21	22	22	17	12	7	2	12
(Rumänien)		mm	47	39	42	48	78	73	57	52	43	47	54	48	628
Belgrad, 132 m		°C	0	3	7	12	17	20	22	21	18	12	7	2	12
(Serbien)		mm	49	44	51	59	70	91	66	53	52	41	56	58	690
Sofia, 595 m		°C	−2	1	5	10	14	18	20	19	16	10	5	1	10
(Bulgarien)		mm	27	33	38	50	73	72	56	52	39	37	47	39	563
Split, 128 m		°C	8	8	10	14	19	23	25	25	21	17	12	9	16
(Kroatien)		mm	79	68	75	66	56	52	28	48	60	78	110	105	825

Wichtige Begriffe

Arbeitskraft: → Standortfaktor ○◐●

artgerechte Tierhaltung: In der Landwirtschaft die Form der Tierhaltung, bei der streng nach den Regeln der ökologischen Landwirtschaft gearbeitet wird. Dabei werden die Bedürfnisse der Tiere berücksichtigt.

Bewässerungsfeldbau: ○◐● Form der landwirtschaftlichen Bodennutzung in Gebieten mit wenig Niederschlag. In trockeneren Monaten der Vegetationsperiode wird Wasser aus Flüssen oder dem Grundwasser entnommen und mithilfe von Bewässerungsanlagen auf die Felder geleitet. Gegensatz: → Regenfeldbau.

Binnenstaat: Staat ohne direkten Zugang zu einem Meer, d.h. ein Staat, der von allen Seiten von anderen Staaten umgeben ist.

Boden: ● In der Bodenkunde die an der Erdoberfläche anstehende Schicht aus zerkleinertem Ausgangsgestein, die mit Wasser, Luft, Pflanzen und Tieren durchsetzt ist. Der Boden enthält Nährstoffe für Pflanzen und ist ein wichtiger Geofaktor. Böden entwickeln sich ständig weiter.

Borealer Nadelwald: ○◐● Vegetationszone der Nordhalbkugel, in der aufgrund langer, kalter Winter ein artenarmer Nadelwald (Fichten, Kiefern, Tannen, Lärchen) als natürliche Vegetation vorherrscht. Der Boreale Nadelwald wird auch als Nördlicher Nadelwald bezeichnet. In Russland nennt man ihn Taiga.

Dienstleistung: ○◐● Wirtschaftliche Tätigkeiten, die der Versorgung mit Gütern und bestimmten Leistungen dienen. Zu den Dienstleistungen gehören unter anderem Banken, Versicherungen, Hotels und Gaststätten, Krankenhäuser, Arztpraxen, Film, Fernsehen, Presse, aber auch der Groß- und Einzelhandel, Verkehrsbetriebe, Gerichte, Schulen, Universitäten und Verwaltungen.

Flächenbedarf: ○◐● Fläche, die neu für Siedlungen oder Verkehrswege in Anspruch genommen wird. Ein großer Flächenbedarf hat schwerwiegende Folgen für die Natur, aber auch den Menschen, zum Beispiel durch den Verlust von landwirtschaftlicher Nutzfläche oder wertvoller Lebensräume.

Forstwirtschaft: ○◐● Wirtschaftszweig des → primären Sektors, in dem Waldflächen bewirtschaftet werden. Zu den forstwirtschaftlichen Tätigkeiten gehören Pflanzen, Pflege und Schlagen von Bäumen sowie der Verkauf des Holzes.

Gemäßigte Klimazone: Eine der vier großen Klimazonen der Erde. Die Gemäßigte Zone liegt zwischen der → Kalten Klimazone und der → Subtropischen Klimazone. Kennzeichen sind die deutlich ausgeprägten vier Jahreszeiten mit unterschiedlich langen Tagen und Nächten. Je nach Meeresnähe herrscht → Landklima oder → Seeklima vor. Die durchschnittliche Jahrestemperatur beträgt ca. 8 °C. Je nach Ausmaß der Kontinentalität gliedert sich die Gemäßigte Zone in sommergrüne Laub- und Mischwälder, winterkalte Steppen und winterkalte Wüsten. Die Gemäßigte Zone ist ein Gunstraum für die Landwirtschaft.

Golfstrom: ● Nordatlantikstrom. Meeresströmung, die wärmeres Wasser aus dem Bereich des Golfs von Mexiko über den Atlantik bis an die Küsten West- und Nordeuropas führt. Sie bedingt ein milderes Klima als in anderen Gebieten dieser Breitenlage.

Halbinsel: ○◐● Ein Stück Land, das überwiegend, aber nicht vollständig von Wasser umgeben ist, sondern noch über eine natürliche Verbindung zum Festland verfügt.

Handel: ○◐● Ist eine Tätigkeit, bei der Waren (Produkte, Geld aber auch z. B. Aktien) zwischen z. B. Menschen, Firmen, Organisationen oder Staaten getauscht werden.

Hartlaubvegetation: ○◐● Vegetationszone, die im Bereich von heißen, trockenen Sommern und regenreichen, milden Wintern vorkommt, z. B. im Mittelmeergebiet der Subtropischen Klimazone. Typisch sind immergrüne Pflanzen, die sich an sommerliche Trockenheit angepasst haben. Diese Pflanzen besitzen lederartige, harte und oft kleine Blätter, um die Verdunstung zu minimieren.

Hauptstadt: In einer Hauptstadt befinden sich in der Regel die Regierung eines Staates und seine gewählte Volksvertretung sowie weitere Verwaltungseinrichtungen.

Individualreise: Reise, bei der der Reisende alle Reiseeinzelheiten, von der Unterkunftsart bis zum Verkehrsmittel, selbst auswählt. Gegensatz: → Pauschalreise.

Industrie: ○◐● In der Wirtschaft wichtiger Bereich des → sekundären Sektors. Industriebetriebe stellen Halb- und Fertigprodukte in großer Stückzahl her, wobei die meisten Tätigkeiten durch Maschinen ausgeführt werden.

Insel: ○◐● Ein Stück Land, das vollständig von Wasser umgeben, jedoch kein Kontinent ist.

Kalte Klimazone: Die Kalte Klimazone ist die nördlichste der vier großen Klimazonen der Erde. Sie weist eine durchschnittliche Jahrestemperatur von 0 °C oder weniger auf. Die Winter sind kalt und lang.

Kontinental Klima: → Landklima ○◐●

konventionelle Landwirtschaft: Form der Landwirtschaft, bei der unter Einsatz von viel Technik mit Düngemitteln und Schädlingsbekämpfungsmitteln möglichst hohe Erträge erzielt werden. Sie wird von der → ökologischen Landwirtschaft abgegrenzt.

Landklima: ○◐● Ein Klima, das in größerer Entfernung der Ozeane im Innern der Kontinente vorherrscht. Weil die ausgleichende Wirkung des Meeres fehlt, kennzeichnen dieses Klima starke Temperaturschwankungen im Tages- und im Jahresablauf mit oft heißen Sommern und kalten bis sehr kalten Wintern, geringe Luftfeuchtigkeit und geringe Jahresniederschläge.: Gegensatz: → Seeklima

Macchia (Macchie): Italienische Bezeichnung für eine immergrüne Gebüschformation der → Hartlaubvegetation des Mittelmeerraumes in der Subtropischen Zone. Sie verbreitete sich, nachdem die Menschen die ursprünglichen Wälder gerodet hatten.

Massentierhaltung: Eine Form der Viehzucht, bei der sehr viele Tiere auf engem Raum gehalten werden. Trotzdem benötigen diese Betriebe nur wenige Arbeitskräfte für die Tierhaltung. Für viele Arbeiten werden Maschinen eingesetzt. Durch die hohe Effizienz der Maschinen sinken die Kosten. Dadurch kann Fleisch relativ günstig angeboten werden. Die Tiere leben auf engem Raum, wodurch es zu Krankheiten kommen kann. Daher müssen oft mehr Medikamente eingesetzt werden als bei der → artgerechten Tierhaltung.

Massentourismus: Form des Tourismus, bei der sich eine große Anzahl von Touristen in einem bestimmten Gebiet aufhält. Dadurch können große Umweltprobleme entstehen, z. B.: Verbauung der Landschaft, viel Verkehr, Lärm, Müll oder Luft-, Boden – und Wasserverschmutzung.

Mischwald: ● Vegetationszone, in der aufgrund des gemäßigten Klimas Laub- und Mischwälder die natürliche Vegetation bilden.

nachhaltiger Tourismus: Eine Form des Tourismus, bei der die Touristen nicht stören sollen – weder die Natur noch die einheimischen Menschen. Sie sollen sich so verhalten, dass die Natur sowie die Kultur der Menschen erhalten bleiben.

ökologische Landwirtschaft: Hier erfolgt die Erzeugung von Lebensmitteln nach strengen Richtlinien, u. a. ohne mineralischen Dünger, ohne chemische Unkraut- oder Schädlingsbekämpfungsmittel, durch artgerechte Tierhaltung, durch den Verzicht auf gentechnisch verändertes Saatgut und durch den weitgehenden Verzicht auf Bindemittel, Farbstoffe oder chemische Konservierungsmittel.

ozeanisches Klima: → Seeklima

Pauschalreise: Reise, bei der ein Reiseveranstalter dem Reisenden die meisten Entscheidungen abnimmt. Der Reisende kann die gewünschte Reise komplett zu einem Gesamtpreis buchen. Gegensatz: → Individualreise.

primärer Sektor: Wirtschaftssektor, der die Urproduktion umfasst, zu der die Landwirtschaft, Forstwirtschaft und Fischerei gehören.

Regenfeldbau: ○◐● Auch: Trockenfeldbau. Form des Ackerbaus, bei dem der Wasserbedarf der Pflanzen ausschließlich aus den Niederschlägen gedeckt wird und keine künstliche Bewässerung stattfindet. Gegensatz: → Bewässerungsfeldbau.

Relief: In der Geologie ein Sammelbegriff für die Oberflächenformen der Erde, der sowohl Hohlformen (z. B. Becken und Täler) als auch Vollformen (z. B. Gebirge) umfasst.

Rohstoff: ○◐● Unverarbeiteter Stoff, der in der Natur vorkommt und vom Menschen verwendet wird, um Gebrauchsgegenstände herzustellen oder Energie zu gewinnen. Nach Herkunft und Entstehung unterscheidet man mineralische (bergbauliche), pflanzliche und tierische Rohstoffe. Mineralische Rohstoffe werden auch Bodenschätze genannt. Nach ihrer Endlichkeit unterscheidet man zwischen erneuerbaren und nicht erneuerbaren Rohstoffen.

Seeklima: ○◐● Auch: ozeanisches Klima. Von der ausgleichenden Wirkung des Meeres beeinflusstes Klima küstennaher Regionen. Ozeanisches Klima zeichnet sich aus durch: kühle Sommer, milde Winter und allmähliche jahreszeitliche Übergänge. Charakteristisch sind außerdem eine hohe Luftfeuchtigkeit, verstärkte Bewölkung, geringe jährliche und tägliche Temperaturschwankungen sowie recht hohe, über das Jahr verteilte Niederschläge, die landwärts abnehmen. Im Gegensatz dazu steht das → Landklima.

sekundärer Sektor: Wirtschaftssektor, zu dem das produzierende Gewerbe zählt, also die Industrie und der Bergbau.

sommergrüner Laubwald: ● Vegetationszone, in der aufgrund des gemäßigten Klimas Laubwälder die natürliche Vegetation bilden.

Standort: ● Von einem Unternehmen zu einem bestimmten Zweck und aus einem oder mehreren bestimmten Gründen (den → Standortfaktoren, z. B. Nähe zu Rohstoffquellen) gewählte Raumstelle.

Standortfaktor: Standortfaktoren sind die Gründe, die dazu führen, dass sich ein Betrieb an einem bestimmten → Standort ansiedelt. Es können harte und weiche Standortfaktoren unterschieden werden. Wichtige harte Standortfaktoren sind unter anderem ein guter Verkehrsanschluss, gut ausgebildete (oder auch billige) Arbeitskräften, die Nähe der Verbraucher bzw. Kunden sowie die günstige Versorgung mit → Rohstoffen oder Energie. Weiche Standortfaktoren können zum Beispiel das Image eines Gebietes oder das vorherrschende Wirtschaftsklima sein.

Steppe: Baumloses Grasland der Gemäßigten Zone. Hier bilden Steppen die Übergangszone zwischen den sommergrünen Laub- und Mischwäldern und den Wüsten.

Subtropische Klimazone: (kurz Subtropen) Eine der vier großen Klimazonen der Erde zwischen der Tropischen Zone und der Gemäßigten Zone auf der nördlichen und südlichen Halbkugel. Merkmale des subtropischen Klimas sind: feuchte, milde Winter (nicht frostfrei) mit Niederschlägen und heiße und im Mittelmeergebiet trockene Sommer. Die durchschnittliche Jahrestemperatur beträgt etwa 18 °C.

Taiga: → Borealer Nadelwald

tertiärer Sektor: Auch: Dienstleistungssektor. Teilbereich der Wirtschaft, in dem für andere Menschen Dienste erbracht werden, d.h. die Versorgung mit Gütern oder bestimmten Leistungen. Der Dienstleistungssektor unterscheidet sich von den beiden anderen Wirtschaftssektoren dadurch, dass hier keine Güter oder Waren hergestellt werden.

Tourismus: ○◐● bezeichnet alles, was mit dem Reisen von Menschen an einen Ort zu tun hat. Zum Tourismus werden nur Reisen mit Übernachtungen gerechnet. In Tourismusgebieten sind die meisten Orte auf die Touristen wirtschaftlich angewiesen.

Tundra: ○◐● Weitgehend baumlose und artenarme Vegetationszone in der → Kalten Klimazone nördlich des → Borealen Nadelwaldes (Taiga). Kennzeichnend ist der niedrige Pflanzenwuchs (Moose, Flechten, Gräser, Zwergsträucher). Das kalte Klima mit kurzen, kühlen Sommern lässt keinen Baumwuchs zu. Der Boden ist ständig gefroren und taut auch im Sommer nur oberflächlich auf (Permafrostboden).

Übergangsklima: Klimaregion, die sowohl Einflüsse des → Seeklimas (ozeanisches Klima) als auch des Landklimas (kontinentales Klima) zeigt. Der Verlauf der Jahrestemperatur ist ausgeglichener als beim Landklima, weist gegenüber dem Seeklima aber größere Schwankungen auf. Der Jahresniederschlag ist in der Regel höher als beim Landklima, aber niedriger als beim Seeklima.

Verkehrsweg: ○◐● Strecke, auf der Waren transportiert und Personen befördert werden, z.B. Straße, Bahnschienen, Fluss.

Zulieferbetrieb: Industriebetrieb, der bestimmte Bauteile an den Produzenten eines in der Regel aufwendigen Produktes liefert, z.B. Bremsen. So haben beispielsweise Automobilhersteller oftmals Tausende Zulieferbetriebe.

Sachwortverzeichnis

Alle **fett** gedruckten Begriffe sind als „Wichtige Begriffe" hier im Arbeitsanhang erläutert.

A
Ackerbau 54/55
Apenninenhalbinsel 11, 110
App 108/109
Arbeitnehmer/Arbeitnehmerin 95
Arbeitskraft 52/53, 76, 80, 86, 90
artgerechte Tierhaltung 58/59, 66
Automobilindustrie 78/79

B
Balkanhalbinsel 11, 110
Bewässerung 51, 53, 54, 67
Bewässerungsfeldbau 51
Bikesharing 106/107
Binnenstaat 11
Biogas 60/61
Boarding 114/115
Boden 30-32, 54/55, 57, 86/87
Borealer Nadelwald 30

C
Charterflug 114/115
Chemische Industrie 76/77, 82/83, 90

D
Dauerkultur 35
Demokratie 24
Dienstleistung 74, 83, 86, 90/91
Digitalisierung 94/95
Diskussion 45, 53, 57, 60, 79, 81, 102/103
Doppelkontinent 10, 20
Dubrovnik 88, 116/117

E
Energiepflanzen 60/61
Entwaldung 34, 42
Erklärvideo 84/85
Ernährung 48/49, 54/55
Euro (€) 8/9, 24/25
Europäische Union (EU) 24/25
Euroraum 24

F
Fahrradweg 104
Finca 105/113
Fischerei 70/71, 74
Flächenbedarf 86
Flughafen 80/81, 90, 100, 114/115
Forstwirtschaft 33, 62/63, 74
Frankfurt 114/115
Furchenbewässerung 51

G
Gemäßigte Klimazone 29, 32/33, 40/41, 54/55
Getreide 54/55, 60
Gewächshaus 53
Golfstrom 44/45
Gut/Güter 63, 77, 80

H
Halbinsel 11, 15, 110
Hamburg 108/109
Handel 48, 74
Hartlaubvegetation 40/41, 34/35
Hauptstadt 12/13, 16/17, 20/21
Holzwirtschaft 62/63
Hotel 100/101, 103/104, 106/107

I
Iberische Halbinsel 11, 110
Identität 25
Île-de-France 54
Individualreise 98/99
Industrie 62/63, 74-79, 82/83, 90/91
Insel 11, 65, 88/89, 100/101, 111

K
Kalte Klimazone 28-31, 40/41
Klimawandel 45, 53, 55
Klimazone 44/45, 30-35
Kolonie 8
Kontinental Klima → Landklima
konventionelle Landwirtschaft 56/57, 59
Kreuzfahrt/Kreuzfahrttourismus 116/117

L
Landklima 29
Linienflug 114/115

M
Macchia (Macchie) 35
Mallorca 100-105
maritimes Klima → Seeklima
Massentierhaltung 56/57
Massentourismus 100-103, 113, 116/117
Mischwald 32/33
Mitteleuropa 12, 18/19, 32
Mittelmeer 35, 50/51, 100-105, 111
mitwachsende Karte 16/17, 21, 23, 31, 33, 35
Müll 53, 101, 10-105

N
nachhaltiger Tourismus 104-107, 112/113
Nachhaltigkeit 50/51, 63, 104-107, 117
Naturschutz 104/105
Nordeuropa 12/13, 30, 44/45, 62-65

O
ökologische Landwirtschaft 58/59
ÖPNV/öffentlicher Personennahverkehr 79, 108/109
Osteuropa 12/13, 88/89
ozeanisches Klima → Seeklima

P
Pauschalreise 98/99, 112
primärer Sektor 74

R
Reederei 117
Regenfeldbau 54
Reise 21, 24, 98-101, 106-109, 112-117
Relief 14
Rohstoff 60-62, 74-78, 86, 92/93
Rollenspiel 102/103

S
Seeklima 29
Sehenswürdigkeiten 21, 106-109
sekundärer Sektor **74/75**
Senke 14/15
Skandinavische Halbinsel 11, 64
Smart City 94
Solidarität 25
sommergrüner Laubwald 32/33
Städtereise 98, 106-109
Standort 76/77, 79-81, 84-87, 90/91

127

Standortfaktor	79–81, 84–87, 90/91
Stau	94, 101, 107
Steppe	32/33, 54/55
Strand	100/101, 104/105
Subtropische Klimazone	29, 34/35
Suchmaschine	36/37
Südeuropa	12, 34, 42, 51, 110/111
Südosteuropa	12, 88/89
Süßwarenindustrie	92/93

T

Taiga	→ Borealer Nadelwald
Terminal	114/115
tertiärer Sektor	74
thematische Karte	82/83
Tornado	37
Tourismus	98–109, 102–117
Touristen	→ Tourismus
Trinkwasser	101, 107
Tröpfchenbewässerung	51, 53
Tundra	31, 43, 45, 65

U

Überfischung	60, 70/71
Übergangsklima	29, 40–41
Umweltverschmutzung	107, 117
Umweltschutz	104
Urlaub	16/17, 98–105, 112–117

V

Vegetationszeit	31–33, 35, 45
Vegetationszone	30–35
Verkehrsweg	82
Viehzucht	56–59

W

Wachstumszeit	31, 33, 35, 54
Währung	24/25
Westeuropa	12/13, 38/39
Wien	106/107, 113
Wirtschaftsregion	82/83
Wirtschaftssektor	74/75, 81, 90/91

Z

Zulieferbetrieb	78/79, 90, 95

Lösungshilfen

1 Europa im Überblick

Seite 8/9
1 a) Denke z. B. an die Nachbarländer Deutschlands oder europäische Urlaubsländer, welche Sprachen werden dort gesprochen.
b) –
c) Lies dir T2 noch einmal genau durch, denke auch z. B. an Sprache in der Musik, Sport oder im Internet.
2 **A** Überlege, ob die Beispiele aus T1 auch dich betreffen.
2 **B** In T2 findest du die Lösung
3 **A** Es gibt zwei Theorien, woher der Name Europa stammt.
3 **B** –
4 a) Benutze das Internet für deine Recherche. Du findest zum Beispiel auf der Seite der Bundeszentrale für politische Bildung Informationen.
b) –

Seite 10/11
1 Folge der Grenze in M2. Sie ist als dunkelgraue Linie eingezeichnet.
2 **A** a), b) Miss auf der Karte mit dem Lineal jeweils die größte Ausdehnung. Achte auf den Maßstab
2 **B** Überlege, warum sich andere Kontinente, wie Australien oder Afrika besser abgrenzen lassen.
3 **A** Inseln sind ganz vom Wasser umgeben, Halbinseln haben eine Verbindung zum Festland.
3 **B** –
4 Tipp: In den Diagrammen sind große Zahlen mit hohen Balken dargestellt.

Seite 12/13
1 a) Das Land liegt in Mitteleuropa
b) Notiere die Länder in der Reihenfolge: Dänemark, Polen, …
2 **A** Zum Vergleich: die Fläche von Deutschland beträgt etwa 358 000 km².
2 **B** Du kannst auch den Atlas nutzen.
3 Schreibt zuerst alle Autokennzeichen auf, die zu eurem Teilraum gehören. Nutzt auch den Kartenanhang, Atlas und das Internet.
4 a) Geht wie in M3 vor und nutzt dafür auch das Internet.
b) –

Seite 14/15
1 a) Beschreibe das Relief der Landschaften in den Fotos und die Pflanzenwelt.
b) Finde Polen, Tschechien und Frankreich, Andorra und Spanien auf einer geeigneten Karte und beschreibe die Lage.
2 **A** Suche zu jeder Großlandschaft Angaben zur maximalen Höhe, dem Relief und den Pflanzen.
2 **B** a) Siehe A2
b) Die Donau ist der zweitlängste Fluss Europas und durchfließt/berührt 10 Länder.
3 **A** a und b) Orientiere dich an markanten Formen, z. B. der Küstenlinie oder Flüssen
3 **B** Beschreibe z. B. auf welcher Halbinsel die Städte oder Gebirge liegen, an welchem Fluss oder an welchem Meer.
4 a und b) Schau dir die Landhöhen in Karte M3 an und suche Staaten, die z. B. durchgehend die Farbe (grün) für Tiefland haben.

Seite 16/17
1 –

Seite 18/19
1 a) Suche die Orte im Atlas.
b) Überlege, in welcher Landschaft die Orte liegen und was du dort unternehmen könntest.
2 a–c) Arbeite mit einer physischen Karte von Mitteleuropa
3 –
4 Die Autokennzeichen helfen dir.

Seite 22/23
1 Ordne den Fotos die Rekorde zu. Über die höchste Schlucht führt z. B. eine Brücke
2 Finde die Namen der nahegelegenen Orte im Register deines Atlas oder im Kartenanhang (z. B. Durmitor) und ordne sie einem Land zu.
3 a) Wähle einen Rekord auf der S. 23 aus oder finde einen eigenen Rekord. Recherchiere im Internet nach Merkmalen, Lage, Besonderheiten etc.
b) –

Seite 24/25
1 Schau dir z. B. M1 an und lies T2.
2 a) Die Antwort findest du im ersten Absatz von T1.
b) In T2 im zweiten Absatz findest du die Antwort.
c) Drei Freiheiten sind in T2 erwähnt: Freier Warenverkehr, freier Personenverkehr, freier Dienstleistungsverkehr. Beschreibe sie.
3 a) Betrachte die Legende von M2. Unter der Überschrift Europäische Union findest du alle Staaten und die Jahreszahlen, in denen sie bei- oder ausgetreten sind. Diese kannst du auf einem Zeitstrahl darstellen.
b) Alle Autokennzeichen, die weiß sind, haben nicht den Euro als Zahlungsmittel.

2 Klima und Vegetation in Europa

Seite 28/29
1 a) Beschreibe, was du auf den Social-Media-Posts erkennst.
b) Schau dir die Beschreibungen und die Fotos der Social-Media-Posts genau an. Auch die Jahreszeit ist wichtig. Versuche die Orte der Posts im Atlas zu finden und ordne sie in M2 ein.
2 **A** a) Der Name der Station steht links oben im Klimadiagramm.
b) Nenne jeweils die wärmsten und kältesten Monate sowie die Monate mit den meisten und den geringsten Niederschlägen.
2 **B** a) Siehe A2
b) –

3 A Alle wichtigen Informationen findest du in T2. Die Social-Media-Posts M1 können dir bei den Merkmalen helfen.

3 B Schau dir die Merkmale von See- und Landklima genau an und vergleiche diese mit dem Übergangsklima.

4 Fasse T2 und T3 in deinen eigenen Worten zusammen.

Seite 30/31

1 Unterscheide in Tundra und Borealer Nadelwald. Ordne die Fotos M1 und M4 zu und beschreibe die Vegetation. Nimm T2 und T3 zu Hilfe.

2 A a) –
b) Vervollständige die Sätze: In Oulu fallen die Niederschläge … Die meisten Niederschläge fallen in den Monaten …

2 B a) Nenne die Lage, Jahresdurchschnittstemperatur, den Jahresniederschlag. Beschreibe den Jahresverlauf von Niederschlag und Temperatur.
b) –

3 A Tipp: Die Pflanzen müssen mit kurzen Sommern, einer dicken Schneedecke und Trockenheit durch Frost zurechtkommen.

3 B a) Siehe A3
b) Die Länge der Wachstums- bzw. Vegetationszeit findest du im Klimadiagramm M2.

4 Arbeite mit einer Karte zu den Staaten Europas z.B. auf S. 156/157.

Seite 32/33

1 a) M1 und T2 liefern dir alle Informationen. Bedenke aber, dass auch M4 in der Gemäßigten Zone liegt.

2 A a) –
b) Vervollständige die Sätze: In Warschau fallen die Niederschläge … Die meisten Niederschläge fallen in den Monaten …

2 B a) Nenne die Lage, Jahresdurchschnittstemperatur, den Jahresniederschlag. Beschreibe den Jahresverlauf von Niederschlag und Temperatur.
b) –

3 A Tipp: Die Pflanzen müssen sich z.B. vor Austrocknung im Winter schützen.

3 B Benutze die Begriffe Wald, Rodung und Forst.

4 Arbeite mit einer Karte zu den Staaten Europas z.B. auf S. 156/157.

Seite 34/35

1 Beschreibe die Pflanzen der Subtropischen Zone, z.B. Zypressen, Korkeichen, Macchie und Olivenbäume. Schaue dir auch noch einmal das Foto D auf S. 27 an.

2 A a) –
b) Vervollständige die Sätze: In Athen fallen die Niederschläge … Die meisten Niederschläge fallen in den Monaten …

2 B a) Nenne die Lage, Jahresdurchschnittstemperatur, den Jahresniederschlag. Beschreibe den Jahresverlauf von Niederschlag und Temperatur.
b) –

3 A Tipp: Die Pflanzen müssen einen heißen und trockenen Sommer überstehen.

3 B Wie passt sich der Olivenbaum an das Klima an und warum wird er vom Menschen angebaut?

4 Arbeite mit einer Karte zu den Staaten Europas z.B. auf S. 156/157.

Seite 36/37

1 Gib kurze Antworten auf Fragen: Welche Suchmaschine solltest du nutzen? Wo und wie gibst du deine Suchanfrage ein?

2 –

3 Das Lernplakat kann die Größe DIN-A3 haben.

Seite 38/39

1 Orientiere dich an markanten Küstenlinien, der Form der Staaten oder dem Verlauf der Flüsse.

2 Suche die Städte im Atlas.

3 a) Welche Städte liegen in Westeuropa?
b) Welche Städte liegen auf Inseln?
c) Es handelt sich um Flüsse.
d) Welche Stadt liegt nicht in Frankreich?
e) Welches Land gehört nicht zu den Benelux-Staaten?

4 a und b) Zähle auch Nachbarstaaten mit, die nicht in Westeuropa liegen.
c) Beachte die Anfangsbuchstaben der Staaten.

5 Die Autokennzeichen helfen dir.

Seite 42/43

1 Wie schützen sich jeweils das Tier oder die Pflanze vor Trockenheit, Kälte oder Hitze?

2 Denke an den Einfluss des Menschen und wie er die Landschaft verändert hat. In M2 findest du weitere Hinweise.

3 –

Seite 44/45

1 a) Achte auf das Eis im Hafen.
b) Beschreibe den Verlauf und die Höhe der Temperatur und der Niederschläge.

2 Beginne so: Der Golfstrom bringt warme Wassermassen aus dem Golf von Mexiko nach …

3 a) Was würde geschehen, wenn der Golfstrom plötzlich kein warmes Wasser nach Nordeuropa transportieren würde?
b) Schaue dir das Szenario in M4 genau an. Klingt ein solches Szenario für dich realistisch?

3 Vielfältige Landwirtschaft

Seite 48/49

1 –

2 **A** Überlege, was passiert, wenn ein bestimmtes Produkt vom Verbraucher stärker nachgefragt wird.

2 **B** Siehe A 2

3 **A** a + b) Vergleiche die Länge der Balken. Beachte auch die Tipps zur Diagrammauswertung (S. 137): 1. Thema nennen, 2. Die wichtigsten Aussagen formulieren, 3. Mit T 2 und T 3 erklären

A c) Denke hier an den Wandel der Essgewohnheiten aus T 2 und T 3. Begriffe, wie Region und Saison, können dir helfen.

3 **B** Siehe A 3

4 Suche nach einem Siegel, das zum Beispiel regionale Produkte tragen.

Seite 50/51

1 a) Lies M 4 genau und suche die Anbaubedingungen für die Orangen heraus, z. B.: Schutz vor Kälte, …

b) Lies den Text von Maria noch einmal durch. Was ist wichtig für den Orangenanbau? Welche besonderen Bedingungen bietet Südspanien dafür?

2 **A** Arbeite mithilfe der Legende von M 5. Die Karte „Europa (Südteil)" auf S. 158/159 kann die helfen, die Länder richtig zuzuordnen.

2 **B** Mithilfe der Legende von M 5 kannst du die landwirtschaftliche Nutzung in den Gebieten ablesen. Überlege auch, welche besonderen Anbaubedingungen die Subtropische Zone bietet.

3 Überlege, wie viel Wasser für die Landwirtschaft in Südeuropa und Spanien verwendet wird. Wie wirkt sich dies auf die Flüsse und Böden aus?

4 **A** a) Orientiere dich für die Begriffserklärung im Text am fett markierten Wort.

b) Die zwei Bewässerungsarten sind in M 6 abgebildet. Welche Unterschiede kannst du erkennen? Achte auf die Wassermengen und Pflanzenverteilung.

4 **B** Siehe A 4. Vergleiche das Bild M 3 mit der Abbildung M 6. Welche Gemeinsamkeiten mit einer der beiden Bewässerungsarten fallen dir auf?

5 –

Seite 52/53

1 a) Gib wieder, was du auf dem Bild M 3 siehst. Achte auf wesentliche Merkmale.

c) Nutze bei deiner Recherche den Suchbegriff „Almeria". Die Ausdehnung der weißen Fläche ermittelst du mithilfe der Maßstabsleiste. Diese gibt an, wie viel 1 Zentimeter auf dem Globus in der Wirklichkeit entsprechen.

2 Die gelben Strahlen stellen das Sonnenlicht dar, die pinkfarbenen Strahlen die abgestrahlte Wärme.

4 a) Überlege, was passiert, wenn ein bestimmtes Produkt vom Verbraucher stärker nachgefragt wird. Welche Rolle spielt dabei die Saisonalität und Regionalität eines Produktes?

b) –

Seite 54/55

1 a) Beschreibe dazu das Klima und die Böden.

b) Genauere Informationen zum Fachbegriff findest du in T 1.

2 **A** Zähle die guten Voraussetzungen für den Ackerbau in einer Liste auf.

2 **B** Siehe A 2

3 **A** Nimm dazu ein DIN-A 4-Blatt und lege es quer. Verwende ein Lineal oder ein Geodreieck. Die in Rot geschriebenen Texte gehören in den unteren Teil des Wirkungsgefüges.

3 **B** Beginne mit: Die Gemäßigte Zone ist ein Gunstraum für den Anbau vor Weizen, weil folgende Bedingungen optimal erfüllt sind: 1. … 2. … usw.

4 a) Welche fünf Länder haben die größten Erntemengen an Weizen?

b) Überlege, welchen Nutzen Weizen für Menschen und Tiere hat.

Seite 56/57

1 Nutze zur Gliederung die einzelnen Überschriften: Zulieferung, …

2 **A** Nenne zwei Merkmale.

2 **B** Betrachte in M 2 den Zeitstrahl.

3 **A** Gehe auf die Böden ein.

3 **B** Stelle zentrale Aussagen der beiden Landwirte gegenüber, wie z. B. Anzahl der Tiere oder Kosten.

4 a) Sammelt auch Argumente gegen hohen Konsum von billigem Fleisch.

Seite 58/59

1 Überlegt im Hinblick auf Platz und Auslauf.

2 **A** a) Beachte auch die Definition am linken Seitenrand.

b) Beginne: „Die Tiere bekommen vor allem hofeigenes Futter. …" Folge den Pfeilen.

2 **B** Beachte auch die Definition am linken Seitenrand.

3 **A** Denke hierbei an den Platz, Anzahl der Tiere und den Auslauf.

3 **B** –

4 **A** Bedenke die Kosten für die Aufzucht, wie Stallgröße oder Futterqualität.

4 **B** Stichworte: gesunde Ernährung, klimafreundliches Verhalten, Tierwohl

5 a) –

b) Gib bei deiner Internetsuche im Suchfeld die Begriffe „Naturland" und „demeter" ein.

c) –

Seite 60/61

1 –

Seite 62/63

1 Ergänze deine Liste mit Gegenständen aus Holz, die du fast täglich benutzt.
2 Womit wird das Holz geerntet? Wie werden die Bäume bearbeitet?
3 **A** a) Schau dir die Beschreibung unter M3 genau an und bringe die verschiedenen Bereiche des Werksgeländes in Verbindung.
b) Denke an die wirtschaftliche Bedeutung.
3 **B** Denke an Standortbedingungen, die für die Holzindustrie wichtig sind.
4 **A** Bedenke, dass Bäume in Finnland langsam wachsen, und welche Folgen es hat, wenn zu viel Holz geerntet wird. Beobachte auch die Aussagen im Text zu den Belastungen durch die Holzverarbeitung.
4 **B** Vergleiche die Aussage mit dem Grundsatz der Nachhaltigkeit: Es sollten nur so viele Bäume gefällt werden, wie …
5 a) Überlege, welchen Wert Gold besitzt.
b) Papier wird aus Holz hergestellt.

Seite 64/65

1 Orientiere dich an markanten Küstenlinien und der Form der Landmassen.
2 Schlage im Register nach.
3 Schlage auf S. 15 nach. Dort findest du die Autokennzeichen zu den Staaten.
4 Nutze die Karte auf S. 158/159.
5 –

Seite 68/69

1 Beginne so: „Boden besteht aus verwittertem … Die oberste Bodenschicht ist der …"
2 Mach dir stichwortartig Notizen. Halte auch das Ergebnis der Diskussion schriftlich fest, damit du es anschließend vortragen kannst.
3 Gestalte deine Notizen so, dass sich die Schülerinnen und Schüler mit dem Thema B auch kurze Notizen machen können.

Seite 70/71

1 a) Verfolge die Produktionsschritte, die in M1 beschrieben werden und in Grafik M3 abgebildet sind.
b) Tipp: Achte auf die Hintergründe der Fotos.
2 Ergänze: Von Überfischung spricht man, wenn … Fisch aus dem Meer gefangen wird, als … Deshalb …
3 –

4 Industrie und Dienstleistungen

Seite 74/75

1 Ordne richtig zu: Chemielaborant, Gärtner, Industriemechaniker, Lehrerin, LKW-Fahrer, Müllwerker, Postbote, Redakteurin, Stahlarbeiter/Stahlarbeiterin
2 **A** Deine Übersicht könnte so aussehen:

primärer Sektor	sekundärer …	tertiärer …
↓	↓	↓
Land…, …	…	Dienst…
↓	↓	↓
Landwirt, …	…	Lehrer/in, …

2 **B** Die Zeichnungen sollten das Wesentliche der Wirtschaftssektoren zum Ausdruck bringen: für den primären Sektor den Abbau oder die Erzeugung von Rohstoffen, für den sekundären Sektor die Erbringung von die Herstellung von Produkten und für den tertiären Sektor Dienstleistungen.
3 a) Überlege: Wer arbeitet in der Industrie? Wer erbringt eine Dienstleistung?
b) Lege eine Tabelle mit zwei Spalten an:

Name	Wirtschaftssektor
Alois Esser	… Sektor
…	…

4 Verwende folgende Sprachtipps:
Von 1960 bis 2021 ging der Anteil der im … Sektor beschäftigten Personen von … auf … Prozent zurück.
Zwischen … und … halbierte sich der Anteil der im … Sektor beschäftigten Personen.
… verdoppelte sich …
… halbierte sich …
… waren etwa die Hälfte aller Beschäftigten im … Sektor tätig.
… waren etwa zwei Drittel aller Beschäftigten im … Sektor tätig.

Seite 76/77

1 a) Gliedere das Foto, indem du zum Beispiel Wohngebiete, Industriegebiete und landwirtschaftlich genutzte Gebiete unterscheidest; indem du Flüsse, Straßen oder Eisenbahnlinien als Orientierungslinien verwendest; indem du Vordergrund, Hintergrund, rechten oder linken Bildrand beschreibst.
b) Suche im Kartenregister/Atlasregister nach dem Ort Ludwigshafen. So findest du eine passende Karte. Gehe bei deiner Beschreibung auf das Bundesland, die nächsten großen Städte und die Lage am Fluss ein.
2 **A** Im zweiten Abschnitt von T2 und in M2 findest du die wichtigsten Standortfaktoren.
2 **B** Liste auf, wofür das Wasser des Rheins benötigt wird.
3 **A** Liste auf: Farbstoffe, Kunst…, …
3 **B** Nenne Beispiele:
Die Elektroindustrie benötigt Kunststoffe für die Herstellung von …
Die Möbelindustrie benötigt …

4 Du kannst eine Tabelle anlegen:

Unternehmens-bereiche	Werksbereiche auf dem BASF-Gelände
Forschung und Entwicklung	4 Kunststoff-laboratorium
Fertigung und …	10 Kunststoff-produktion …
…	1 Landeshafen Nord …
…	…

5 Suche zunächst in der Legende das Symbol für chemische Industrie. Suche dann das Symbol in der Karte und schreibe die Wirtschaftsregion bzw. die Städte auf.

Seite 78/79

1 M1: Wer baut das Auto zusammen? Wie viele Personen sind auf den Fotos zu sehen?
T1: Erkläre den Begriff Automatisierung.

2 A Folge den Produktionsschritten und Pfeilen: 1. In der … werden die Pläne für das Auto … 2. Bei der … werden die Stahlbleche … 3. Bei der … wird die Karosserie … usw.

2 B Nenne Teile des Autos, die der Automobilhersteller von Zulieferbetrieben einkauft: Scheinwerfer, …

3 A In M4 sind die Firmensitze der Automobilhersteller mit Farben, die in der Legende erläutert sind, gekennzeichnet.

Automobil-hersteller	Standorte
BMW	München, Landshut, Dingolfing, …
…	…

3 B a) Vergleiche Nord- und Süddeutschland sowie die westlichen und die östlichen Bundesländer.
b) Die Zulieferbetriebe sind in der Karte mit einem kleinen blauen Quadrat eingezeichnet.

4 a) Vor welchen technischen Herausforderungen steht die Automobilindustrie? Wie verändert sich unter Umständen die Nutzung von Autos?
b) Lege eine Tabelle an:

Vorteile	Nachteile
– kein Verbrauch von Erdöl	– …
– …	– …

Seite 80/81

1 Gib den Schritten des Arbeitsablaufs Überschriften, zum Beispiel: Anlieferung, Entladen/Umladen, Verpacken, (Weiter-)Transport. Formuliere dann je Schritt mindestens einen Satz.

2 A Überlege, womit UPS sein Geld verdient. Was ist für dieses Unternehmen wichtig?

2 B Die drei Wirtschaftssektoren sind primärer, sekundärer und tertiärer Sektor. Welcher davon umfasst Dienstleistungen?

3 A Bedenke: Aus vielen europäischen Städten werden Pakete in verschiedene Städte in den USA geschickt. Am Flughafen Köln/Bonn werden …

3 B Beginne so: Ein Verteilerzentrum wie das von UPS bündelt, sortiert …"

4 a) Verwende folgende Sprachtipps:
Zwischen … und … hat sich das Frachtaufkommen kaum verändert.
Seit … hat das Frachtaufkommen ständig zugenommen.
Von … bis … hat sich das Frachtaufkommen …
b) Schreibe auf die x-Achse die Jahre und auf die y-Achse das Frachtaufkommen in Tausend Tonnen.

5 a) Stichworte für die Recherche: Fluglärm Köln/Bonn
b) Schreibe zunächst die verschiedenen Argumente in einer Tabelle auf.

Seite 82/83

1 Überlege zuerst, welche Industrie im Bild gezeigt wird. Lies dann in der Legende der Karte (rechts oben), zu welchem Industriezweig diese Industrie gehören könnt.

2 –

3 Schaue zunächst in der Legende der Karte nach, woran du Wirtschaftsregionen erkennst. Lege dann eine Tabelle an und trage von der Industrieregion Rhein-Ruhr aus nach Süden die Namen der Wirtschaftsregionen ein. Liste in der rechten Spalte die Industriezweige auf.

Wirtschafts-region	Industriezweig
Rhein-Ruhr	Schwerindustrie, Maschinenbau, Chemische Industrie, …
…	…

4 a) Kläre zunächst die Industriezweige in einer Wirtschaftsregion mithilfe der Legende. Beginne dann so: „In der Wirtschaftsregion Hannover/Wolfsburg/Braunschweig ist der Fahrzeugbau der wichtigste Industriezweig. Es gibt aber auch …"
b) Die Region Hannover/Wolfsburg/Braunschweig liegt im Bundesland …

Seite 84/85

1 a) Beginne so: „Als Standortfaktoren werden sämtliche Gründe bezeichnet, warum sich ein Unternehmen …"
b) „Harte Standortfaktoren kann man genau … Weiche Standortfaktoren beruhen dagegen auf den eigenen …"
c) Beachte die Legende bei M2.

133

2 a) „Conny Croissant möchte ein … eröffnen, Harry Schnell hat ein …"
b) Beginne so: „Conny prüft Standorte auf dem Land, in der … und …"
c) Du kannst eine Tabelle erstellen:

	Land	…	…
Standortvorteile	– spart Transportkosten – Ausflugsziel	…	…
Standortnachteile	…	…	…

d) Entscheidet danach, welche Standortfaktoren für Connys Vorhaben am wichtigsten sind.
e) Für Harry Schnell ist nicht der Kontakt zu den Kunden entscheidend, sondern …
3 Berücksichtige, dass die Stadt auch für die Mitarbeiter/innen der Unternehmen und deren Familien attraktiv sein möchte.
4 Viele Leute sollen den Supermarkt gut erreichen können. Auch Waren müssen angeliefert werden.

Seite 86/87
1 Bedenke: Verschiedene Unternehmen haben unterschiedliche Anforderungen an die Lage.
2 **A** Überlege, welche der aufgelisteten Standortfaktoren für den jeweiligen Betrieb am wichtigsten sind.
2 **B** Bei Aufgabe A 2 findest du mögliche Standortfaktoren.
3 a) Mögliche Standorte sind: in der Innenstadt, in der Nähe der Autobahn, in der Nähe vom Bahnhof, in der Nähe des Flughafens, am Fluss, weit entfernt/in der Nähe vom Naturschutzgebiet, im alten/neuen Gewerbegebiet, …
b) Bedenkt: Nicht immer gibt es eine eindeutige beste Lösung, meistens muss man die Vorteile und Nachteile eines Standortes abwägen. Am wichtigsten ist also die Begründung, warum ihr euch genau für diesen Standort entschieden habt.

Seite 88/89
1 Orientiere dich an den Ländergrenzen und markanten Küstenlinien oder Flüssen. Arbeite mit einer physischen Karte.
2 Verwende das Register des Kartenanhangs und eine geeignete Karte.
3 a) Nutze M 1 und die Karte auf S. 154/155 Europa Staaten
b) Nutze das Register des Kartenanhangs.
4 Die Autokennzeichen können dir helfen.

Seite 92/93
1 Denke an die Attraktivität der Produkte, die Menge der Zutaten, die Werbung, die Nähe zu den Kunden, …
2 Suche das Symbol für die Produktion in der Legende. Nutze die Europakarte im Anhang, um die Staaten zu benennen.
3 a) Überlege, ob die Deutschen noch mehr Süßigkeiten essen sollten.
b) Überlege, warum die Süßwarenindustrie in der Vergangenheit einen negativen Ruf hatte.
4 Welche Unternehmen bzw. Produkte kennst du? Vergleiche deren Umsatz. Verwende folgende Sprachtipps:
Der Umsatz von … ist doppelt/dreimal/viermal/… so groß wie der von …
Die vier umsatzstärksten Unternehmen sind …

Seite 94/95
1 –
2 Überlege zunächst einmal selbst. Wenn dir keine Vorteile und Nachteile einfallen, lies in T1 nach.
3 In der Karikatur sind Roboterarme, zum Beispiel in der Automobilindustrie, zu sehen. Früher haben Menschen Autos zusammengebaut. Heute übernehmen diese Arbeit …
4 „Personalabbau" bedeutet, dass Arbeitnehmer entlassen werden, „beim Personalaufbau" werden neue Arbeitnehmer eingestellt.
5 Schreibe in der Mitte deiner Mindmap das Wort „Digitalisierung". Hauptäste könnten zum Beispiel „Vorteile" und „Nachteile" sein, aber auch Bereiche, die von der Digitalisierung betroffen sind, zum Beispiel die „Kommunikation", „Gesundheit", …

5 Tourismus und Freizeit
Seite 98/99
1 a) Wenn du ein Bild wählst, das dich an einen Urlaub erinnert, kannst du leichter begründen, warum du das Bild gewählt hast.
b) Hier kann es dir helfen, wenn du dich an der gleichen Klimazone orientierst, wie deine gewählte Urlaubsform.
c) Lies in T1 genau, denke aber auch daran, warum du verreist.
2 **A** In T2 findest du den Unterschied zwischen Individualreise und Pauschalreise.
2 **B** Schreibe in gut verständlichen Sätzen auf, was du einem Freund erklären würdest.
3 **A** Ergänze: Um 1900 …
Ab 1950 … Auto … Ausland.
Ab 1990 …
3 **B** Denke an das Dreieck der Nachhaltigkeit.
4 –

Seite 100/101
1 a) Beschreibe, was du im Vordergrund, im Mittelgrund und im Hintergrund siehst.
b) Schreibe alles auf, was die Touristen anzieht.
2 Du sollst kurz, aber genau formulieren, was Massentourismus bedeutet.
3 **A** Vergleiche die Entwicklung der blauen bzw. der orangefarbenen Säulen. Was fällt dir auf?

3 **B** Strukturiere so: „Von 1970 bis 2000 … Von 2000 bis 2010 … Von 2010 bis 2018 …".
4 **A** Welche Vor- und Nachteile erkennst du? Liste diese in einer Tabelle auf.
4 **B** Überlege, welchen Einfluss der Massentourismus für die Einwohner und die Umwelt Mallorcas hat.
5 a) Orientiere dich an den größten Kästchen („Beherbergungskapazität")
b) Überlege: Was könnte die Touristen an der Küste anziehen?

Seite 102/103
1 Benutzt auch weitere Seiten des Schulbuchs zum Thema für eure Vorbereitung.
2 –
3 –
4 Nimm verschiedene Blickwinkel ein, z.B. aus Sicht der Wirtschaft, Umwelt, Tourismus und Einwohner.

Seite 104/105
1 Beachte auch die Definition am linken Seitenrand.
2 **A** –
2 **B** Tipp: Ökologie bedeutet Umwelt.
3 **A** Betrachtet hier alle Dimensionen des Dreiecks für Nachhaltigkeit.
3 **B** Denke an die Entscheidungen, die jeder Tourist oder jede Touristin trifft, z.B.: Wohin möchte ich reisen? Wie lange verreise ich? Wie komme ich an mein Reiseziel?
4 a) In T2 findest du Beispiele, wie Mallorca versucht den Massentourismus einzudämmen.
b) Lies die drei Texte aufmerksam durch. Was wird durch die Projekte auf Mallorca verfolgt?
5 Suchbegriffe, die du hierfür verwenden kannst, sind z.B.: nachhaltiger Tourismus, sanfter Tourismus oder Ökotourismus im Mittelmeerraum.

Seite 106/107
1 a) Schreibe alles auf, was die Touristen anzieht.
b) Welche Sehenswürdigkeiten gibt es in Wien? Liste diese in einer Tabelle auf.
2 **A** Welche Vor- und Nachteile erkennst du? Schreibe diese aus T2 heraus.
2 **B** Beziehe dich auch auf das Dreieck der Nachhaltigkeit.
3 **A** Beachte auch die Definition des nachhaltigen Tourismus der Seiten 104/105.
3 **B** Siehe A 3
4 Denke an notwendige Punkte für deine Reiseplanung wie die Hin- und Rückfahrt, die Unterkunft und das Programm.

Seite 108/109
1 –
2 a) –
b) Öffne die Reiseführer-App und gib in das Suchfeld z.B. „Hafenrundfahrt" ein. Notiere nun mindestens zwei Infos über das Ziel.
c) In der App werden dir umliegende Sehenswürdigkeiten in Hamburg angezeigt oder du suchst gezielt nach Sehenswürdigkeiten, die du noch kennst.
d) –
3 a) Was ist der Unterschied zwischen digitalen (z.B. Apps) und analogen (Bücher, Karten) Reiseführern?
b) betrachte auch die Randspalte rechts

Seite 110/111
1 a–f) Orientiere dich an markanten Küstenlinien und Ländergrenzen.
2 a) Suche die Städte im Atlas oder im Kartenanhang
b) Du kannst angrenzende Staaten, Meere oder Gebirge beschreiben.
3 Arbeite mit der Europakarte im Anhang.
4 Die Autokennzeichen auf Seite 15 helfen dir.

Seite 114/115
1 Beachte zum Beispiel die Zahlen in den Texten.
2 Lies aus M 5, welche Ähnlichkeiten der Flughafen Frankfurt mit einer Stadt hat.
3 Denke an die verschiedenen Bereiche, vom Flughafen-Terminal zur Landebahn.
4 Lies auf S. 114 unten links nach.

Seite 116/117
1 –
2 a) Die Probleme sind umso schlimmer, je mehr die Touristenzahlen steigen.
b) Begründe deine Meinung zum Lösungsansatz von Dubrovnik.
3 Betrachte M 5. Die Säulen zeigen die Passagierzahlen in Millionen. Gibt es einen Trend?
4 Betrachte bzw. lies noch einmal T1, M 4 und M 6 genau.

Methoden im Überblick (Auswahl)

Die Erde mit digitalen Globen erkunden
(Band 5, Seite 20/21)

Beispiel Google Earth:

1. Schritt: Einen Ort anfliegen
Gib im Menüpunkt „Suchen" die Adresse oder den Namen des von dir gesuchten Ortes ein. Mit „Enter" oder „Suche" beginnst du den Anflug.

2. Schritt: Den Ort erkunden
Um dich zu orientieren, kannst du
- dich umsehen, indem du die linke Maustaste gedrückt hältst und die Maus bewegst;
- mithilfe der Zoomleiste am rechten Bildschirmrand oder mit dem Scroll-Rad der Maus hinein- oder herauszoomen;
- die Neigung des Geländes mithilfe der Steuerungsleiste rechts oben verändern.

Stelle dann Fragen an den Ort, z.B.:
- Wo befinden sich Wohngebiete, Industriegebiete, Verkehrsflächen?
- Wo sind Waldgebiete, Äcker, Grünflächen?

3. Schritt: Verschiedene Ebenen wählen
Links unten können verschiedene Ebenen, z.B. Orte, Straßen oder sogar Fotos eingeblendet werden. Überlege, welche Ebenen für deine Fragen hilfreich sein können und klicke diese an.

4. Schritt: Alte und neue Satellitenbilder vergleichen
Über die Menüleiste „Ansicht" und „Historische Bilder" erhältst du bei Google Earth Pro am linken oberen Rand eine Zeitleiste und kannst zwischen früher und heute vergleichen.

Wie du mit dem Atlas arbeitest
(Band 5, Seite 40/41)

Geographische Namen auffinden

1. Schritt: Namen im Register suchen
Suche zuerst den Namen im Register, zum Beispiel Sydney. Hinter dem Namen stehen zwei Angaben: die Atlasseite mit Kartennummer und das Feld im Gitternetz, in dem das geographische Objekt zu finden ist.

2. Schritt: Lage in der Karte finden
Schlage die Atlasseite auf und suche das Feld im Gitternetz. Finde den Namen.

3. Schritt: Lage beschreiben
Entnimm der Karte Informationen. Nutze dazu die zugehörige Zeichenerklärung.

Bestimmte Karten auffinden

1. Schritt: Karte suchen
Schlage das Inhaltsverzeichnis im Atlas auf und suche nach der gewünschten Karte, zum Beispiel „Europa" und „Staaten". Schlage die Seitenzahl auf.

2. Schritt: Karte prüfen
Prüfe, ob die Karte die benötigten Informationen enthält.

Ein Bild beschreiben
(Band 5, Seite 86/87)

1. Schritt: Überblick verschaffen
Betrachte das Bild und verschaffe dir einen Überblick. Was ist dargestellt? Gibt es eine Bildunterschrift? Wo wurde das Bild aufgenommen? Enthält es Hinweise auf den Aufnahmezeitpunkt (Jahr, Jahreszeit, Tageszeit)? Nutze eventuell das Internet für weitere Informationen.

2. Schritt: Gliedern und beschreiben
Unterteile das Bild. Eine Möglichkeit ist die Gliederung in Vordergrund, Mittelgrund und Hintergrund. Zeichne eine Skizze, in der die Gliederung deutlich wird. Betrachte nun die drei Bildteile und beschreibe sie.

3. Schritt: Fragen an das Bild stellen
Stelle Fragen an das Bild, zum Beispiel:
Welche …? Wo …? Was …? Wie …?
Notiere die Antworten in ganzen Sätzen.

4. Schritt: Kernaussagen formulieren
Äußere wichtige Aussagen des Bildes oder schreibe sie auf.

Klimadiagramme auswerten und zeichnen
(Band 5, Seite 112/113)

Ein Klimadiagramm auswerten

1. Schritt: Sich orientieren
Lies den Namen und die Höhe der Station ab. Suche die Station auf einer Atlaskarte und beschreibe ihre Lage.

2. Schritt: Temperaturen ablesen
Lies die mittlere Jahrestemperatur ab. Ermittle dann den kältesten und den wärmsten Monat. Berechne die Jahresschwankung der Temperatur, also den Unterschied zwischen dem wärmsten und dem kältesten Monat.

3. Schritt: Niederschläge ablesen
Lies den Jahresniederschlag ab und ermittle die Monate mit dem höchsten und dem niedrigsten Niederschlag.

4. Schritt: Beschreiben
Beschreibe den Jahresverlauf von Temperatur und Niederschlag, das heißt die wesentlichen Veränderungen über das Jahr hinweg.

Ein Klimadiagramm zeichnen

1. Schritt:
Zeichne eine waagrechte, 12 cm lange Grundlinie in der Mitte des Blattes. Unterteile sie für die Monate (1 Monat entspricht 1 cm). Schreibe die Anfangsbuchstaben der Monate darunter.

2. Schritt:
Zeichne links von der Grundlinie eine senkrechte Achse für die Temperaturwerte (rote Zahlen, 1 cm entspricht 10 °C). Trage den Wert für 0 °C an der Grundlinie ein. Gibt es Monate mit Werten unter 0 °C, verlängere die Achse nach unten.

3. Schritt:
Zeichne rechts von der Grundlinie eine senkrechte Achse für die Niederschläge (blaue Zahlen, 1 cm entspricht 20 mm). Trage den Wert 0 mm an der Grundlinie ein.

4. Schritt:
Beschrifte die Achsen oben jeweils mit °C und mm. Ergänze anschließend den Kopf des Diagramms, wobei du links beginnst: Name und Höhe der Station, mittlere Jahrestemperatur und mittlerer Jahresniederschlag.

5. Schritt:
Trage die mittleren Monatstemperaturen jeweils mit einem roten Punkt in das Diagramm ein. Verbinde die roten Punkte mit einem Lineal.

6. Schritt:
Markiere die Höhen der mittleren Monatsniederschläge mit einem blauen Punkt.
Zeichne bis zu dieser Markierung 4 mm breite Säulen mit einem blauen Stift.

Tabellen und Diagramme auswerten
(Band 5, Seite 130/131)

Eine Tabelle auswerten

1. Schritt: Das Thema erfassen
Nenne das Thema und evtl. das Jahr oder den Zeitraum. Achte darauf, in welcher Einheit Zahlen angegeben werden, zum Beispiel in Quadratkilometern (km²) oder Tonnen (t).

2. Schritt: Tabelle lesen und Inhalte klären
Jede Tabelle hat einen Tabellenkopf und eine Vorspalte: Den Inhalten, die in der Vorspalte aufgelistet sind, werden andere Punkte des Tabellenkopfes gegenübergestellt. Kläre die Art der Darstellung. Handelt es sich zum Beispiel um eine Liste, die nach Größenverhältnissen angeordnet ist?

3. Schritt: Zahlen vergleichen
Betrachte die Zahlen einer Zeile oder einer Spalte und werte sie aus. Achte auf besonders große und kleine Werte.

4. Schritt: Aussagen formulieren
Formuliere die wichtigsten Aussagen der Tabelle. Achte auf Entwicklungen wie Wachstum, Rückgang, Stillstand, Schwankungen.

Ein Diagramm auswerten

1. Schritt: Sich orientieren
Nenne das Thema sowie den Ort und den Zeitraum, für die das Diagramm Angaben macht.

2. Schritt: Beschreiben
Formuliere die wichtigsten Aussagen, vor allem höchste und niedrigste Werte oder eine Entwicklung, die du ablesen kannst.

3. Schritt: Erklären
Versuche nun, typische Zusammenhänge aus dem Diagramm herauszulesen. Erkläre diese auch mithilfe anderer Informationsquellen.

Eine Raumanalyse durchführen
(Band 5, Seite 162/163)

1. Schritt: Untersuchungsraum festlegen
Welcher Raum soll untersucht werden?

2. Schritt: Leitfrage formulieren
Was willst du über diesen Raum wissen?

3. Schritt: Teilfragen entwickeln
Fragen zum Naturraum:
- Wie ist der heutige Raum entstanden?
- Wo genau liegt der Untersuchungsraum?
- …

Fragen zum Kulturraum:
- Wie wird der Raum genutzt?
- Wie sollte der Raum heute und morgen genutzt werden?
- …

Fragen zu Zusammenhängen zwischen Natur- und Kulturraum:
- Welche Zusammenhänge zwischen Natur- und Kulturraum lassen sich erkennen?

4. Schritt: Materialien auswerten und Teilfragen beantworten
Beantworte die Teilfragen mithilfe von ausgewählten Materialien (z. B. Doppelseiten im Schulbuch), die du analysieren und bewerten sollst. Das bedeutet, dass du kritisch hinterfragen musst, welche Informationen zur Beantwortung der Teilfragen wichtig sind.

5. Schritt: Leitfrage beantworten und Ergebnisse darstellen
Nutze deine Ergebnisse, um die Leitfrage zu beantworten. Stelle den untersuchten Raum in geeigneter Weise (z. B. Plakat, Portfolio, Kurzvortrag) vor.

Eine mitwachsende Karte anlegen und führen
(Band 6, Seite 16/17)

1. Schritt: Bereite deine Karte vor
Beschrifte als Erstes die Karte mit einer passenden Überschrift. Überlege dann, welche Farben für deine Karte sinnvoll sind. Fertige als Nächstes eine Legende an, in der du die wichtigsten Symbole einträgst.

2. Schritt: Bekannte Orte und Länder eintragen
Sich auf einer Karte zu orientieren, ist am leichtesten, wenn du mit den Orten und Ländern beginnst, die du bereits kennst.
Kennzeichne sie in deiner Karte.

3. Schritt: Neue Räume und Orte regelmäßig eintragen
Mit jedem neuen Thema begibst du dich in einen neuen Raum oder an einen neuen Ort.
Achte darauf, dass du die gleichen Farben wie in deiner Legende verwendest. Bilder oder Symbole können dir helfen, Orte mit Inhalten zu verknüpfen. Wähle passende Bilder aus und zeichne sie in deine Karte ein.

4. Schritt: Mit deiner mitwachsenden Karte wiederholen und lernen
Das neue Thema ist behandelt und du hast deine Karte erweitert. Gehe Ort für Ort durch und überlege dir, was du dazugelernt hast.
Tausche dich dann mit deinem Sitznachbarn oder deiner Sitznachbarin darüber aus.

Im Internet recherchieren
(Band 6, Seite 36/37)

1. Schritt: Eine Suchmaschine aufrufen
Die bekanntesten Suchmaschinen sind zum Beispiel Bing, Yahoo oder Google. Sie sind eigentlich für Erwachsene erstellt worden. Natürlich kannst du sie auch benutzen, aber viele Suchergebnisse wirst du nur schwer verstehen.
Deshalb gibt es spezielle Suchmaschinen für Kinder. Damit wirst du auf Seiten mit Texten gelenkt, die besonders für Kinder geschrieben sind.

2. Schritt: Geeignete Suchbegriffe überlegen und eingeben
Möchtest du etwas über ein bestimmtes Thema wissen, kannst du Suchbegriffe in das Suchfenster der Suchmaschine eingeben.
Bedenke dabei:
- Bei den Suchbegriffen spielt die Groß- und Kleinschreibung keine Rolle.
- Formuliere keine Sätze, sondern gib nur Suchbegriffe/Stichwörter ein.

3. Schritt: Ergebnisse prüfen
Dieser Schritt ist der wichtigste und gleichzeitig eine große Herausforderung für dich.
Du musst entscheiden, ob die angezeigten Webseiten brauchbar und verlässlich sind. Denn manchmal stehen auch falsche Informationen im Internet.
Zuverlässige Informationen findest du auf den Internetseiten der meisten Zeitungen, Universitäten, Rundfunk- und Fernsehstationen und Verlagen sowie auf den Internetseiten der Bundesministerien. Jede Internetseite hat ein Impressum. Hier steht, wem die Seite gehört und wer für den Inhalt verantwortlich ist.

4. Schritt: Ergebnisse bewerten
Sichte nun die Seiten, die dir die Suchmaschine vorschlägt. Welche Informationen sind besonders hilfreich? Vergleiche die Inhalte: Sind die Informationen der verschieden Internetquellen gleich oder widersprechen sie sich? Bietet eine Seite zu viel oder zu wenig Informationen? Entscheide dich schließlich nach der Bewertung, von welcher Seite oder von welchen Seiten du die Informationen entnehmen möchtest.

5. Schritt: Begriffe klären
Die Informationen auf den Internetseiten beinhalten oft Fachbegriffe. Bist du sicher, dass du alle Begriffe verstanden hast? Einfach nur einen Text zu kopieren ist nicht besonders klug. Du musst den Inhalt verstehen und Fachbegriffe erklären können.

6. Schritt: Quellen richtig angeben
Wenn du Informationen aus dem Internet verwendest, musst du genau angeben, woher sie stammen. Dazu kopierst du die Internetadresse (die URL) und gibst in Klammern das Datum an, an welchem Tag du die Informationen gefunden hast.

Ein Mystery lösen
(Band 6, Seite 60/61)

1. Schritt: Ausgangslage und Leitfrage diskutieren
Lies dir die Ausgangslage durch und die Leitfrage. Verschaffe dir einen Überblick zum Thema.

2. Schritt: Mystery-Karten lesen
Bildet Gruppen von drei bis fünf Schülerinnen und Schülern und lest die Mystery-Karten auf der Schulbuchseite durch oder ihr lasst euch die Karten ausdrucken, schneidet sie aus und lest sie gut durch.

3. Schritt: Informationen auswerten
Unterstreicht auf jeder Karte des Ausdrucks mit einem Farbstift die wichtigste Aussage.

4. Schritt: Mystery-Karten ordnen
Versucht die Mystery-Karten auf einem A3-Blatt so anzuordnen und mit Bleistift-Pfeilen zu verbinden, dass ihr einen Zusammenhang zwischen den Karten erkennen könnt. Vorsicht:
Nicht alle Karten sind wichtig für die Lösung!

5. Schritt: Leitfrage beantworten
Erklärt mithilfe der Karten und der Pfeile die Leitfrage. Formuliert eine Antwort und präsentiert eure Lösungen vor der Klasse und vergleicht sie.

Eine thematische Karte auswerten
(Band 6, Seite 82/83)

1. Schritt: Raum und Inhalt erkennen
Welcher Raum ist dargestellt? Welches Thema hat die Karte?

2. Schritt: Die Legende der Karte lesen
Welche Bedeutung haben die Farben, Linien und Kartensymbole in der Legende? Welchen Maßstab hat die Karte?

3. Schritt: Karteninhalt beschreiben
Welche Unterschiede in der Verteilung der Kartensymbole kannst du beobachten?
Erkennst du Regelmäßigkeiten oder Besonderheiten?

4. Schritt: Karteninhalt erklären
Welche Ursachen hat die unterschiedliche Verteilung der Kartensymbole? Nutze evtl. weitere Karten oder andere Informationsquellen zur Erklärung.

Ein Erklärvideo auswerten
(Band 6, Seite 84/85)

1. Schritt: Eigene Fragestellung formulieren
Zu welchem Thema oder zu welcher Frage benötigst du das Erklärvideo? Formuliere eine möglichst genaue Frage oder auch mehrere Fragen.

2. Schritt: Film ansehen
Sieh dir das Video an und mache dir stichwortartig Notizen. Du kannst das Video komplett oder in Teilen wiederholen und jederzeit stoppen.

3. Schritt: Das Video in Abschnitte einteilen
Versuche, das Video in Abschnitte zu gliedern und kurz darzulegen, was gesagt wird.

4. Schritt: Informationen entnehmen und Frage/n beantworten
Sieh dir das Video eventuell ein weiteres Mal an und ergänze deine Notizen.

5. Schritt: Die Notizen sortieren und übersichtlich darstellen
Schau dir deine Notizen noch einmal an und ordne sie, zum Beispiel in Form einer Auflistung, Tabelle oder Mindmap. Dann hast du hinterher einen besseren Überblick.

6. Schritt: Das Erklärvideo bewerten
Konntest du mithilfe des Erklärvideos alle deine Fragen beantworten? Falls etwas offengeblieben ist, nutze noch andere Quellen.

Ein Rollenspiel durchführen
(Band 6, Seite 102/103)

1. Schritt: Situation erfassen
Macht euch mit der Situation vertraut. Worum geht es? Wertet alle dazu vorhandenen Materialien aus.

2. Schritt: Rollen verteilen
Bildet Arbeitsgruppen zu den einzelnen Rollen und stellt Rollenkarten her, auf denen ihr kurz die Person beschreibt und ihre Argumente notiert. Anschließend bestimmt jede Gruppe einen Rollenspieler als Vertreter.

3. Schritt: Rollenspiel durchführen
Die Interessenvertreter tragen nun die verschiedenen Argumente vor und diskutieren darüber. Dabei solltet ihr beachten, dass die Teilnehmenden des Rollenspiels nicht ihre eigene Meinung vertreten, sondern die zuvor auf den Rollenkarten notierten Argumente vorbringen. Alle anderen Schülerinnen und Schüler übernehmen eine beobachtende Rolle und notieren sich überzeugende Argumente für die Auswertung. Auch die Beobachtenden dürfen sich zu Wort melden. Am Ende stimmen alle über den Streitfall ab.

4. Schritt: Rollenspiel auswerten
Tauscht euch nun über eure Erfahrungen im Rollenspiel aus:
Wie habt ihr euch in euren Rollen gefühlt? Was ist euch leicht-, was schwergefallen?
Diskutiert Verhalten und Argumente der Rollenspieler:
Haben sie die Situation so dargestellt, wie ihr sie selbst verstanden habt?
Was hat euch besonders überzeugt? Welche Erkenntnisse hat das Rollenspiel gebracht?

Mit Apps planen
(Band 6, Seite 108/109)

1. Schritt: Sich über die App informieren
Gib im Suchfeld eines App Stores ein, wonach du suchst. Wähle aus den Angeboten eine geeignete App aus. Kontrolliere, ob die App kostenpflichtig ist. Kläre gegebenenfalls, wer bezahlt. Die meisten Apps für eine Reise sind kostenlos, auch viele Reiseführer-Apps für den Städtetourismus. Das ist erstaunlich, weil sie aufwändig erstellt wurden.

2. Schritt: Die App installieren
Wenn du dir klar darüber bist, dass du die App nutzen möchtest, tippe auf „Herunterladen".
Achtung! Viele kostenlosen Apps verlangen jetzt ein Einverständnis für den Zugriff auf bestimmte Daten, zum Beispiel auf deinen Standort oder die Kamera. Es ist daher sinnvoll, deine Eltern oder den Lehrer oder die Lehrerin zu fragen, ob sie dich beim Herunterladen der App unterstützen.

3. Schritt: Die App anwenden
Mache dich vor der eigentlichen Nutzung mit der App vertraut. Meist gibt es dafür am Anfang eine Kurzanleitung.

4. Schritt: Die App bewerten
Prüfe, ob die Informationen der App nützlich und sinnvoll für dich sind. Hilft dir die App nicht weiter, dann entferne sie gleich wieder von deinem Gerät.

Abbildungs- und Textquellenverzeichnis

Cover.o. Getty Images Plus, München (Alexander Spatari/Moment); **Cover.u.** Getty Images Plus, München (Christian Ender/Photodisc); **6.1** stock.adobe.com, Dublin (NicoElNino); **8.1** Schaar, Wolfgang, Grafing; **9.2** IMAGO, Berlin (Arnulf Hettrich); **9.3** Wieland, Tobias, Celle; **9.4** ShutterStock.com RF, New York (Team Skipper); **10.1** Jäckel, Diana, Erfurt; **10.2** Ernst Klett Verlag GmbH, Stuttgart; **10.3** ShutterStock.com RF, New York (Blue Cat Studio); **11.4** Ernst Klett Verlag GmbH, Stuttgart; **11.5** Jäckel, Diana, Erfurt nach: Soziale und demografische Daten weltweit, DSW-DATENREPORT 2022/ Population Reference Bureau; **12.1** Ernst Klett Verlag GmbH, Stuttgart; **13.2** Ernst Klett Verlag GmbH, Stuttgart; **13.2 BLR** gemeinfrei; **13.2 D** ShutterStock.com RF, New York (Gil C); **13.2 RKS** ShutterStock.com RF, New York (megastocker); **13.2 RSM** 123rf Germany, c/o Inmagine GmbH, Nidderau (alejandro lozano campana); **13.2 SRB** 123rf Germany, c/o Inmagine GmbH, Nidderau (alejandro lozano campana); **14.1 A** iStockphoto, Calgary, Alberta (Tokarsky); **14.1 B** iStockphoto, Calgary, Alberta (ZU_09); **14.1 C** Getty Images Plus, München (Corbis Documentary/O. Alamany & E. Vicens); **14.2** stock.adobe.com, Dublin (photoplace); **15.2** Ernst Klett Verlag GmbH, Stuttgart; **17** Ernst Klett Verlag GmbH, Stuttgart; **18.1** Schaar, Wolfgang, Grafing; **18.2** ShutterStock.com RF, New York (Aleksandar Todorovic); **18.3** Thinkstock, München (f9photos); **18.4** Ernst Klett Verlag GmbH, Stuttgart; **18.5** ShutterStock.com RF, New York (Nightman1965); **18.6** Image Professionals, München (Lookphotos/The Travel Library); **19.7** Ernst Klett Verlag GmbH, Stuttgart; **20.1** Schaar, Wolfgang, Grafing; **21.2** Ernst Klett Verlag GmbH, Stuttgart; **21.3** ShutterStock.com RF, New York (DOPhoto); **21.4** Thinkstock, München (ventdusud); **21.5** Getty Images Plus, München (DigitalVision/Scott E Barbour); **21.6** ShutterStock.com RF, New York (Ververidis Vasilis); **22.1** stock.adobe.com, Dublin (Bergfee); **23.1A** ShutterStock.com RF, New York (Naeblys); **23.1B** ShutterStock.com RF, New York (Hike The World); **23.1C** ShutterStock.com RF, New York (Venchelana); **23.1D** ShutterStock.com RF, New York (lapissable); **23.1E** ShutterStock.com RF, New York (NicoElNino); **23.1F** ShutterStock.com RF, New York (Stanislav Simonyan); **23.1G** ShutterStock.com RF, New York (Maykova Galina); **23.1H** stock.adobe.com, Dublin (Evgeniya); **24.1 o.li.** Steinert, Lorenz, Leipzig; **24.1 o.re.** Thinkstock, München (johannes86); **24.1 u.li.** IMAGO, Berlin (Eibner); **25.2** Ernst Klett Verlag GmbH, Stuttgart; **25.3** stock.adobe.com, Dublin (daboost); **26.1A** ShutterStock.com RF, New York (Conny Sjostrom); **26.1B** ShutterStock.com RF, New York (nblx); **27.1C** ShutterStock.com RF, New York (Smileus); **27.1 D** stock.adobe.com, Dublin (Alessandro Caglieri); **28.1** Jäckel, Diana, Erfurt; **28.1 Diagramme** Jäckel, Diana, Erfurt; **28.1 o. li.** ShutterStock.com RF, New York (Pinkcandy); **28.1 o. re.** ShutterStock.com RF, New York (demamiel62); **28.1 u. li.** ShutterStock.com RF, New York (vvoe); **28.1 u. re.** ShutterStock.com RF, New York (Tramp57); **29.2** Ernst Klett Verlag GmbH, Stuttgart; **30.1** ShutterStock.com RF, New York (Andrei Stepanov); **31.2** Diana Jäckel; **31.3** Ernst Klett Verlag GmbH, Stuttgart; **31.4** ShutterStock.com RF, New York (Alena Vishina); **32.1** Leicht, Jürgen, Mutlangen; **33.2** Diana Jäckel; **33.3** Ernst Klett Verlag GmbH, Stuttgart; **33.4** ShutterStock.com RF, New York (Leonid Maximenko); **34.1** ShutterStock.com RF, New York (Philip Bird LRPS CPAGB); **35.2** Jäckel, Diana, Erfurt; **35.3** ShutterStock.com RF, New York (Oleg Znamenskiy); **35.4** Ernst Klett Verlag GmbH, Stuttgart; **36.1** © fragFINN e.V.; **36.1** Cosmos Media UG, Berlin; **37.3** ShutterStock.com RF, New York (Minerva Studio); **38.1** Schaar, Wolfgang, Grafing; **38.2** stock.adobe.com, Dublin (davis); **38.3** stock.adobe.com, Dublin (Beboy); **38.4** Ernst Klett Verlag GmbH, Stuttgart; **38.4** ShutterStock.com RF, New York (suicidecrew); **38.4** Geoatlas, Hendaye; **38.4** Geoatlas, Hendaye; **38.4** ShutterStock.com RF, New York (pdesign); **38.4** Thinkstock, München (PromesaArtStudio); **38.5** ShutterStock.com RF, New York (Christian Mueller); **38.6** ShutterStock.com RF, New York (Corepics VOF); **39.7** Ernst Klett Verlag GmbH, Stuttgart; **40.1** ShutterStock.com RF, New York (Natalia Davidovich); **40.2** ShutterStock.com RF, New York (Julia Lokkila); **40.3** ShutterStock.com RF, New York (Andrew Mayovskyy); **40.4** ShutterStock.com RF, New York (Andrew Mayovskyy); **41.5** Diana Jäckel; **41.6** Jähde, Steffen, Sundhagen; **41.6** Jähde, Steffen, Sundhagen; **41.6** Jäckel, Diana, Erfurt; **41.6 Bilderrätsel** Jähde, Steffen, Sundhagen; **41.7** Oser, Liliane, Hamburg; **41.8** Diana Jäckel; **42.1** ShutterStock.com RF, New York (Cathy Keifer); **42.3** ShutterStock.com RF, New York (EcoPrint); **43.4** ShutterStock.com RF, New York (Vladimir Melnikov); **43.5** stock.adobe.com, Dublin (M.R. Swadzba); **43.6** ShutterStock.com RF, New York (Nicram Sabod); **43.7** ShutterStock.com RF, New York (Matteo photos); **44.1** Schaar, Wolfgang, Grafing; **44.2** Jäckel, Diana, Erfurt; **44.3** Jäckel, Diana, Erfurt; **44.2 o.** Alamy stock photo, Abingdon (McPhoto/Baesemann); **44.3 o.** Mauritius Images, Mittenwald (Bill Coster LA / Alamy); **45.4** Schaar, Wolfgang, Grafing; **46.1** Oser, Liliane, Hamburg; **48.1** ShutterStock.com RF, New York (Fascinadora); **49.2** Getty Images Plus, München (Steve Debenport); **49.3** Mauritius Images, Mittenwald (Rupert Oberhäuser); **49.4** Jäckel, Diana, Erfurt; **50.1** Schaar, Wolfgang, Grafing; **50.2** ShutterStock.com RF, New York (hanapon1002); **50.3** 123rf Germany, c/o Inmagine GmbH, Nidderau (joserpizarro); **51.5** Ernst Klett Verlag GmbH, Stuttgart; **51.6** Schaar, Wolfgang, Grafing; **52.1** Schaar, Wolfgang, Grafing; **52.2** creanovo – motion & media design GmbH, Axel Kempf, Hannover; **52.3** stock.adobe.com, Dublin (Christian Pauschert); **53.4** ShutterStock.com RF, New York (Alex Tihonovs); **53.5** Marzell, Alfred, Schwäbisch Gmünd; **53.6** Mauritius Images, Mittenwald (Jose Lucas/Alamy); **54.1** ShutterStock.com RF, New York (Artie Medvedev); **54.2** Alamy stock photo, Abingdon (Pierre BRYE); **54.1 Weizen** Rockstroh, Myrtia, Berlin; **55.3** Jäckel, Diana, Erfurt; **55.4** Schaar, Wolfgang, Grafing, nach: Daten von EUROSTAT (Crop production in EU standard humidity); **56.1** Picture-Alliance, Frankfurt/M. (dpa/Ingo Wagner); **56.2** Jäckel, Diana, Erfurt; **56.3** ullstein bild, Berlin (CARO / Marius Schwarz); **57.5** Jähde, Steffen, Sundhagen; **58.1** Getty Images Plus, München (fotografixx); **58.2** ShutterStock.com RF, New York (l i g h t p o e t); **58.3** Jäckel, Diana, Erfurt; **59.4** Schaar, Wolfgang, Grafing; **59.6** Bundesanstalt für Landwirtschaft und Ernährung, Bonn; **59.6** Demeter e.V., Darmstadt; **59.6** Naturland Zeichen GmbH, Gräfelfing; **61.A** IMAGO, Berlin (HelmaSponax) **61.B** stock.adobe.com, Dublin (Budimir Jevtic); **61.C** stock.adobe.com, Dublin (PhotographyByMK); **61.D** Thinkstock, München (Mariusz „witulski); **61.E** Fachagentur Nachwachsende Rohstoffe e.V. (FNR), Gülzow-Prüzen; **61.F** stock.adobe.com, Dublin (Andreas F.); **72.2** https://www.destatis.de/DE/Themen/Wirtschaft/Konjunkturindikatoren/Lange-Reihen/Arbeitsmarkt/lrerw13a.html (Zugriff: 01.02.2023); **61.G** Picture-Alliance, Frankfurt/M. (REUTERS|PAWAN KUMAR); **61.E** Bundesministerium für Ernährung und Landwirtschaft (BMEL): Biogas, v. 23.08.2022, unter: https://www.bmel.de/DE/themen/landwirtschaft/bioeokonomie-nachwachsende-rohstoffe/biogas.html (Zugriff: 01.02.2023); **61.H** Fachagentur Nachwachsende Rohstoffe e.V. (FNR), Gülzow-Prüzen; **61.I** stock.adobe.com, Dublin (countrypixel); **62.1** Schaar, Wolfgang,

Grafing; **62.2** stock.adobe.com, Dublin (stockddvideo); **63.3** Stora Enso, Varkaus; **64.1** Schaar, Wolfgang, Grafing; **64.2** ShutterStock.com RF, New York (Vadym Lavra); **64.3** stock.adobe.com, Dublin (Mikael Damkier); **64.4** Geoatlas, Hendaye; **64.4** Thinkstock, München (Graphic_photo); **64.4** Geoatlas, Hendaye; **64.4** ShutterStock.com RF, New York (Globe Turner); **64.4** Geoatlas, Hendaye; **64.5** laif, Köln (Max Galli); **64.6** ShutterStock.com RF, New York (Dmitry Pistrov); **65.7** Ernst Klett Verlag GmbH, Stuttgart; **65.8** Thinkstock, München (pum_eva); **66.1** Ernst Klett Verlag GmbH, Stuttgart; **66.2 A** stock.adobe.com, Dublin (by-studio); **66.2 B** stock.adobe.com, Dublin (felinda); **66.2 C** stock.adobe.com, Dublin (Jacek Chabraszewski); **66.2 D** Thinkstock, München (iStock/morningarage); **67.4 Bilderrätsel** Jähde, Steffen, Sundhagen; **67.4** Alamy stock photo, Abingdon (age fotostock/Marcelo Quaglia); **67.5** ShutterStock.com RF, New York (Alex Tihonovs); **68.1** Schaar, Wolfgang, Grafing; **69.2 oben** Schaar, Wolfgang, Grafing; **69.2 unten** Jähde, Steffen, Sundhagen; **69.3 oben** Schaar, Wolfgang, Grafing; **69.3 unten** Jähde, Steffen, Sundhagen; **70.2A** IMAGO, Berlin (Andia); **70.2B** IMAGO, Berlin (Koall); **71.3** Wolfgang Schaar; **71.4** floriangrill.com, Hamburg, ÜBERGROUND GmbH, Hamburg, MSC, Berlin; **72.1** ShutterStock.com RF, New York (Jenson); **73.2** ShutterStock.com RF, New York (Gorodenkoff); **74.1** Oser, Liliane, Hamburg; **75.3 oben Mi. re.** ShutterStock.com RF, New York (Pixel-Shot); **75.3 oben rechts** Getty Images Plus, München (The Image Bank); **75.3 unten Mi. li.** ShutterStock.com RF, New York (Krakenimages.com); **75.3 unten Mi. re.** ShutterStock.com RF, New York (Pixel-Shot); **75.3 unten li.** ShutterStock.com RF, New York (Ground Picture); **75.3 unten re.** ShutterStock.com RF, New York (SeventyFour); **75.oben Mi. li.** Süddeutsche Zeitung Photo, München (Martina Hengesbach/JOKER); **75.oben li.** BPK, Berlin (Abisag Tüllmann); **76.1** Schaar, Wolfgang, Grafing; **76.2** BASF SE, Ludwigshafen/Rhein; **77.3** BASF SE, Ludwigshafen/Rhein; **77.4** BASF SE, Ludwigshafen/Rhein; **77.4** BASF SE, Ludwigshafen/Rhein; **77.4** BASF SE, Ludwigshafen/Rhein; **77.4** BASF SE, Ludwigshafen/Rhein; **78.1A** Alamy stock photo, Abingdon (Erich Andres); **78.1B** Alamy stock photo, Abingdon (Image Source); **79.2** Jähde, Steffen, Sundhagen; **79.4** Ernst Klett Verlag GmbH, Stuttgart; **80.1** Schaar, Wolfgang, Grafing; **80.2 A** Picture-Alliance, Frankfurt/M. (dpa - Report/Euroluftbild.de); **80.2 B** Picture-Alliance, Frankfurt/M. (Marius Becker/dpa); **80.2 C** Picture-Alliance, Frankfurt/M. (Marius Becker/dpa); **80.2 D** Picture-Alliance, Frankfurt/M. (Rolf Vennenbernd dpa); **81.3** Schaar, Wolfgang, Grafing; **81.5** Schaar, Wolfgang, Grafing; **81.6** https://www.destatis.de/DE/Themen/Branchen-Unternehmen/Transport-Verkehr/Publikationen/Downloads-Querschnitt/verkehr-aktuell-pdf-2080110.pdf?__blob=publicationFile Blatt 1.4.2; **93.6** https://www.snackandbakery.com/candy-industry/2021/global-top-100-candy-companies; **82.1 A** ShutterStock.com RF, New York (Laurence Gough); **82.1 B** Picture-Alliance, Frankfurt/M. (Bernd Wüstneck); **82.1 C** IMAGO, Berlin (Westend61); **83.2** Ernst Klett Verlag GmbH, Stuttgart; **84.1** creanovo – motion & media design GmbH, Axel Kempf, Hannover; **84.1** creanovo – motion & media design GmbH, Axel Kempf, Hannover; **85.2** creanovo – motion & media design GmbH, Axel Kempf, Hannover; **86.1** Oser, Liliane, Hamburg; **87.2** Schaar, Wolfgang, Grafing; **88.1** Wolfgang Schaar; **88.2** ShutterStock.com RF, New York (Reidl); **88.3** ShutterStock.com RF, New York (Sergiy Vovk); **88.5** ShutterStock.com RF, New York (Ryzhkov Oleksandr); **88.6** ShutterStock.com RF, New York (iliuta goean); **88.7 RO** Ernst Klett Verlag GmbH, Stuttgart; **88.7 HR** Geoatlas, Hendaye; **88.7 MAZ** Ernst Klett Verlag GmbH, Stuttgart; **88.7 RUS** Ernst Klett Verlag GmbH, Stuttgart; **88.7 SRB** stock.adobe.com, Dublin (Thomas Röske); **88.7 UA** Ernst Klett Verlag GmbH, Stuttgart; **89.8** Ernst Klett Verlag GmbH, Stuttgart; **90.1** stock.adobe.com, Dublin (hedgehog94); **90.2** ShutterStock.com RF, New York (industryviews); **90.3** Getty Images Plus, München (Stone/Peter Cade); **90.4** Jäckel, Diana, Erfurt, nach Statistisches Bundesamt: Erwerbstätige im Inland nach Wirtschaftssektoren; **90.4 Bilderrätsel** Jähde, Steffen, Sundhagen; **91.5** Schaar, Wolfgang, Grafing; **91.6** Jäckel, Diana, Erfurt; **92.2** ShutterStock.com RF, New York (GiesseObsession); **92.3** ullstein bild, Berlin (Ulrich Baumgarten); **93.5** Ernst Klett Verlag GmbH, Stuttgart; **94.1** Christian Buck: Dr. Algorithmus. WELT.de v. 26.02.2019, unter: https://www.welt.de/wirtschaft/bilanz/article189418949/Dr-Algorithmus-Kuenstliche-Intelligenz-in-der-Medizin.html (Zugriff: 12.02.2020).; **94.2** Picture-Alliance, Frankfurt/M. (Jan-Peter Kasper/FSU); **94.3** Getty Images Plus, München (monkeybusinessimages/ iStock); **95.6** Picture-Alliance, Frankfurt/M. (Christian Möller); **95.7** Jäckel, Diana, Erfurt; Quelle: Ahlers 2018, WSI-Betriebsrätebefragung 2016; Daten: bit.do/impuls1201; **96.1** Oser, Liliane, Hamburg; **98.1** stock.adobe.com, Dublin (Stefan Vollrath); **98.2** Statistisches Bundesamt (Destatis), 2023; **98.3** stock.adobe.com, Dublin (Henry Czauderna); **99.4** Getty Images Plus, München (Westend61); **99.5** ShutterStock.com RF, New York (Wirestock Creators); **99.6** Jäckel, Diana, Erfurt ; nach: Reiseanalyse 2020; (Reiseziele der Deutschen 2019); **100.1** Schaar, Wolfgang, Grafing; **100.2** Picture-Alliance, Frankfurt/M. (Clara Margais/dpa); **100.3** Jäckel, Diana, Erfurt; **100.4** Diana Jäckel, Erfurt, nach www.mallorcazeitung.es/lokales/2019/02/01/jahresbilanz-so-viele-urlauber-kamen/65757.html; **101.5** Ernst Klett Verlag GmbH, Stuttgart; **101.6** ShutterStock.com RF, New York (zixia); **102.1** ShutterStock.com RF, New York (Liderina); **103.2 links Mite** Thinkstock, München (Fuse); **103.2 links oben** stock.adobe.com, Dublin (TomS); **103.2 links unten** Thinkstock, München (Photodisc); **103.2 rechts Mitte** Avenue Images GmbH, Hamburg (StockDisc); **103.2 rechts oben** ShutterStock.com RF, New York (Diego Cervo); **103.2 rechts unten** Thinkstock, München (Amos Morgan); **104.1** iStockphoto, Calgary, Alberta (pkazmierczak); **104** creanovo – motion & media design GmbH, Axel Kempf, Hannover; **105.2** Picture-Alliance, Frankfurt/M. (picture alliance/Bernd Wüstneck); **105.4** Klett-Archiv, nach www.blueflag.global; **105.5** Mauritius Images, Mittenwald (Erhard Nerger); **106.1** Schaar, Wolfgang, Grafing; **106.2** ShutterStock.com RF, New York (cktravels.com); **107.4** Mauritius Images, Mittenwald (Rainer Hackenberg); **107.5** ShutterStock.com RF, New York (b-hide the scene); **108.1** Schaar, Wolfgang, Grafing; **108.2** stock.adobe.com, Dublin (mstein); **109.4** hamburg.de GmbH & Co. KG, Hamburg; **110.1** Schaar, Wolfgang, Grafing; **110.2** ShutterStock.com RF, New York (Guzel Studio); **110.3** ShutterStock.com RF, New York (Inu); **110.4** Ernst Klett Verlag GmbH, Stuttgart; **110.4 CY** Geoatlas, Hendaye; **110.5** iStockphoto, Calgary, Alberta (master2); **110.6** stock.adobe.com, Dublin (Alex); **111.7** Ernst Klett Verlag GmbH, Stuttgart; **112.1** Ernst Klett Verlag GmbH, Stuttgart; **112.2** Jäckel, Diana, Erfurt; **113.3** Jäckel, Diana, Erfurt; **113.4** laif, Köln (Gregor Lengler); **113.5** ShutterStock.com RF, New York (CoolR); **113.6** IMAGO, Berlin (Florian Schuh); **113.7** Thinkstock, München (lulu2626); **113.8** ShutterStock.com RF, New York (Pecold); **113.9** Alamy stock photo, Abingdon (Marcos Molina); **114.1** Wolfgang Schaar; **114.2** ddp media GmbH, Hamburg (Thomas Lohnes/dapd); **114.3** laif, Köln (Oliver Tjaden); **115.4**

Getty Images, München (Frank Bienewald/LightRocket); **115.5** ddp media GmbH, Hamburg (Thomas Lohnes); **116.1** Schaar, Wolfgang, Grafing; **116.3** stock.adobe.com, Dublin (Tamme); **117.4** ShutterStock.com RF, New York (Fortgens Photography); **117.5** Jäckel, Diana, Erfurt nach: Statista 2023 (CLIA/2022 State Of The Cruise Industry Outlook, Seite 5); **117.6** ShutterStock.com RF, New York (Ekaterina Kupeeva); **118** Getty Images Plus, München (PeopleImages); **120** Staatsministerium Baden-Württemberg, Stuttgart; **121** stock.adobe.com, Dublin (daboost); **144** Getty Images Plus, München (Photodisc/Digital Vision); **145–163** Ernst Klett Verlag GmbH, Stuttgart;

Vorderer Vorsatz creanovo – motion & media design GmbH, Axel Kempf, Hannover;
Hinterer Vorsatz Oser, Liliane, Hamburg;

7 Haack-Kartenteil

Die folgenden Karten bieten dir eine schnelle Orientierung. Sie zeigen einen Überblick über die Räume, die im Unterricht behandelt werden. Mit dem Register kannst du geographische Objekte suchen, ganz so, wie du es von der Arbeit mit dem Atlas gewohnt bist.
Für alle physischen Karten gilt die Kartenlegende auf dieser Seite. Interessierst du dich für Einzelheiten oder Karten mit bestimmten thematischen Inhalten, so schlage in deinem Haack Weltatlas nach.

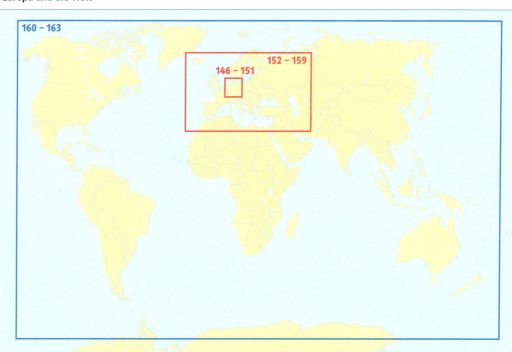

Deutschland, Europa und die Welt

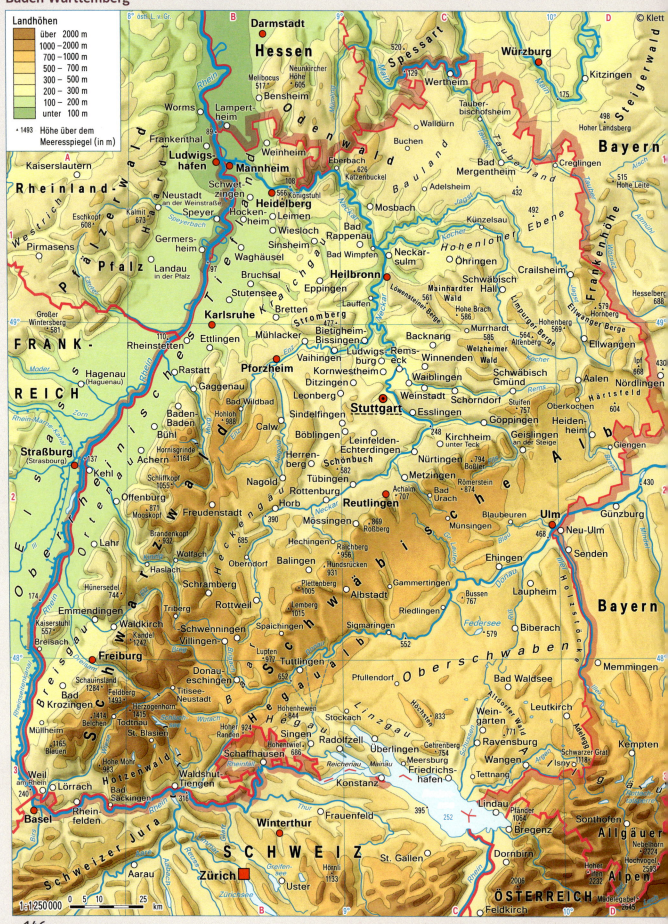

© Klett
1:4000000
0 50 100 km
6° östl. L. v. Gr.
Nordsee
Ostsee
DÄNEMARK
Schleswig-Holstein
Mecklenburg-Vorpommern
Niedersachsen
Norddeutsches Tiefland
Brandenburg
Sachsen-Anhalt
Nordrhein-Westfalen
Hessen
Thüringen
Sachsen
Rheinland-Pfalz
Saarland
Baden-Württemberg
Bayern
Mittelgebirge
NIEDERLANDE
BELGIEN
LUXEMBURG
FRANKREICH
SCHWEIZ
LIECHTENSTEIN
ÖSTERREICH
TSCHECHIEN
POLEN
Pommern
Lothringen
Ardennen
Argonnen
Alpenvorland
Alpen
Ostalpen
Böhmen
Alsen
Fünen
Møn
143
Falster
Lolland
Gedser
Kap Arkona
161
Sassnitz
Rügen
Flensburg
Kieler Bucht
Fehmarn
Rødbyhavn
Fehmarn
Lübecker Bucht
Pommersche Bucht
Nordfriesische Inseln
Nord-Ostsee-Kanal
Kiel
168
Stralsund
Greifswald
Helgoland
Helgoländer Bucht
Rostock
Lübeck
Elbe
Cuxhaven
Ostfriesische Inseln
Westfriesische Inseln
Wilhelmshaven
Bremerhaven
Hamburg
Schwerin
Neubrandenburg
Müritz
62
179
Stettin
Emden
Bremen
Leeuwarden
Groningen
Oldenburg
169
Lüneburg
8
Schwedt
IJsselmeer
Ems
Weser
Aller
Havel
Oder
Landsberg
Warthe
Almere
Amsterdam
107
Enschede
Mittellandkanal
Hannover
Wolfsburg
Berlin
227
Utrecht
Arnheim
Osnabrück
Bielefeld
405
Braunschweig
Salzgitter
Magdeburg
200
Potsdam
32
Münster
Gütersloh
Brocken
1142
Harz
Leine
Elbe
Mulde
50
Cottbus
Tilburg
Nimwegen
Maas
Rhein
Hamm
468
Paderborn
96
Göttingen
Halle
Leipzig
Spree
Neiße
Eindhoven
Essen
Dortmund
Duisburg
Bochum
Ruhr
Mönchengladbach
Wuppertal
Düsseldorf
Rothaargebirge
Kassel
105
Görlitz
Dresden
Maastricht
841
754
Erfurt
Jena
Gera
Köln
Siegen
Eisenach
Chemnitz
Reichenberg
Aachen
Fulda
Saale
Zwickau
Aussig
Bonn
656
Gießen
773
950
Rhön
Thüringer Wald
983
Erzgebirge
Lüttich
694
747
Eifel
Koblenz
1244
155
Elbe
Eger
Hof
Prag
Wiesbaden
Taunus
Frankfurt
Schweinfurt
Eger
Main
Spessart
Mosel
Trier
Hunsrück
Mainz
Darmstadt
231
Bayreuth
1051
Pilsen
816
Kaiserslautern
Würzburg
605
Erlangen
Luxemburg
Ludwigshafen
626
Fürth
Nürnberg
Saar
Saarbrücken
Mannheim
Moldau
Metz
Karlsruhe
Heilbronn
688
Regensburg
1456
Großer Arber
Böhmerwald
347
Budweis
Nancy
269
Pforzheim
Stuttgart
Ingolstadt
338
Bayerischer Wald
Oberrheinisches Tiefland
Schwarzwald
Schwäbische Alb
Straßburg
Reutlingen
Neckar
Landshut
Isar
Passau
Donau
Vogesen
Elsass
Ulm
457
Augsburg
Inn
Linz
Lech
München
504
1015
Freiburg
Donau
1493
Feldberg
Mülhausen
Friedrichshafen
Rosenheim
Salzburg
Bayerische Alpen
268
Konstanz
395
Bodensee
Zugspitze
2962
2995
Dachstein
Basel
Zürich
2501
2645
Vaduz
Innsbruck
Großglockner
3797
2863
Aare
Schweizer Mittelland
Luzern
Brenner
1374
Hohe Tauern
Bern
Wildspitze
3774
Chur
Drau
Klagenfurt
Villach
Landhöhen
über 2000 m
1000 – 2000 m
500 – 1000 m
200 – 500 m
100 – 200 m
0 – 100 m
unter 0 m
2962 Höhe über dem Meeresspiegel (in m)

Deutschland (Südteil)

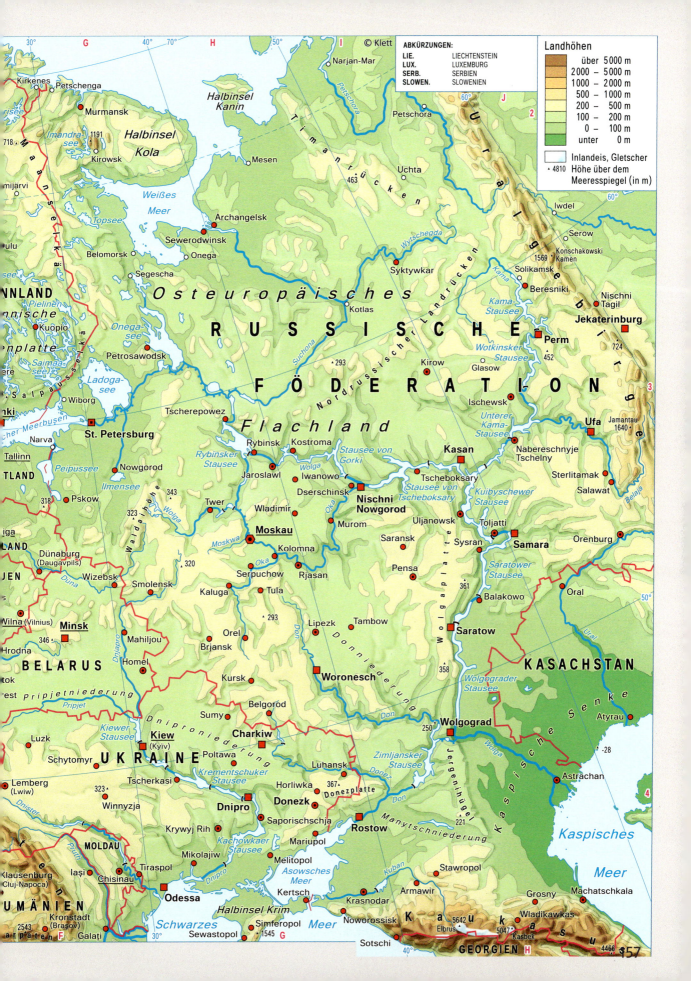

Europa (Südteil)

Erde

Erde (Staaten)

Kartenregister

A

Aachen 150/151 B1
Aalen 146 D2
Aare 150/151 B3
Aberdeen 156/157 C3
Abidjan 160/161 F3
Aborrebjerg 148/149 E1
Abruzzen 158/159 D2
Abu Dhabi 162/163 H3
Abuja 162/163 G3
Accra 160/161 F3, 162/163 F3
Achalm 146 C2
Achern 146 B2
Aconcagua 160/161 D5
Adana 158/159 F3
Addis Abeba 160/161 H3, 162/163 H3
Adelaide 160/161 K5
Adelegg 146 D3
Adelsheim 146 C1
Aden 160/161 H3
Adrar 158/159 B4
Adriatisches Meer 158/159 D2
Ærø 148/149 D1
Afghanistan 162/163 I3
Afrika 160/161 F3-H3
Agadir 158/159 B3
Ägäisches Meer 158/159 E3
Ägypten 162/163 G3-H3
Ahaggar 160/161 G3
Ahrenshoop 148/149 E1
Ahrgebirge 150/151 B1
Ahwas 152/153 I5
Akaba; Stadt 158/159 F4
Akaba; Stadt 152/153 H6
Akureyri 156/157 B2
Al-Alamein 158/159 E3
Åland; Inseln 152/153 G2
Åland; Verwaltungseinheit 156/157 F2-F3, 154/155 G2
Alaska 162/163 A1-B1
Alaskakette 160/161 A1-B1
Albacete 158/159 B3
Al-Baida 158/159 E2
Albanien 158/159 D2-E2, 154/155 F4-G4
Al-Basra 152/153 I5
Albertkanal 150/151 A1
Ålborg 156/157 D3-E3
Albstadt 146 C2
Aleppo 160/161 H2
Aleuten 160/161 L2-M2
Alexanderarchipel 160/161 B2
Alexanderinsel 160/161 D6
Alexandria 160/161 G2
Algeciras 158/159 B3
Algerien 162/163 F3-G3
Algier 160/161 G2, 162/163 G2
Alicante 158/159 B3
Al-Jawf 158/159 F4
Alkmaar 148/149 A2
Aller 148/149 D2
Allgäu 146 C3-D3
Allgäuer Alpen 150/151 D3
Al-Mahalla al-Kubra 158/159 F3
Al-Mania 158/159 C3
Almaty 160/161 I2
Almere 148/149 A2
Almería 158/159 B3
Alpen 150/151 D3-F3
Alpenvorland 147 D5-E4
Alsen 148/149 C1-D1
Altai 156/157 I2
Altdorfer Wald 146 C3
Altenberg 146 C2
Altenburg 148/149 E3
Altmark 148/149 D2
Altmühl 150/151 D2
Al-Wadi 158/159 C3
Alz 150/151 E2
Amazonas 160/161 E4-E3
Amazonastiefland 160/161 D4-E4
Amberg 150/151 D2
Ameland 148/149 A2
Amman 160/161 H2, 162/163 H2
Ammersee 150/151 D3
Amper 150/151 D2
Amrum 148/149 C1
Amsterdam 148/149 A2, 154/155 E3
Amsterdaminsel 160/161 I5
Amu-Darja 152/153 J4-K4
Amur 160/161 K2
Anadyr 160/161 L1
Anadyrgebirge 160/161 L1-M1
Anatolien 158/159 E3-F3
Anchorage 160/161 A1-B1
Andamanen 160/161 I3-J3
Anden 160/161 D4
Andorra 158/159 C2, 154/155 E4
Ångermanälv 156/157 E2
Angola 162/163 G4
Ankara 158/159 F2, 154/155 H5
Annaba 158/159 C2
Annaberg-Buchholz 150/151 E1
An-Nadschaf 152/153 I5
Ansbach 150/151 D2
Antalya 158/159 F3
Antananarivo 160/161 H4, 162/163 H4
Antarktis 160/161 F6-K6
Antarktische Halbinsel 160/161 D6-E6
Antiatlas 152/153 D6-D5
Antigua und Barbuda 162/163 D3-E3
Antwerpen 156/157 D3
Apeldoorn 148/149 A2
Apenninen 158/159 C2-D2
Appalachen 160/161 D2
Aqtau 152/153 J4
Aqtöbe 156/157 I3
Äquatorialguinea 162/163 G3
Arabisches Meer 160/161 H3-I3
Arafurasee 160/161 K4
Aralsee 160/161 H2-I2
Ararat 152/153 I5
Archangelsk 156/157 H2
Ardabil 152/153 I5
Ardennen 150/151 A2-B1
Arequipa 160/161 D4
Argen 146 C3
Argentinien 162/163 D4-D5
Argonnen 150/151 A2
Århus 156/157 E3
Arktisches Kap 160/161 I1-J1
Armawir 156/157 H4
Armenien 162/163 H2
Armenisches Hochland 152/153 I4-I5
Arnheim 148/149 A2-A3
Arnhemland 160/161 K4
Arnsberg 148/149 C3
Ascension; Insel 160/161 F4
Ascension; Verwaltungseinheit 162/163 F4
Aschaffenburg 150/151 C2
Aschgabat 162/163 H2
Aserbaidschan 162/163 H2
Asien 160/161 I2-J2
Asmara 162/163 H3
Asowsches Meer 156/157 G4
Assad-Stausee 158/159 F3
Assuan 160/161 H3
Astana 160/161 I2, 162/163 I2
Astrachan 156/157 H4
Asunción 160/161 E4, 162/163 E4
Atacama 160/161 D4
Atatürk-Stausee 158/159 F3
Athen 158/159 E3, 154/155 G5
Äthiopien 162/163 H3
Atlanta 160/161 D2
Atlantischer Ozean 156/157 B2-C3
Atlasgebirge 160/161 F3-G2
Ätna 158/159 D3
Attersee 150/151 E3
Atyrau 156/157 I4
Auckland 160/161 L5
Augsburg 150/151 D2
Auresgebirge 158/159 C3
Aussig 150/151 E1-F1
Australien; Staat 162/163 K4
Australien; Kontinent 160/161 J4-K4
Azoren 152/153 B5
Az-Zarqa 158/159 F3
Az-Zawiya 158/159 D3

B

Baar 146 B3-B2
Backnang 146 C2
Baden-Baden 146 B2
Baden-Württemberg 147 C4-C5
Bad Hersfeld 150/151 C1
Bad Honnef 150/151 B1
Bad Kissingen 150/151 D1
Bad Kreuznach 150/151 B2
Bad Krozingen 146 A3
Bad Mergentheim 146 C1
Bad Nauheim 150/151 C1
Bad Oldesloe 148/149 D2
Bad Reichenhall 150/151 E3
Bad Pyrmont 146 C1
Bad Säckingen 146 A3
Bad Urach 146 C2
Bad Waldsee 146 C3
Bad Wildbad 146 B2
Bad Wimpfen 146 C1
Baffin Bay 160/161 D1
Baffininsel 160/161 D1
Bagdad 160/161 H2
Bahamas 162/163 D3
Bahrain 162/163 H3
Baikalsee 160/161 J2
Baku 160/161 H2, 162/163 H2
Balakowo 156/157 H3
Balearen 158/159 C2
Balingen 146 B2
Balıkesir 158/159 E3
Balkan 158/159 E2
Balleny-Inseln 160/161 L6
Balqaschsee 160/161 I2
Bamako 160/161 F3, 162/163 F3
Bamberg 150/151 D2
Bandar Seri Begawan 162/163 J3-K3
Bandung 160/161 J4
Bangkok 160/161 J3, 162/163 J3
Bangladesch 162/163 I3
Bangui 160/161 G3, 162/163 G3
Banjul 162/163 F3
Baotou 160/161 J2
Barbados 162/163 E3
Barcelona 158/159 C2
Barentssee 152/153 H1-I2
Bari 158/159 D2
Barranquilla 160/161 D3
Basel 150/151 B3
Bastogne 150/151 A1
Batumi 158/159 G2
Bauland 146 C1
Bautzen / Budyšin 148/149 F3
Bayerische Alpen 150/151 D3-E3
Bayerischer Wald 150/151 E2
Bayern 147 D4-E4
Bayreuth 150/151 D2
Beaufortsee 160/161 A1-B1
Béchar 158/159 B3
Beer Scheva 158/159 F3
Beirut 162/163 H2
Bejaïa 158/159 C3
Belaja 156/157 I3
Belarus 156/157 F3, 154/155 G3
Belchen 146 A3
Belém 160/161 E4
Belfast 156/157 C3
Belfort 150/151 B3
Belgien 148/149 A3, 154/155 E3
Belgorod 156/157 G3
Belgrad 158/159 E2, 154/155 G4
Belize 162/163 D3
Belmopan 162/163 D3
Belo Horizonte 160/161 E4
Belomorsk 156/157 G2
Bengasi 160/161 G2
Béni Abbès 158/159 B3
Benin 162/163 G3
Ben Nevis 156/157 C3
Bensheim 150/151 C2
Beraun 150/151 E1
Berchtesgaden 150/151 E3
Beresniki 156/157 I3
Bergen 156/157 D3
Bergisches Land 150/151 B1
Bergland von Guayana 160/161 D3-E3
Beringmeer 160/161 L2-M2
Beringstraße 160/161 M1
Berkel 148/149 B2-B3
Berlin; Stadt 148/149 E2, 154/155 F3
Berlin; Bundesland 147 E2
Bermuda-Inseln 160/161 D2
Bern 156/157 D4, 154/155 E4
Betische Kordillere 158/159 B3
Bhutan 162/163 I3-J3
Białystok 156/157 F3
Biberach a. d. Riß 146 C2
Bielefeld 148/149 C2
Biese 148/149 D2
Bietigheim-Bissingen 146 C2
Biggetalsperre 148/149 B3-C3
Bilbao 158/159 B2
Bingen 150/151 B2
Binz 148/149 E1
Birmingham 156/157 C3
Birs 146 A3
Bischkek 162/163 I2
Biskra 158/159 C3
Bismarck-Archipel 160/161 K4-L4
Bissau 162/163 F3
Bitterfeld-Wolfen 148/149 E3
Bizerte 158/159 C3
Blau 146 C2
Blaubeuren 146 C2
Blauen 146 A3
Bleilochtalsperre 150/151 D1
Bober 148/149 F3
Bochum 148/149 B3
Bode 148/149 D3
Bodensee 146 C3
Bodø 156/157 E2
Bogotá 160/161 D3, 162/163 D3
Böhmen 150/151 E1-F1
Böhmerwald 150/151 E2
Böhmisches Mittelgebirge 150/151 E1-F1
Bolivien 162/163 D4
Bologna 158/159 D2
Bonininseln 160/161 K3
Bonn 150/151 B1
Bordeaux 158/159 B2
Borkum 148/149 B2
Borna 148/149 E3
Borneo 160/161 J4
Bornholm 156/157 E3
Bosnien und Herzegowina 158/159 D2, 154/155 F4
Bosporus 158/159 E2
Boßler 146 C2
Boston 160/161 D2
Botew 158/159 E2
Botsuana 162/163 G4
Bottnischer Meerbusen 156/157 E2-F2
Brandenburg; Stadt 148/149 E2
Brandenburg; Bundesland 147 E2-F3
Brandenkopf 146 B2
Brasilia 160/161 E4, 162/163 E4
Brasilianisches Bergland 160/161 E4
Brasilien 162/163 D4-E4
Bratislava 156/157 E4, 154/155 F4
Braunschweig 148/149 D2
Brazzaville 162/163 G4
Brdywald 150/151 E2
Breda 148/149 A3
Breg 146 B2
Bregenzer Wald 150/151 C3-D3
Breisach a. Rhein 146 A2
Breisgau 146 A3-A2
Bremen; Stadt 148/149 C2
Bremen; Bundesland 147 C2
Bremerhaven 148/149 C2
Brenner 147 D5
Brenz 146 D2
Breslau [Wrocław] 156/157 E3
Brest; Stadt in Belarus 156/157 F3
Brest; Stadt in Frankreich 158/159 B2
Bretagne 152/153 D4
Bretten 146 B1
Brigach 146 B2-B3
Brisbane 160/161 L4
Bristol 156/157 C3
Britische Inseln 160/161 F2
Brjansk 156/157 G3
Brno [Brünn] 156/157 E4
Brocken 148/149 D3
Bromberg [Bydgoszcz] 156/157 E3
Brookskette 160/161 A1-B1
Bruchsal 146 B1
Brunei Darussalam 162/163 J3
Brünn [Brno] 156/157 E4
Brunsbüttel 148/149 C2
Brüssel 156/157 D3, 154/155 E3
Brüx 150/151 E1
Buchen 146 C1
Buchwald 148/149 F2
Budapest 156/157 E4, 154/155 F4
Budweis 150/151 F2
Buenos Aires 160/161 E5, 162/163 E5
Bühl 146 B2
Bukarest 158/159 E2, 154/155 G4
Bulgarien 158/159 E2, 154/155 G4
Bungsberg 148/149 D1
Burgas 158/159 E2
Burgos 158/159 B2
Burgundische Pforte 150/151 B3
Burkina Faso 162/163 F3
Bursa 158/159 E2
Burundi 162/163 G4-H4
Bussen 146 C2
Bydgoszcz [Bromberg] 156/157 E3

C

Cabo Verde 162/163 F3
Cagliari 158/159 C3
Calais 158/159 C1
Cali 160/161 D3
Calw 146 B2
Canal de l'Est 150/151 B3-B2
Canberra 162/163 K5
Caracas 160/161 D3, 162/163 D3
Cardiff 156/157 C3
Carpentariagolf 160/161 K4
Cartagena 158/159 B3
Casablanca 160/161 F2
Catania 158/159 D3
Cebu 160/161 K3
Celle 148/149 D2
Ceuta 158/159 B3
Cevennen 158/159 C2
Chabarowsk 160/161 K2
Changsha 160/161 J3
Chanty-Mansijsk 152/153 K2
Charkiw 156/157 G3-G4
Chaumont 150/151 A2
Chemnitz 150/151 E1
Chengdu 160/161 J2-J3
Cherbourg-en-Cotentin 158/159 B2
Chicago 160/161 D2
Chiemgauer Alpen 150/151 E3
Chiemsee 150/151 E3
Chile 162/163 D4-D5
China 162/163 I3-J3
Chios 158/159 E3
Chisinau 158/159 E2, 154/155 G4
Chittagong 160/161 J3
Christchurch 160/161 L5
Chur 147 C5
Churchill 160/161 C2
Chuukinseln 160/161 K3-L3
Cincinnati 160/161 D2
Clermont-Ferrand 158/159 C2
Cloppenburg 148/149 C2
Coburg 150/151 D1
Cochem 150/151 B1
Colbitz-Letzlinger Heide 148/149 D2
Collmberg 148/149 E3
Colmar 150/151 B2
Colombo 160/161 I3, 162/163 I3
Comodoro Rivadavia 160/161 D5
Conakry 160/161 F3, 162/163 F3
Constanța 158/159 E2
Constantine 158/159 C3
Córdoba; Stadt in Spanien 158/159 B3

164

órdoba; Stadt in Argentinien 160/161 D 5
ork 156/157 C 3
osta Rica 162/163 C 3-D 3
oswig 148/149 E 3
ôte d'Ivoire 162/163 F 3
ôtes de Moselle 150/151 A 2-B 2
ottbus / Chóśebuz 148/149 F 3
railsheim 146 D 1
raiova 158/159 E 2
reglingen 146 D 1
rozetinseln 160/161 H 5
uritiba 160/161 E 4
uxhaven 148/149 C 2
yrenaika 152/153 G 5
zęstochowa [Tschenstochau] 156/157 E 3

D

akar 160/161 F 3, 162/163 F 3
allas 160/161 C 2
almatien 152/153 F 4
amaskus 160/161 H 2, 162/163 H 2
änemark 160/161 C 1-D 1, 154/155 E 3-F 3
änemarkstraße 160/161 E 1-F 1
anzig [Gdańsk] 156/157 E 3
aressalam 160/161 H 4
arling 160/161 K 5
armstadt 150/151 C 2
arna 158/159 E 3
arß 148/149 E 1
arßer Ort 148/149 E 1
arwin 160/161 K 4
aşoguz 152/153 J 4
augavpils [Dünaburg] 156/157 F 3
aun 150/151 B 1
avao 160/161 K 3
avisstraße 160/161 E 1
ebrecen 156/157 F 4
eister 148/149 C 2
ekkan 160/161 I 3
elhi 160/161 I 3
elmenhorst 148/149 C 2
emokratische Republik Kongo 162/163 G 3-H 4
emokratische Volksrepublik Korea 162/163 K 2
enali 160/161 A 1
en Haag 156/157 D 3
en Helder 148/149 A 2
enizli 158/159 E 3
enver 160/161 C 2
er Kanal 152/153 D 4-E 3
essau-Roßlau 148/149 E 3
etmold 148/149 C 3
etroit 160/161 D 2
eutsche Bucht 148/149 B 1
eutsche Mittelgebirge 156/157 D 3-E 3
eutschland 156/157 D 3-E 4, 154/155 E 3-F 3
eventer 148/149 B 2
haka 160/161 J 3, 162/163 J 3
edenhofen 150/151 B 2
ego Garcia 160/161 I 4
emel 148/149 C 3
jon 158/159 C 2
li 162/163 K 4
llingen/Saar 150/151 B 2
narisches Gebirge 158/159 D 2
tzingen 146 C 2
yarbakır 158/159 G 3
ebel el Akhdar 158/159 E 3
erba 158/159 D 3
nipro; Stadt 156/157 G 4
nipro; Fluss 152/153 H 4
niproniederung 156/157 G 3-G 4
nister 156/157 F 4
njapro 156/157 F 3-G 3
njepr 160/161 H 2
odoma 162/163 H 4
ha 160/161 H 3, 162/163 H 3
ollart 148/149 B 2
ominica 162/163 D 3-E 3

Dominikanische Republik 162/163 D 3
Don 156/157 H 4
Donau 146 C 2
Donaueschingen 146 B 3
Donautiefland 158/159 E 2
Donez 156/157 H 4
Donezk 156/157 G 4
Donezplatte 156/157 G 4-H 4
Donnersberg 150/151 B 2
Donniederung 156/157 H 3-H 4
Donon 150/151 B 2
Donostia-San Sebastián 158/159 B 2
Dortmund 148/149 B 3
Dortmund-Ems-Kanal 148/149 B 2
Douala 160/161 G 3
Doubs 150/151 B 3
Dover 156/157 D 3
Drakensberge 160/161 G 4
Drakestraße 160/161 D 6-D 5
Drau 147 E 5
Dreisam 146 A 2-A 3
Dresden 148/149 E 3
Dschibuti; Stadt 162/163 H 3
Dschibuti; Staat 162/163 H 3
Dschidda 160/161 H 3
Dschuba 162/163 H 3
Dserschinsk 156/157 H 3
Dubai 160/161 H 3
Dübener Heide 148/149 E 3
Dublin 156/157 C 3, 154/155 D 3
Duero 158/159 B 2
Duisburg 148/149 B 3
Dümmer 148/149 C 2
Dün 150/151 D 1
Düna 156/157 F 3
Dünaburg [Daugavpils] 156/157 F 3
Duppauer Gebirge 150/151 E 1
Durban 160/161 H 4
Düren 150/151 B 1
Duschanbe 162/163 I 2
Düsseldorf 148/149 B 3

E

Ebbegebirge 148/149 B 3
Eberbach 146 B 1
Eberswalde 148/149 E 2
Ebro 158/159 B 2
Ebrobecken 158/159 C 2
Ech Cheliff 158/159 C 3
Eckernförde 148/149 C 1
Ecuador 162/163 D 4
Ede 148/149 A 2
Eder 150/151 C 1
Ederstausee 150/151 C 1
Edinburgh 156/157 C 3
Edmonton 160/161 C 2
Eger; Fluss 150/151 F 1
Eger; Stadt 150/151 F 1
Eggegebirge 148/149 C 3
Ehingen 146 C 2
Eider 148/149 C 1
Eifel 150/151 B 1
Eindhoven 150/151 A 1
Einödriegel 150/151 E 2
Eisenach 150/151 D 1
Eisenerzer Alpen 150/151 F 3
Eisenhüttenstadt 148/149 F 2
Elazığ 158/159 F 3
Elba 158/159 D 2
Elbe 152/153 F 3
Elbe-Havel-Kanal 148/149 D 2-E 2
Elbe-Lübeck-Kanal 148/149 D 2
Elbe-Seitenkanal 148/149 D 2
Elbrus 156/157 H 4
Elbsandsteingebirge 150/151 E 1-F 1
Elburs 152/153 I 5-J 5
Elde 148/149 D 2
Ellesmereland 160/161 D 1
Ellwangen 146 D 2
Ellwanger Berge 146 D 1-D 2
Elm 148/149 D 2
Elmshorn 148/149 C 2
El Salvador 162/163 C 3-D 3
Elsass 150/151 B 3-B 2

Elstergebirge 150/151 E 1
Elz 146 B 2
Emden 148/149 B 2
Emmen 148/149 B 2
Emmendingen 146 A 2
Ems 150/151 F 3
Emsland 148/149 B 2
Enns 150/151 F 3
Enschede 148/149 B 2
Enz 146 B 2
Épinal 150/151 B 2
Eppingen 146 B 1
Erbeskopf 150/151 B 2
Erding 150/151 D 2
Erft 148/149 B 3
Erfurt 150/151 D 1
Eritrea 162/163 H 3
Eriwan 160/161 H 2, 162/163 H 2
Erlangen 150/151 D 2
Er-Rif 158/159 B 3
Erzgebirge 150/151 E 1
Esch 150/151 A 2-B 2
Eskişehir 158/159 F 3
Essaouira 158/159 B 3
Essen 148/149 B 3
Esslingen 146 C 2
Estland 156/157 F 3, 154/155 G 3
Eswatini 162/163 H 4
Ettlingen 146 B 2
Euböa 158/159 E 3
Euphrat 160/161 H 2
Europa 160/161 G 2-H 2
Europäisches Nordmeer 152/153 D 2-E 2
Euskirchen 150/151 B 1

F

Falklandinseln; Inseln 160/161 E 5
Falklandinseln; Verwaltungseinheit 162/163 E 5
Falster 148/149 D 1-E 1
Färöer; Inseln 152/153 D 2
Färöer; Verwaltungseinheit 156/157 C 2, 154/155 D 2
Federsee 146 C 2
Fehmarn; Insel 148/149 D 1
Fehmarn; Stadt 148/149 D 1
Fehmarnbelt 148/149 D 1
Feldberg 146 A 3
Fès 152/153 D 5
Feuerland 160/161 D 5-E 5
Fichtelberg 150/151 E 1
Fichtelgebirge 150/151 D 1-E 2
Figuig 158/159 B 3
Fils 146 C 2
Finne 148/149 D 3
Finnischer Meerbusen 156/157 F 2-F 3
Finnische Seenplatte 156/157 F 2
Finnland 156/157 F 2, 154/155 G 2
Fishguard 156/157 C 3
Fläming 148/149 E 2-E 3
Flensburg 148/149 C 1
Flevoland 148/149 A 2
Florenz 158/159 D 2
Foggia 158/159 D 2
Föhr 148/149 C 1
Forbach 150/151 B 2
Forst (Lausitz) / Barść (Łużyca) 148/149 F 3
Fortaleza 160/161 E 4
Frankenhöhe 146 D 1
Frankenwald 150/151 D 1
Frankfurt (Oder) 148/149 F 2
Frankfurt a. Main 150/151 C 1
Fränkische Alb 150/151 D 2
Fränkische Saale 150/151 C 1-D 1
Fränkische Schweiz 150/151 D 2
Frankreich 150/151 A 2-B 2, 154/155 E 4
Franz-Josef-Land 160/161 H 1-I 1
Französisch-Guayana 162/163 E 3
Freetown 162/163 F 3
Freiberg 150/151 E 1
Freiberger Mulde 150/151 E 1
Freiburg 146 A 2-A 3

Freiburg i. Breisgau 150/151 B 2-B 3
Freising 150/151 D 2
Freudenstadt 146 B 2
Friedrichshafen 146 C 3
Fuchskaute 150/151 B 1-C 1
Fudschijama 160/161 K 2
Fuerteventura 152/153 C 6
Fukuoka 160/161 K 2
Fulda; Stadt 150/151 C 1
Fulda; Fluss 150/151 C 1
Funchal 152/153 C 5
Fünen 148/149 D 1
Fürstenfeldbruck 150/151 D 2
Fürth 150/151 D 2
Fushun 160/161 K 2

G

Gabès 158/159 D 3
Gaborone 162/163 G 4
Gabun 162/163 G 4
Gafsa 158/159 C 3
Gaggenau 146 B 2
Galápagosinseln 160/161 C 3-D 3
Galaţi 158/159 F 2
Galdhøpiggen 156/157 D 2
Galicien 152/153 D 4
Galway 156/157 C 3
Gambia 162/163 F 3
Gammertingen 146 C 2
Ganges 160/161 I 3
Garmisch-Partenkirchen 150/151 D 3
Garonne 158/159 B 2-C 2
Gaziantep 158/159 F 3
Gdańsk [Danzig] 156/157 E 3
Gdingen [Gdynia] 156/157 E 3
Gdynia [Gdingen] 156/157 E 3
Gedser 148/149 D 1
Gehrenberg 146 C 3
Geislingen a. d. Steige 146 C 2
Gelbes Meer 160/161 J 2-K 2
Gelnhausen 150/151 C 1
Gelsenkirchen 148/149 B 3
Genf 156/157 D 4
Genk 150/151 A 1
Genua 158/159 C 2
Georgetown 160/161 E 3, 162/163 E 3
Georgien 158/159 G 2, 162/163 H 2
Gera 150/151 E 1
Gesäuse 150/151 F 3
Ghadames 158/159 C 3
Ghana 162/163 F 3
Ghardaïa 158/159 C 3
Gibraltar; Stadt 152/153 D 5
Gibraltar; Verwaltungseinheit 158/159 B 3, 154/155 D 5
Giengen 146 C 2
Gießen 150/151 C 1
Gijón 158/159 B 2
Giresun 158/159 F 2
Gitega 162/163 G 4
Gizeh 158/159 F 3-F 4
Glasgow 156/157 C 3
Glasow 156/157 I 3
Gobi 160/161 J 2
Goiânia 160/161 E 4
Golfe du Lion 158/159 C 2
Golf von Aden 160/161 H 3
Golf von Alaska 160/161 B 2
Golf von Bengalen 160/161 I 3-J 3
Golf von Biscaya 158/159 B 2
Golf von Mexiko 160/161 C 3-D 3
Golf von Oman 160/161 H 3-I 3
Goose Bay 160/161 D 2
Göppingen 146 C 2
Görlitz 148/149 F 3
Goslar 148/149 D 3
Götaälv 156/157 E 3
Göteborg 156/157 E 3
Gotha 150/151 D 1
Gotland 156/157 E 3
Göttingen 148/149 C 3
Gqeberha 160/161 G 5
Graal-Müritz 148/149 E 1
Grafenau 150/151 E 2
Granada 158/159 B 3

Gran Canaria 152/153 C 6
Gran Chaco 160/161 D 4-E 4
Gran Sasso d'Italia 158/159 D 2
Graz 156/157 E 4
Great Dividing Range 160/161 K 4-L 4
Great Plains 160/161 C 2
Greifenhagen 148/149 F 2
Greifswald 148/149 E 1
Greifswalder Bodden 148/149 E 1
Greiz 150/151 E 1
Grenada 162/163 D 3
Grenoble 158/159 C 2
Griechenland 158/159 E 3, 154/155 G 5
Groningen 148/149 B 2
Grönland 160/161 E 1-F 1
Grosny 156/157 H 4
Große Antillen 160/161 D 3
Große Australische Bucht 160/161 K 5
Große Ebene 160/161 J 2
Große Lauter 146 C 2
Großer Arber 150/151 E 2
Großer Beerberg 150/151 D 1
Großer Belchen 150/151 B 3
Großer Feldberg 150/151 C 1
Großer Hinggan 160/161 J 2-K 2
Große Sandwüste 160/161 J 4-K 4
Großes Becken 160/161 C 2
Große Seen 160/161 C 2
Große Syrte 158/159 D 3
Große Victoriawüste 160/161 K 4
Großglockner 156/157 E 4
Grünberg 148/149 F 3
Guadalajara 160/161 C 3
Guadalquivir 158/159 B 3
Guatemala; Staat 162/163 C 3-D 3
Guatemala; Stadt 160/161 C 3, 162/163 C 3
Guayaquil 160/161 D 4
Guben 148/149 F 3
Guinea 162/163 F 3
Guinea-Bissau 162/163 F 3
Gummersbach 148/149 B 3
Güstrow 148/149 E 2
Gütersloh 148/149 C 3
Guyana 162/163 D 3-E 3

H

Haar 148/149 B 3-C 3
Haardt 150/151 B 2-C 2
Haarlem 148/149 A 2
Hagen 148/149 B 3
Hagenau 150/151 B 2
Hagendingen 147 B 4
Haidenaab 150/151 D 2-E 2
Haifa 158/159 F 3
Hainan 160/161 J 3
Hainich 150/151 D 1
Hainleite 150/151 D 1
Haiti 162/163 D 3
Halberstadt 148/149 D 3
Halbinsel Kanin 156/157 H 2
Halbinsel Kola 156/157 G 2
Halbinsel Krim 156/157 G 3
Halbinsel Malakka 160/161 J 3
Halbinsel Sinai 158/159 F 4
Halifax 160/161 D 2
Halle; Stadt in Sachsen-Anhalt 150/151 D 1
Halle; Stadt in Nordrhein-Westfalen 148/149 C 3
Hallertau 150/151 D 2
Halligen 148/149 C 1
Hamada des Draa 158/159 B 4-B 3
Hamburg 148/149 C 2-D 2
Hameln 148/149 C 2
Hamm 148/149 B 3
Hammerfest 156/157 F 1
Hanau 150/151 C 1
Hangzhou 160/161 J 2-K 2
Hannover 148/149 C 2
Hannoversch Münden 148/149 C 3
Hanoi 160/161 J 3, 162/163 J 3
Harare 160/161 H 4, 162/163 H 4

Harbin 160/161 K 2
Härtsfeld 146 D 2
Harwich 156/157 D 3
Harz 148/149 D 3
Hase 148/149 B 2
Haslach i. Kinzigtal 146 B 2
Haßberge 150/151 D1-D2
Hassi Messaoud 158/159 C 3
Hausruck 150/151 E 2
Havanna 160/161 D 3, 162/163 D 3
Havel 148/149 E 2
Hebriden 156/157 C 3
Hechingen 146 B 2
Heckengäu 146 B 2
Hegau 146 B 3
Hegaualb 146 B3-C2
Heide 148/149 C 1
Heidelberg 146 B 1
Heidenheim 146 D 2
Heilbronn 146 C 1
Helgoland 148/149 B1-C1
Helgoländer Bucht 148/149 C1-C2
Helpter Berge 148/149 E 2
Helsinki 156/157 F 2, 154/155 G 2
Helwan 158/159 F 4
Hengelo 148/149 B 2
Herford 148/149 C 2
Heringsdorf 148/149 F 2
Herrenberg 146 B 2
Herzogenaurach 150/151 D 2
Herzogenhorn 146 B 3
Hesselberg 150/151 D 2
Hessen 147 C 3
Hessisches Bergland 150/151 C 1
Hiddensee 148/149 E 1
Hildesheim 148/149 C 2
Hiiumaa 156/157 F 3
Hils 148/149 C 3
Hilversum 148/149 A 2
Himalaya 160/161 I2-J3
Hindukusch 160/161 I 2
Hindustan 160/161 I 3
Hispaniola 160/161 D 3
Hobart 160/161 K 5
Hochebene der Schotts 158/159 B3-C3
Hochgolling 150/151 E 3
Ho-Chi-Minh-Stadt 160/161 J 3
Hochland von Adamaoua 160/161 G 3
Hochland von Äthiopien 160/161 H 3
Hochland von Mexiko 160/161 C2-C3
Höchsten 146 C 3
Hockenheim 146 B 1
Hof 150/151 D 1
Hohe Acht 150/151 B 1
Hohe Brach 146 C 1
Hohe Eifel 150/151 B 1
Hohe Möhr 146 A 3
Hohenberg 146 D 2
Hohenhewen 146 B 3
Hohenloher Ebene 146 C1-D1
Hohentwiel 146 B 3
Hoher Atlas 158/159 B 3
Hoher Dachstein 150/151 E 3
Hoher Randen 146 B 3
Hohes Venn 150/151 A1-B1
Hohe Tatra 156/157 E4-F4
Hohe Tauern 147 E 5
Hohloh 146 B 2
Hokkaido 160/161 K 2
Holland 148/149 A 2
Holsteinische Schweiz 148/149 D 1
Holyhead 156/157 C 3
Holzstöcke 146 D2-D3
Homburg 150/151 B 2
Homel 156/157 G 3
Homs 158/159 F 3
Hondsrug 148/149 B 2
Honduras 162/163 D 3
Hongkong 160/161 J 3
Honiara 162/163 L 4
Honshu 160/161 K 2
Horb 146 B 2
Horliwka 156/157 G 4
Hornberg 146 D 1
Hornisgrinde 146 B 2

Hotzenwald 146 A3-B3
Houston 160/161 C2-C3
Hoyerswerda / Wojerecy 148/149 F 3
Hrodna 156/157 F 3
Huang He 160/161 J 2
Hudson Bay 160/161 C1-D2
Hudsonstraße 160/161 D 1
Huelva 158/159 B 3
Hümmling 148/149 B 2
Hundsrücken 146 B 2
Hünersedel 146 A 2
Hunsrück 150/151 B2-B1
Hunte 148/149 C 2
Husum 148/149 C 1
Hvannadalshnúkur 156/157 B 2

I

Iberisches Randgebirge 158/159 B 2
Ibiza 158/159 C 3
Ida 158/159 E 3
Idarwald 150/151 B 2
Ighargharbecken 158/159 C 3
IJssel 148/149 B 2
IJsselmeer 148/149 A 2
Iller 150/151 D 3
Illmensee 156/157 G 3
Imandrasee 156/157 G 2
Inarisee 156/157 F 2
Indien 162/163 I 3
Indischer Ozean 160/161 I4-J4
Indonesien 162/163 J4-K4
Indus 160/161 I 3
Ingolstadt 150/151 D 2
Inn 150/151 E 2
Innsbruck 150/151 D 3
In Salah 158/159 C 3
Insel Man 156/157 C 3, 154/155 D 3
Ionisches Meer 158/159 D 3
Ipf 146 D 2
Iquitos 160/161 D 4
Irak 162/163 H 2
Iraklion 158/159 E 3
Iran 162/163 H 2
Irbid 158/159 F 3
Iriklinsker Stausee 156/157 I3-J3
Irische See 156/157 C 3
Irkutsk 160/161 J 2
Irland 156/157 C 3, 154/155 D 3
Irtysch 156/157 K 3
Isar 150/151 E 2
Ischewsk 156/157 I 3
Ischim 156/157 K 3
Iser 150/151 E 2
Isergebirge 150/151 F 1
Isfahan 160/161 H 2
İskenderun 158/159 F 3
Islamabad 162/163 I 2
Island; Insel 152/153 B2-C2
Island; Staat 156/157 B 2, 154/155 C 2
Isny i. Allgäu 146 D 3
Israel 162/163 H 2
İstanbul 158/159 E 2
Italien 158/159 D 2, 154/155 F 4
Ith 148/149 C 2
Iwanowo 156/157 H 3
Iwdel 156/157 J 2
İzmir 158/159 E 3
İzmit 158/159 E2-F2

J

Jablonowygebirge 160/161 J2-K2
Jadebusen 148/149 C 2
Jagst 146 C 1
Jaipur 160/161 I 3
Jakarta 160/161 I 4, 162/163 J 4
Jakutsk 160/161 K 1
Jamaika; Staat 162/163 D 3
Jamaika; Insel 160/161 D 3
Jamantau 156/157 I 3
Jangtsekiang 160/161 J 3

Jan Mayen 160/161 F 1
Japan 162/163 K 2
Japanisches Meer 160/161 K 2
Jaroslawl 156/157 G 3
Jaunde 160/161 G 3, 162/163 G 3
Java 160/161 J 4
Jekaterinburg 156/157 J 3
Jemen 162/163 H 3
Jena 150/151 D 1
Jenissei 160/161 I 1
Jergenihügel 156/157 H 4
Jerusalem 158/159 F 3
Jezercë 158/159 D 2
Jinan 160/161 J 2
Johannesburg 160/161 G 4
Jönköping 156/157 E 3
Jordanien 162/163 H3-H2
Juárez 160/161 C 2
Juist 148/149 B 2
Jungbunzlau 150/151 F 1
Jura 156/157 D 4

K

Kabul 160/161 I 2, 162/163 I 2
Kachowkaer Stausee 156/157 G 4
Kahler Asten 148/149 C 3
Kairo 160/161 H2-H3, 162/163 H 3
Kaiserslautern 150/151 B 2
Kaiserstuhl 146 A 2
Kalaallit Nunaat 162/163 E1-F1
Kalahari 160/161 G4-H4
Kaliningrad [Königsberg] 156/157 F 3
Kalmit 150/151 C 2
Kaluga 156/157 G 3
Kama 156/157 I2-I3
Kama-Stausee 156/157 I 3
Kambodscha 162/163 J 3
Kamerun 162/163 G 3
Kampala 160/161 H 3, 162/163 H 3
Kampen 148/149 A 2
Kamtschatka 160/161 L 2
Kanada 162/163 B2-D2
Kanadischer-arktischer Archipel 160/161 B1-D1
Kanalinseln 156/157 C 4, 154/155 D 4
Kanarische Inseln 152/153 C 6
Kandel 146 B 2
Kansas City 160/161 C 2
Kanton 160/161 J 3
Kap Arkona 148/149 E 1
Kap Batterbee 160/161 H 6
Kap Bon 158/159 D 3
Kap der Guten Hoffnung 160/161 G 5
Kap Finisterre 158/159 A 2
Kap Hoorn 160/161 D 5
Kap İnce 158/159 F 2
Kapstadt 160/161 G 5
Kap Tscheljuskin 160/161 J1-K1
Kapverdische Inseln 160/161 E3-F3
Kap-York-Halbinsel 160/161 K 4
Karachi 160/161 I 3
Karakorum 160/161 I 2
Karasee 160/161 I 1
Karelien 152/153 G2-H2
Karibisches Meer 160/161 D 3
Karlsbad 150/151 E 1
Karlsruhe 146 B1-B2
Karolinen 160/161 K3-L3
Karpaten 152/153 G 4
Kasachensteppe 152/153 I3-H4
Kasachstan 156/157 H4-I4, 162/163 H3-I3
Kassel 150/151 C 1
Kastilisches Scheidegebirge 158/159 B 2
Katar 162/163 H 3
Kathmandu 162/163 I 3
Katowice [Kattowitz] 156/157 E 3
Kattegat 156/157 E 3

Kattowitz [Katowice] 156/157 E 3
Katzenbuckel 146 C 1
Kaufbeuren 150/151 D 3
Kaukasus 156/157 H 4
Kaunas 156/157 F 3
Kayseri 158/159 F 3
Kebnekajse 156/157 E 2
Keflavík 156/157 A 2
Kehl 146 A 2
Keilberg 150/151 E 1
Kellerwald 150/151 C 1
Kemijärvi 156/157 F 2
Kempten 150/151 D 3
Kenia 162/163 H3-H4
Kénitra 158/159 B 3
Kerguelen 160/161 I 5
Kertsch 156/157 G 4
Khartum 160/161 H 3, 162/163 H 3
Khouribga 158/159 B 3
Kiel 148/149 D 1
Kieler Bucht 148/149 D 1
Kiew [Kyiv] 156/157 G 3, 154/155 H 3
Kiewer Stausee 156/157 F 3
Kigali 160/161 G4-G5, 162/163 G4-H4
Kilimandscharo 160/161 H 4
Kimberleyplateau 160/161 K 4
Kingston 162/163 D 3
Kinshasa 160/161 G 4, 162/163 G 4
Kinzig 146 B 2
Kirchheim u. Teck 146 C 2
Kirgisistan 162/163 I 3
Kirkenes 156/157 F2-G2
Kirkuk 152/153 I 5
Kirow 156/157 H 3
Kirowsk 156/157 G 2
Kiruna 156/157 F 2
Kitzbüheler Alpen 150/151 D3-E3
Kırıkkale 158/159 F 2
Kızılırmak 158/159 F 2
Kladno 150/151 F 1
Klagenfurt a. Wörthersee 147 F 5
Klaipėda [Memel] 156/157 F 3
Klarälv 156/157 E 2
Klattau 150/151 E 2
Klausenburg 158/159 E 2
Kleine Antillen 160/161 D 3
Kleine Syrte 158/159 D 3
Knüll 150/151 C 1
Koblenz 150/151 B 1
Kocher 146 C 1
Kodiak 160/161 A2-B2
Kolberg 148/149 F 1
Kolkata 160/161 I 3
Köln 148/149 B 3
Kölner Bucht 148/149 B 3
Kolomna 156/157 G 3
Kolumbien 162/163 D 3
Kolyma 160/161 K1-L1
Komoren; Staat 162/163 H 4
Komoren; Inseln 160/161 H 4
Kongo 160/161 G3-G4
Kongobecken 160/161 G3-G4
Königsberg [Kaliningrad] 156/157 F 3
Königsee 150/151 E 3
Königstuhl 146 B 1
Konschakowski Kamen 156/157 I 3
Konstanz 146 C 3
Konya 158/159 F 3
Kopenhagen 156/157 E 3, 154/155 F3-F3
Korallensee 160/161 K4-L4
Korea 160/161 K 2
Kornwestheim 146 C 2
Korsika 158/159 C 2
Kosovo 154/155 G 4
Kostroma 156/157 H 3
Kotlas 156/157 H 2
Kozhikode 160/161 I 3
Kraichgau 146 B 1
Krakau [Kraków] 156/157 E 3
Kraków [Krakau] 156/157 E 3
Krasnodar 156/157 G 4
Krefeld 148/149 B 3
Krementschuker Stausee 156/157 G 4
Kreta 158/159 E 3
Kroatien 158/159 D 2, 154/155 F 4

Kronstadt 158/159 E 2
Krywyj Rih 156/157 G 4
Kuala Lumpur 160/161 J 3, 162/163 J 3
Kuba 162/163 D 3
Kuban 156/157 G4-H4
Kuibyschewer Stausee 156/157 H3-I3
Kummerower See 148/149 E 2
Kunlun Shan 160/161 I2-J2
Kunming 160/161 J 3
Künzelsau 146 C 1
Kuopio 156/157 F 2
Kurilen 160/161 K2-L2
Kursk 156/157 G 3
Küstengebirge 160/161 B2-B1
Küstenkanal 148/149 B 2
Küstenkette 160/161 C2-B2
Kuwait; Staat 162/163 H 3
Kuwait; Stadt 160/161 H 3, 162/163 H3-H2
Kyffhäuser 150/151 D 1
Kyiv [Kiew] 156/157 G 3
Kykladen 158/159 E 3
Kyll 150/151 B 1

L

Laayoune 162/163 F 3
Labradorsee 160/161 E 2
La Coruña 158/159 B 2
Ladogasee 156/157 G 2
Laghouat 158/159 C 3
Lagos 160/161 G 3
Lahn 150/151 C 1
Lahore 160/161 I 2
Lahr 146 A 2
Lakshadweepinseln 160/161 I 3
Landau i. d. Pfalz 150/151 C 2
Landsberg 148/149 F 2
Landsberg a. Lech 150/151 D 2
Land's End 156/157 C 3
Landshut 150/151 E 2
Langeland 148/149 D 1
Langeoog 148/149 B 2
Lanzhou 160/161 J 2
Laos 162/163 J 3
La Paz 160/161 D 4
Lappland 152/153 G 2
Laptewsee 160/161 J1-K1
Larne 156/157 C 3
Las Palmas 152/153 C 6
Latakia 156/157 F 3
Lauban 148/149 F 3
Lauffen 146 C 1
Laupheim 146 C 2
Lausitzer Gebirge 150/151 F 1
Lecce 158/159 D 2
Lech 150/151 D 2
Leeds 156/157 C 3
Leeuwarden 148/149 A 2
Le Havre 158/159 C 2
Leicester 156/157 C 3
Leimen 146 B 1
Leine 148/149 C 2
Leinfelden-Echterdingen 146 C 2
Leipzig 148/149 E 3
Leipziger Tieflandsbucht 148/149 E 3
Lek 148/149 A 3
Le Mans 158/159 C 2
Lemberg; Stadt [Lwiw] 156/157 F 3
Lemberg; Berg 146 B 2
Lena 160/161 K 1
León; Stadt in Spanien 158/159 B 2
León; Stadt in Mexiko 160/161 C 3
Leonberg 146 B2-C2
Lesbos 158/159 E 3
Lesotho 162/163 G4-H5
Lettland 156/157 F 3, 154/155 G 3
Leutkirch 146 D 3
Leverkusen 148/149 B 3
Libanon 162/163 H 2
Libau [Liepāja] 156/157 F 3
Liberia 160/161 F 3
Libreville 160/161 G 3, 162/163 G 3
Libyen 162/163 G 3

bysche Wüste 160/161 G3
echtenstein 156/157 D4, 154/155 E4-F4
epāja [Libau] 156/157 F3
gurisches Meer 158/159 C2
lle 158/159 C2
longwe 162/163 H4
ma 160/161 D4, 162/163 D4
mburg a. d. Lahn 150/151 C1
moges 158/159 C2
mpurger Berge 146 C1-C2
nz 150/151 F2
nzgau 146 C3
parische Inseln 158/159 D3
pezk 156/157 G3
ppe 148/149 C3
ppener Stausee 150/151 F2
ssabon 158/159 B3, 154/155 D5
tauen 156/157 F3, 154/155 G3
verpool 156/157 C3
vorno 158/159 D2
ubljana 158/159 D2, 154/155 F4
ódź 156/157 E3
ofoten 156/157 E2
oire 158/159 C2
olland 148/149 D1
omé 160/161 G3, 162/163 G3
ondon 156/157 C3-D3, 154/155 D3-E3
örrach 146 A3
os Angeles 160/161 C2
othringen 150/151 B2
öwensteiner Berge 146 C1
uanda 160/161 G4, 162/163 G4
ibbenau / Lubnjow 148/149 E3
ibeck 148/149 D2
übecker Bucht 148/149 D1
ublin 156/157 F3
ubumbashi 160/161 G4
udwigsburg 146 C2
udwigsfelde 148/149 E2
udwigshafen a. Rhein 150/151 C2
uhansk 156/157 G4
uleå 156/157 F2
ineburg 148/149 D2
ineburger Heide 148/149 C2-D2
upfen 146 B2
usaka 160/161 G4, 162/163 G4
uschnitz 150/151 F2
ittich 150/151 A1
uxemburg; Staat 150/151 A1-B2, 154/155 E4
uxemburg; Stadt 150/151 B2, 154/155 E4
uzern 147 C5
izk 156/157 F3
uzon 160/161 J3
wiw [Lemberg] 156/157 F4
yon 158/159 C2

M

aanselkä 156/157 F2-G2
aas 147 A4-B4
aastricht 150/151 A1
acdonnellkette 160/161 K4
achatschkala 156/157 H4
adagaskar; Staat 162/163 H4
adagaskar; Insel 160/161 H4
adeira; Insel 152/153 C3
adeira; Fluss 160/161 D4
ädelegabel 150/151 D3
adras 158/159 I3
adrid 158/159 B2, 154/155 D4
adüsee 148/149 F2
agadan 160/161 L1-L2
agdeburg 148/149 D2
aghreb 152/153 D5-E5
agnitogorsk 156/157 I3
ahiljou 156/157 G3
ailand 158/159 C2-D2
ain 150/151 D2
ainau 146 C3
ain-Donau-Kanal 150/151 D2
ainhardter Wald 146 C1
ainz 150/151 C1-C2
akassar 160/161 I4

Malabo 162/163 G3
Málaga 158/159 B3
Mälarsee 156/157 E3
Malatya 158/159 F3
Malawi 162/163 H4
Malawisee 160/161 H4
Malaysia 162/163 J3
Male 162/163 I3
Malediven; Staat 162/163 I3
Malediven; Inseln 160/161 I3
Mali 162/163 F3-G3
Mallorca 158/159 C3
Malmö 156/157 E3
Malta 158/159 D3, 154/155 F5
Manado 160/161 K3
Managua 160/161 D3, 162/163 D3
Manama 162/163 H3
Manaus 160/161 E4
Manchester 156/157 C3
Mandschurei 160/161 J2-K2
Manila 160/161 K3, 162/163 K3
Manisa 158/159 E3
Mannheim 146 B1
Manytschniederung 156/157 H4
Maputo 160/161 H4, 162/163 H4
Maracaibo 160/161 D3
Marburg 150/151 C1
Mar del Plata 160/161 E5
Marianen 160/161 K3
Mariupol 156/157 G4
Marmarameer 158/159 E2
Marne 150/151 A2
Marokko 162/163 F2
Marrakesch 158/159 B3
Marseille 158/159 C2
Marshallinseln 162/163 L3
Maseru 162/163 G4
Maskat 162/163 H3
Masuren 152/153 G3
Mauretanien 162/163 F3
Mauritius 162/163 H4-I4
Mbabane 162/163 H4
Mbuji-Mayi 160/161 G4
Mecklenburger Bucht 148/149 D1
Mecklenburgische Seenplatte 148/149 D2-E2
Mecklenburg-Vorpommern 147 D2-E2
Medan 160/161 J3
Medellín 160/161 D3
Medina 160/161 H3
Meersburg 146 C3
Meiningen 150/151 D1
Meißen 148/149 E3
Meißner 150/151 C1
Mekka 160/161 H3
Meknès 158/159 B3
Mekong 160/161 J3
Melbourne 160/161 K5
Melilla 158/159 B3
Melitopol 156/157 G4
Memel; Fluss 156/157 F3
Memel; Stadt [Klaipėda] 156/157 F3
Memmingen 150/151 D2-D3
Menorca 158/159 C2
Merauke 160/161 K4
Mérida 160/161 D3
Merseburg 148/149 D3-E3
Mersin 158/159 F3
Meschhed 160/161 H2
Mesen 156/157 H2
Mesopotamien 152/153 I5
Messina 158/159 D3
Metz 150/151 B2
Metzingen 146 C2
Mexiko; Stadt 160/161 C3, 162/163 C3
Mexiko; Staat 162/163 C3
Miami 160/161 D3
Mies 150/151 E2
Mikolajiw 156/157 G4
Mikronesien 162/163 K3-L3
Mindanao 160/161 J3-K3
Minden 148/149 C2
Mindoro 160/161 J3
Minsk 156/157 F3, 154/155 G3
Misrata 158/159 D3
Mississippi 160/161 C2-D2

Mittelgebirgsland 147 B3-C4
Mittellandkanal 148/149 D2
Mittelmeer 158/159 B3-F3
Mittlerer Atlas 158/159 B3
Mogadischu 160/161 H3, 162/163 H3
Moldau; Staat 158/159 F2, 154/155 G4
Moldau; Fluss 150/151 F2
Molukken 160/161 K4-K3
Mombasa 160/161 H4
Møn 148/149 E1
Monaco 158/159 C2, 154/155 E4
Mönchengladbach 148/149 B3
Mongolei 162/163 J3
Monrovia 160/161 F3, 162/163 F3
Møns Klint 148/149 E1
Mont Blanc 158/159 C2
Montenegro 158/159 D2, 154/155 F4
Monterrey 160/161 C3
Montevideo 160/161 E5, 162/163 E5
Montpellier 158/159 C2
Montréal 160/161 D2
Mooskopf 146 B2
Moroni 162/163 H4
Mosambik 162/163 H4
Mosbach 146 C1
Mosel 150/151 B2
Moskau [Moskva] 156/157 G3, 154/155 H3
Moskva [Moskau] 156/157 G3
Moskwa 156/157 G3
Mössingen 146 C2
Mosul 152/153 I5
Moulouya 154/155 D5
Mount Everest 160/161 I3
Mount Menzies 160/161 I6
Mühlacker 146 B2
Mulde 148/149 E3
Mülhausen 150/151 B3
Mülheim 148/149 B3
Müllheim 146 A3
Mumbai 160/161 I3
München 150/151 D2
Münsingen 146 C2
Münster 148/149 B3
Mur 150/151 F3
Murcia 158/159 B3
Murg 146 B2
Müritz 148/149 E2
Murmansk 156/157 G2
Murom 156/157 H3
Murray 160/161 K5
Murrhardt 146 C2
Musala 158/159 E2
Myanmar 162/163 J3

N

Naab 150/151 D2-E2
Nabereschnyje Tschelny 156/157 I3
Nagold; Stadt 146 B2
Nagold; Fluss 146 B2
Nagoya 160/161 K2
Nagpur 160/161 I3
Nahe 150/151 B2
Nairobi 160/161 H4, 162/163 H4
Namib 160/161 G4
Namibia 162/163 G4
Namur 158/159 A1
Nancy 150/151 B2
Nanjing 160/161 J2
Nan Shan 160/161 J2
Nantes 158/159 B2
Narjan-Mar 156/157 I2
Narodnaja 152/153 K2
Narva 156/157 F3
Narvik 156/157 E2
Nassau 162/163 D3
Natal 160/161 E4
Naypyidaw 162/163 J3
N'Djamena 160/161 G3, 162/163 G3
Neapel 158/159 D2
Neckar 146 C1
Neckarsulm 146 C1
Neiße 148/149 F3
Nepal 162/163 I3
Neubrandenburg 148/149 E2

Neufundland 160/161 E2
Neuguinea 160/161 K4
Neuhaus 150/151 F2
Neukaledonien 160/161 L4
Neumark 148/149 F2
Neumarkt i. d. Oberpfalz 150/151 D2
Neumünster 148/149 C1
Neunkirchen 150/151 B2
Neuruppin 148/149 E2
Neuseeland; Staat 162/163 L5
Neuseeland; Inseln 160/161 L5
Neusibirische Inseln 160/161 K1-L1
Neuss 148/149 B3
Neustadt a. d. Weinstraße 150/151 C2
Neu-Ulm 150/151 D2
Neuwerk 148/149 C2
Neuwied 150/151 B1
Newcastle upon Tyne 156/157 C3
New Delhi 162/163 I3
New Orleans 160/161 C2-D2
New York 160/161 D2
Niamey 160/161 G3, 162/163 G3
Nicaragua 162/163 D3
Niederbayern 150/151 D2-E2
Niedere Tauern 150/151 E3-F3
Niederguinea 160/161 G4
Niederlande 148/149 A2-B3, 154/155 E3
Niederlausitz 148/149 E3-F3
Niedersachsen 147 B2-D2
Niger 160/161 G3, 162/163 G3
Nigeria 162/163 G3
Nikobaren 160/161 I3-J3
Nikosia 158/159 F3, 154/155 H5
Nil 160/161 H3
Nimwegen 148/149 A3
Niš 158/159 E2
Nischni Nowgorod 156/157 H3
Nischni Tagil 156/157 I3
Nizza 158/159 C2
Nordamerika 160/161 C2-D2
Norddeutsches Tiefland 147 C2-E2
Norden 148/149 B2
Norderney 148/149 B2
Norderstedt 148/149 C2-D2
Nordfriesische Inseln 148/149 C1
Nordfriesland 148/149 C1
Nordinsel 160/161 L5
Nordkap 156/157 F1
Nördliche Dwina 152/153 I2
Nordmazedonien 158/159 E2, 154/155 G4
Nordmeseta 158/159 B2
Nord-Ostsee-Kanal 148/149 C1
Nordpolarmeer 160/161 K1-M1, 162/163 K1-L1
Nordrhein-Westfalen 147 B3-C3
Nordrussischer Landrücken 156/157 H2-I3
Nordsee 148/149 A1-B1
Norilsk 160/161 I1
Normandie 152/153 D4-E4
Norrköping 156/157 E3
Norwegen 156/157 D2-E2, 154/155 E2-F2
Nottingham 156/157 C3
Nouakchott 160/161 F3, 162/163 F3
Novi Sad 158/159 D2
Nowaja Semlja 160/161 H1
Nowgorod 156/157 G3
Noworossisk 156/157 G4
Nowosibirsk 160/161 I2
Nukus 152/153 J4
Nullarborebene 160/161 K5
Nürnberg 150/151 D2
Nürtingen 146 C2
Nuuk 160/161 E1

O

Ob 152/153 K2
Obbusen 160/161 I1
Oberbayern 150/151 D3-E3
Oberguinea 160/161 F3-G3

Oberhausen 148/149 B3
Oberkochen 146 D2
Oberlausitz 148/149 F3
Oberndorf a. Neckar 146 B2
Oberpfälzer Wald 150/151 E2
Oberrheinisches Tiefland 146 A2-B1
Oberschwaben 150/151 C3-C2
Obra 148/149 F2
Ochotskisches Meer 160/161 K2-L2
Odense 156/157 E3
Odenwald 146 B1-C1
Oder 148/149 F2
Oderbruch 148/149 F2
Oder-Havel-Kanal 148/149 E2
Oder-Spree-Kanal 148/149 F2
Odessa 156/157 G4
Offenbach 150/151 C1
Offenburg 146 A2
Ohio 160/161 D2
Öhringen 146 C1
Oka 156/157 H3
Öland 156/157 E3
Olbia 158/159 C2
Oldenburg 148/149 C2
Olymp 158/159 E2
Oman 162/163 H3
Omsk 160/161 I2
Onega 156/157 G2
Onegasee 156/157 G2
Oradea 158/159 E2
Oral 156/157 I3
Oran 160/161 F2
Oranienburg 148/149 E2
Oranje 160/161 G4
Örebro 156/157 E3
Orel 156/157 G3
Orenburg 156/157 I3
Orinoco 160/161 D3
Orkney-Inseln 156/157 C3
Orlando 160/161 D3
Orsk 156/157 I3
Ortenau 146 A2-B2
Ortler 158/159 D2
Osaka 160/161 K2
Osburger Hochwald 150/151 B2
Oslo 156/157 E2-E3, 154/155 F2-F3
Osnabrück 148/149 C2
Oste 148/149 C2
Ostalpen 147 D5-F5
Ostanatolien 158/159 F2-G3
Ostchinesisches Meer 160/161 K3
Oste 148/149 C2
Osterinsel 160/161 C4
Österreich 150/151 E2-F3, 154/155 F4
Östersund 156/157 E2
Osteuropäisches Flachland 156/157 G2-I3
Ostfriesische Inseln 148/149 B2
Ostfriesland 148/149 B2
Ostghats 160/161 I3
Östlicher Großer Erg 152/153 E6-E5
Ostrau [Ostrava] 156/157 E4
Ostrava [Ostrau] 156/157 E4
Ostsee 148/149 E1-F1
Ostsibirische See 160/161 L1-M1
Ottawa 160/161 D2, 162/163 D2
Ouagadougou 162/163 F3
Ouargla 152/153 E5
Oujda 158/159 B3
Oulu 156/157 F2
Oulusee 156/157 F2
Ourthe 150/151 A1

P

Paderborn 148/149 C3
Pakistan 162/163 I3
Palau 162/163 K3
Palawan 160/161 J3
Palembang 160/161 I4
Palermo 158/159 D3
Palikir 162/163 L3
Palma 158/159 C3
Palmerarchipel 160/161 D6
Pamir 160/161 I2

167

Pampa 160/161 D5-E5
Pamplona 158/159 B 2
Panama; Stadt 160/161 D 3, 162/163 D 3
Panama; Staat 162/163 D 3
Papenburg 148/149 B 2
Papua-Neuguinea 162/163 K 4-L 4
Paraguay 162/163 E 4
Paramaribo 162/163 E 3
Paraná 160/161 E 4
Paris 158/159 C 2, 154/155 E 4
Pariser Becken 158/159 C 2
Parma 158/159 D 2
Passau 150/151 E 2
Patagonien 160/161 D 5
Patna 160/161 I 3
Patras 158/159 E 3
Pazifischer Ozean 160/161 K 3-L 5
Peene 148/149 E 2
Pegnitz 150/151 D 2
Peine 148/149 D 2
Peipussee 156/157 F 3
Peking 160/161 J 2, 162/163 J 2
Pellworm 148/149 C 1
Peloponnes 158/159 E 3
Pennines 156/157 C 3
Pensa 156/157 H 3
Perm 156/157 I 3
Persischer Golf 160/161 H 3
Perth 160/161 J 5
Peru 162/163 D 4
Perugia 158/159 D 2
Petropawl 152/153 K 3
Petrosawodsk 156/157 G 2
Petschenga 156/157 G 2
Petschora; Fluss 156/157 I 2
Petschora; Stadt 156/157 I 2
Pfaffenhofen a. d. Ilm 150/151 D 2
Pfälzerwald 150/151 B 2
Pfänder 150/151 C 3
Pforzheim 146 B 2
Pfullendorf 146 C 3
Philadelphia 160/161 D 2
Philippinen; Staat 162/163 K 3
Philippinen; Inseln 160/161 K 3
Phnom Penh 160/161 J 3, 162/163 J 3
Phoenix 160/161 C 2
Pico de Aneto 158/159 C 2
Pico de Teide 152/153 C 6
Piekberg 148/149 E 1
Pielinen 156/157 F 2
Pilsen 150/151 E 2
Pindos 158/159 E 2
Pirmasens 150/151 B 2
Pitcairn 162/163 B 4
Pittsburgh 160/161 D 2
Pjöngjang 160/161 K 2, 162/163 K 2
Plauen 150/151 E 1
Plauer See 148/149 E 2
Plettenberg 146 B 2
Plöckenstein 150/151 E 2
Plön 148/149 D 1
Plovdiv 158/159 E 2
Plymouth 156/157 C 3
Po 158/159 C 2
Podgorica 158/159 D 2, 154/155 F 4
Poebene 158/159 C 2-D 2
Poel 148/149 D 1
Pohnpei 160/161 L 3
Pointe du Raz 156/157 C 4
Polen 148/149 F 2, 154/155 F 3-G 3
Poltawa 156/157 G 4
Pommern 148/149 E 2-F 2
Pommersche Bucht 148/149 F 1
Ponta Delgada 152/153 B 5
Pontianak 160/161 J 3
Pontisches Gebirge 158/159 F 2-G 2
Port-au-Prince 162/163 D 3
Portland 160/161 B 2
Port Louis 162/163 H 4
Port Moresby 160/161 K 4, 162/163 K 4
Porto 158/159 B 2
Porto Alegre 160/161 E 4
Port-of-Spain 162/163 D 3
Porto Novo 162/163 F 3
Port Said 158/159 F 3
Portugal 154/155 D 4
Posen [Poznań] 156/157 E 3

Potsdam 148/149 E 2
Poznań [Posen] 156/157 E 3
Prag 150/151 F 1, 154/155 F 3-F 4
Praia 162/163 F 3
Pretoria 162/163 G 4
Příbram 150/151 E 2-F 1
Prignitz 148/149 D 2-E 2
Prinz-Eduard-Inseln 160/161 H 5
Pripjet 156/157 F 3
Pripjetniederung 156/157 F 3
Pristina 158/159 E 2, 154/155 G 4
Pruth 158/159 E 2
Pskow 156/157 F 3
Puebla 160/161 C 3
Punjab 160/161 I 2-I 3
Punta Arenas 160/161 D 5
Pyrenäen 158/159 B 2-C 2

Q

Qingdao 160/161 K 2
Qin Ling 160/161 J 2
Qiqihar 160/161 K 2
Qom 162/163 J 5
Qostanai 152/153 K 3
Quetta 160/161 I 2
Quito 160/161 D 4, 162/163 D 4

R

Rabat 160/161 F 2, 162/163 F 2
Radolfzell a. Bodensee 146 B 3
Raichberg 146 B 2
Rangun 160/161 J 3
Rappbodetalsperre 148/149 D 3
Rascht 152/153 I 5
Rastatt 146 B 2
Ravensburg 146 C 3
Recife 160/161 E 4
Recklinghausen 148/149 B 3
Recknitz 148/149 E 2-E 1
Rega 148/149 F 2
Regen 150/151 E 2
Regensburg 150/151 E 2
Reggio di Calabria 158/159 D 3
Regnitz 150/151 D 2
Reichenau 146 B 3-C 3
Reichenberg 150/151 F 1
Reit i. Winkl 150/151 E 3
Rems 150/151 C 2
Remseck 146 C 2
Rennes 158/159 B 2
Republik Kongo 162/163 G 4-G 3
Republik Korea 162/163 K 2
Réunion 160/161 H 4-I 4
Reutlingen 146 C 2
Reykjavík 156/157 A 2, 154/155 B 2
Rhein 152/153 E 4
Rheinfelden 146 A 3
Rheingau 150/151 B 1-C 1
Rheinland-Pfalz 147 B 4
Rhein-Marne-Kanal 150/151 A 2
Rheinseitenkanal 146 A 3
Rheinstetten 146 B 2
Rhodopen 158/159 E 2
Rhodos 158/159 E 3
Rhön 150/151 C 1
Rhône 158/159 C 2
Riad 160/161 H 3, 162/163 H 3
Riedlingen 146 C 2
Ries 150/151 D 2
Riesa 148/149 E 3
Riga 156/157 F 3, 154/155 G 3
Rijeka 158/159 D 2
Rio de Janeiro 160/161 E 4
Rio Negro 160/161 D 4
Riß 146 C 2
Rjasan 156/157 G 3
Rockall 156/157 B 3
Rocky Mountains 160/161 C 2-B 2
Rødbyhavn 148/149 D 1
Rom 158/159 D 2, 154/155 F 4
Röm 148/149 C 1
Römerstein 146 C 2
Rosario 160/161 D 5

Rosenheim 150/151 E 3
Roßberg 146 C 2
Rosslare 158/159 B 1
Rostock 148/149 E 1
Rostow 156/157 G 4
Rotes Meer 160/161 H 3
Rothaargebirge 148/149 C 3
Rottenburg 146 B 2
Rotterdam 156/157 D 3
Rottweil 146 B 2
Ruanda 162/163 G 4
Rudolstadt 150/151 D 1
Rügen 148/149 E 1
Ruhner Berge 148/149 D 2
Ruhr 148/149 B 3
Rumänien 158/159 E 2, 154/155 G 4
Rur 148/149 B 3
Ruse 158/159 E 2
Rüsselsheim 150/151 C 1-C 2
Russische Föderation 156/157 G 2-J 3, 154/155 I 2-J 3
Rybinsk 156/157 G 3
Rybinsker Stausee 156/157 G 3

S

Saale 150/151 D 1
Saar 150/151 B 2
Saarbrücken 150/151 B 2
Saaremaa 156/157 F 3
Saarland 147 B 4
Saar-Nahe-Bergland 150/151 B 2
Sabha 160/161 G 3
Sachalin 160/161 K 2-L 2
Sachsen 147 E 3
Sachsen-Anhalt 147 D 2-E 3
Safi 158/159 B 3
Sahara 160/161 F 3-G 3
Saharaatlas 158/159 B 3-C 3
Sahel 160/161 F 3-G 3
Saimaasee 156/157 F 2
Saint-Étienne 158/159 C 2
Saint John's 160/161 E 2
Saint Kitts und Nevis 162/163 D 3
Saint Louis 160/161 C 2
Saint Lucia 162/163 D 3
Saint-Paul-Insel 160/161 I 5
Saint Vincent und die Grenadinen 162/163 D 3-E 3
Sajan 160/161 J 2
Salawat 156/157 I 3
Sallum 158/159 E 3
Salomonen 162/163 L 4
Salomoninseln 160/161 L 4
Saloniki 158/159 E 2
Salpausselkä 156/157 F 2-G 2
Salvador 160/161 E 4
Salzach 150/151 E 3
Salzburg 150/151 E 3
Salzburger Alpen 150/151 E 3
Salzgitter 148/149 D 2
Salzkammergut 150/151 E 3
Samara 156/157 I 3
Sambesi 160/161 G 4-H 4
Sambia 162/163 G 4
Samsun 158/159 F 2
Sanaa 160/161 H 3, 162/163 H 3
San Diego 160/161 C 2
San Francisco 160/161 B 2
San José 162/163 D 3
Sankt Blasien 146 B 3
Sankt Gallen 150/151 C 3
Sankt Helena 160/161 F 4
Sankt-Lorenz-Insel 160/161 M 1
Sankt Peter-Ording 148/149 C 1
Sankt Petersburg 156/157 F 3-G 4
Şanlıurfa 160/161 H 2
San Marino; Stadt 158/159 D 2
San Marino; Staat 154/155 F 4
San Miguel de Tucumán 160/161 D 4
San Salvador 160/161 D 3, 162/163 D 3
Santa Cruz 160/161 D 4
Santander 158/159 B 2
Santiago de Chile 160/161 D 5, 162/163 D 5

Santo Domingo 160/161 D 3, 162/163 D 3
São Francisco 160/161 E 4
São Miguel 152/153 B 5
São Paulo 160/161 E 4
São Tomé 162/163 G 3
São Tomé und Príncipe 162/163 F 3-G 3
Saporischschja 156/157 G 4
Sapporo 160/161 K 2
Sarajewo 158/159 D 2, 154/155 F 4
Saransk 156/157 H 3
Saratow 156/157 H 3
Saratower Stausee 156/157 H 3-I 3
Sardinien 158/159 C 3
Sargassosee 160/161 D 2
Sassari 158/159 C 2
Sassnitz 148/149 E 1
Sauðárkrókur 156/157 B 2
Saudi-Arabien 162/163 H 3
Sauer 150/151 B 2
Sauerland 148/149 B 3-C 3
Save 158/159 D 2
Sazawa 150/151 F 2
Schaalsee 148/149 D 2
Schaffhausen 150/151 C 3
Scharmützelsee 148/149 E 2-F 2
Schauinsland 146 A 3
Schiermonnikoog 148/149 A 2-B 2
Schiras 160/161 H 3
Schlei 148/149 C 1
Schlesien 152/153 F 3
Schleswig 148/149 C 1
Schleswig-Holstein 147 C 1-D 1
Schliffkopf 146 B 2
Schluchsee 146 B 3
Schneeberg 150/151 D 1
Schneifel 150/151 B 1
Schönbuch 146 B 2-C 2
Schorndorf 146 C 2
Schottische Hochlande 156/157 C 3
Schramberg 146 B 2
Schussen 146 C 3
Schwäbische Alb 146 B 3-D 2
Schwäbischer Wald 150/151 C 2
Schwäbisch Gmünd 146 C 2
Schwäbisch Hall 146 C 1
Schwandorf 150/151 E 2
Schwarze Elster 148/149 E 3
Schwarzer Grat 146 D 3
Schwarzes Meer 158/159 F 2
Schwarzkopf 150/151 E 2
Schwarzwald 146 A 3-B 2
Schweden 156/157 E 2, 154/155 F 2
Schwedt 148/149 F 2
Schweinfurt 150/151 D 1
Schweiz 150/151 B 3-C 3, 154/155 E 4
Schweizer Jura 150/151 B 3-C 3
Schweizer Mittelland 147 B 5-C 5
Schwerin 148/149 D 2
Schweriner See 148/149 D 2
Schwetzingen 146 B 1
Schytomyr 156/157 F 3
Seattle 160/161 B 2
Sedan 150/151 A 2
Seeland 148/149 D 1-E 1
Segescha 156/157 G 2
Seine 158/159 C 2
Semois 150/151 A 2
Senegal 162/163 F 3
Senftenberg / Zły Komorow 148/149 E 3-F 3
Seoul 160/161 K 2, 162/163 K 2
Serbien 158/159 E 2, 154/155 F 4-G 4
Serow 156/157 J 3
Serpuchow 156/157 G 3
Sevilla 158/159 B 3
Sewastopol 156/157 G 4
Sewernaja Semlja 160/161 J 1
Sewerodwinsk 156/157 G 2
Seychellen; Inseln 160/161 H 4-I 4
Seychellen; Staat 162/163 H 4
Sfax 158/159 D 3
Shanghai 160/161 K 2
Shantou 160/161 J 3
Sheffield 156/157 C 3
Shenyang 160/161 K 2
Shetlandinseln 156/157 C 2
Sibirien 160/161 I 1-K 1

Sichote-Alin 160/161 K 2
Siebenbürgen 152/153 G 4
Sieg 150/151 B 1
Siegen 150/151 C 1
Sierra Leone 162/163 F 3
Sierra Morena 158/159 B 3
Sierra Nevada; Gebirge in Spanien 158/159 B 3
Sierra Nevada; Gebirge in den USA 160/161 C 2-B 2
Sigmaringen 146 C 2
Simbabwe 162/163 G 4-H 4
Simferopol 156/157 G 4
Sindelfingen 146 B 2-C 2
Singapur 160/161 J 3, 162/163 J 3
Singen 146 B 3
Sinsheim 146 B 1
Sivas 158/159 F 3
Sizilien 158/159 D 3
Skagerrak 156/157 D 3-E 3
Skandinavisches Gebirge 156/157 D 2-E 3
Skikda 158/159 C 3
Skopje 158/159 E 2, 154/155 G 4
Slea Head 152/153 C 3
Slowakei 156/157 E 4-F 4, 154/155 F 4-G 4
Slowenien 158/159 D 2, 154/155 F 4
Smolensk 156/157 G 3
Soest 148/149 C 3
Sofia 158/159 E 2, 154/155 G 4
Solikamsk 156/157 I 3
Solingen 148/149 B 3
Solling 148/149 C 3
Soltau 148/149 C 2
Somalia 162/163 H 3
Somali-Halbinsel 160/161 H 3
Sonderburg 148/149 C 1
Sonneberg 150/151 D 1
Soonwald 150/151 B 2-B 1
Sorong 160/161 K 4
Sotschi 156/157 G 4
Southampton 156/157 C 3
Spaichingen 146 B 2
Spanien 158/159 B 3-B 2, 154/155 D
Spessart 150/151 C 2-C 1
Speyer 150/151 C 2
Spiekeroog 148/149 B 2
Spitzbergen 160/161 G 1
Split 158/159 D 2
Spree 148/149 E 2-E 3
Sri Lanka; Staat 162/163 I 3
Sri Lanka; Insel 160/161 I 3
Stadtallendorf 150/151 C 1
Stanowoigebirge 160/161 K 2
Stargard 148/149 F 2
Starnberg 150/151 D 2
Starnberger See 150/151 D 3
Stausee von Gorki 156/157 H 3
Stausee von Tscheboksary 156/157 H 3
Stavanger 156/157 D 3
Stawropol 156/157 H 4
Steigerwald 150/151 D 2
Steinhuder Meer 148/149 C 2
Stendal 148/149 D 2
Sterlitamak 156/157 I 3
Stettin 148/149 F 2
Stettiner Haff 148/149 F 2
Steyr 150/151 F 2
Stockach 146 C 3
Stockholm 156/157 E 3, 154/155 F 3
Stralsund 148/149 E 1
Stranraer 156/157 C 3
Straßburg 150/151 B 2
Straße von Dover 156/157 C 3-D 3
Straße von Gibraltar 158/159 B 3
Straße von Mosambik 160/161 H 4
Straubing 150/151 E 2
Stromberg 146 B 2-C 1
Stuifen 146 C 2
Stutensee 146 B 1
Stuttgart 146 C 2
Suchona 156/157 H 2
Sucre 162/163 D 4
Südafrika 162/163 G 4-G 5
Südamerika 160/161 D 4-E 4
Sudan 162/163 G 3-H 3

Südchinesisches Bergland 160/161 J3
Südchinesisches Meer 160/161 J3
Sudeten 156/157 E3-E4
Südgeorgien 160/161 E5
Südinsel 160/161 L5
Südkarpaten 158/159 E2
Südmeseta 158/159 B2-B3
Südorkney-Inseln 160/161 E6
Südpolarmeer 160/161 C6-D6
Südsandwichinseln 160/161 E5-F5
Südshetlandinseln 160/161 D6-E6
Südsudan 162/163 G3-H3
Suez 158/159 F3-F4
Suezkanal 158/159 F3
Suhl 150/151 D1
Sulawesi 160/161 J3-K4
Sulu-Inseln 160/161 J3-K3
Sumatra 160/161 J3-J4
Sumy 156/157 G4
Sundsvall 156/157 E2
Surabaya 160/161 I4
Surgut 156/157 K2
Suriname 162/163 E3
Swinemünde 148/149 F2
Sydney 160/161 L5
Syktywkar 156/157 I2
Sylt; Insel 148/149 C1
Sylt; Gemeinde 148/149 C1
Syrakus 158/159 D3
Syr-Darja 152/153 K4
Syrien 162/163 H2
Sysran 156/157 H3

T

Tábor 150/151 F2
Täbris 152/153 I5
Tabuk 158/159 F4
Tadsohikiotan 162/163 I3
Taipeh 160/161 K3, 162/163 K3
Taiwan 160/161 J3-K3, 162/163 K3
Tallinn 156/157 F3, 154/155 G3
Tambow 156/157 H3
Tampere 156/157 F2
Tanganjikasee 160/161 H4
Tanger 158/159 B3
Tansania 162/163 H4
Tarent 158/159 D2
Tarimbecken 160/161 I2
Taschkent 160/161 I2, 162/163 I2
Tasmanien 160/161 K5
Tasmansee 160/161 L5
Tauber 146 C1
Tauberbischofsheim 146 C1
Tauberland 146 C1-D1
Taufstein 150/151 C1
Taunus 150/151 B1-C1
Taurus 158/159 E3-F3
Tébessa 158/159 C3
Tegucigalpa 162/163 D3
Teheran 160/161 H2, 162/163 H2
Tejo (Tajo) 158/159 B3
Tel Aviv-Jaffa 158/159 F3
Tellatlas 158/159 B3-C3
Teneriffa 152/153 C6
Tepler Hochland 150/151 E2-E1
Teresina 160/161 E4
Terschelling 148/149 A2
Tetouan 158/159 B3
Tetschen 150/151 F1
Tettnang 146 C3
Teutoburger Wald 148/149 B2-C3
Texel 148/149 A2
Thailand 162/163 J3
Theiß 156/157 F4
Themse 156/157 C3
Thimphu 162/163 I3
Thorn [Toruń] 156/157 E3
Thüringen 147 D3-E3
Thüringer Becken 150/151 D1
Thüringer Wald 150/151 D1
Tianjin 160/161 J2
Tian Shan 160/161 I2
Tibesti 160/161 G3
Tibet 160/161 I2
Tiefland von Turan 160/161 H2-I2
Tiflis 160/161 H2, 162/163 H2
Tigris 160/161 H2
Tilburg 147 A3
Timanrücken 156/157 H2-I2
Timimoun 158/159 C4
Timişoara 158/159 E2
Timmendorfer Strand 148/149 D2
Timor-Leste 162/163 K4
Timorsee 160/161 K4
Tirana 158/159 D2-E2, 154/155 F4
Tiraspol 158/159 E2
Titisee-Neustadt 146 B3
Tjumen 152/153 K3
Tobol 152/153 K3
Tobruk 158/159 E3
Tocantins 160/161 E4
Todtnau 146 A3
Togo 162/163 G3
Tokyo 160/161 K2, 162/163 K2
Toljatti 156/157 H3
Topsee 156/157 G2
Torneälv 156/157 F2
Toronto 160/161 D2
Toruń [Thorn] 156/157 E3
Totes Gebirge 150/151 E3-F3
Totes Meer 158/159 F3
Toubkal 158/159 B3
Touggourt 158/159 C3
Toulon 158/159 C2
Toulouse 158/159 C2
Tours 158/159 C2
Trabzon 158/159 F2
Transhimalaya 160/161 I2-J2
Traun 150/151 E2
Traunsee 150/151 E3
Triberg i. Schwarzwald 146 B2
Trier 150/151 B2
Trinidad und Tobago 162/163 D3-E3
Tripolis 160/161 G2, 162/163 G2
Tripolitanien 152/153 F5
Tristan da Cunha; Insel 160/161 F5
Tristan da Cunha; Verwaltungseinheit 162/163 F5
Trondheim 156/157 E2
Tschad; See 160/161 G3
Tschad; Staat 162/163 G3
Tscheboksary 156/157 H3
Tschechien 150/151 E2-F2, 154/155 F4
Tscheljabinsk 152/153 K3
Tschenstochau [Częstochowa] 156/157 E3
Tscherepowez 156/157 G3
Tscherkasi 156/157 G4
Tübingen 146 C2
Tula 156/157 G3
Tunesien 162/163 G2
Tunis 160/161 G2, 162/163 G2
Turin 158/159 C2
Türkei 158/159 F3, 154/155 H5
Turkmenistan 162/163 H3-I3
Turku 156/157 F2
Tuttlingen 146 B3
Tuzsee 158/159 F3
Twer 156/157 G3
Tyrrhenisches Meer 158/159 D2-D3

U

Überlingen 146 C3
Uchta 156/157 I2
Uckermark 148/149 E2
Uecker 148/149 E2
Ufa 156/157 I3
Uganda 162/163 H3
Ukraine 156/157 F3-G4, 154/155 G3-H4
Ulan-Bator 160/161 J2, 162/163 J2
Uljanowsk 156/157 H3
Ulm 146 C2
Umeå 156/157 F2
Ungarische Tiefebene 158/159 D2-E2
Ungarn 156/157 E4-F4, 154/155 F4-G4
Ungava-Halbinsel 160/161 D1-D2
Unstrut 150/151 D1
Unterer Kama-Stausee 156/157 I3
Uppsala 156/157 E3
Ural 152/153 J3
Uralgebirge 156/157 I2-J3
Urmia 152/153 I5
Urmiasee 152/153 I5
Uruguay; Fluss 160/161 E5-E4
Uruguay; Staat 162/163 E5
Ürümqi 160/161 I2
Usbekistan 162/163 H3-I3
Usedom 148/149 E1-E2
Ust-Ischim 156/157 K3
Utrecht 148/149 A2

V

Vaasa 156/157 F2
Vaduz 154/155 E4
Vaihingen a. d. Enz 146 B2
Valencia 158/159 B3
Valladolid 158/159 B3
Valletta 158/159 D3, 154/155 F5
Vancouver 160/161 B2
Vancouverinsel 160/161 B2
Vänersee 156/157 E3
Vansee 152/153 I5
Vanuatu 162/163 L4
Varna 158/159 E2
Vatikanstadt 158/159 D2, 154/155 F4
Vatnajökull 158/159 B2
Vättersee 156/157 E3
Vechta 148/149 C2
Vechte 148/149 B2
Velmerstot 148/149 C3
Venedig 158/159 D2
Venezuela 162/163 D3
Venlo 148/149 B3
Ventspils 156/157 F3
Verdun 150/151 A2
Vereinigte Arabische Emirate 156/157 H4
Vereinigtes Königreich 156/157 C3-D3, 154/155 D3-E3
Vereinigte Staaten 162/163 C2-D2
Verona 158/159 D2
Verviers 150/151 A1
Vesuv 158/159 D2
Victoria 162/163 H4
Victoria-Insel 160/161 C1
Victoriasee 160/161 H4
Vietnam 162/163 J3
Vigo 158/159 B2
Villach 147 E5
Ville 148/149 B3
Villingen-Schwenningen 146 B2

Vilnius [Wilna] 156/157 F3
Vlieland 148/149 A2
Vogelsberg 150/151 C1
Vogesen 150/151 B3-B2
Vogtland 150/151 D1-E1
Vulkaninseln 160/161 K3

W

Waal 148/149 A3
Waghäusel 146 B1
Waiblingen 146 C2
Walachei 152/153 G4
Waldaihöhe 156/157 G3
Waldkirch 146 A2
Waldnaab 150/151 E2
Waldshut-Tiengen 146 B3
Walldürn 146 C1
Wangen 146 C3
Wangerooge 148/149 B2
Warnow 148/149 E2
Warschau [Warszawa] 156/157 F3, 154/155 G3
Warszawa [Warschau] 156/157 F3
Warthe 148/149 F2
Warthebruch 148/149 F2
Washington 160/161 D2, 162/163 D2
Wasserkuppe 150/151 C1
Watzmann 150/151 E3
Weddellmeer 160/161 E6-F6
Weichsel 156/157 F3
Weiden i. d. OPf. 150/151 E2
Weil a. Rhein 146 A3
Weimar 150/151 D1
Weingarten (Württemberg) 146 C3
Weinheim 146 B1
Weinsberger Wald 150/151 F2
Weinstadt 146 C2
Weiße Elster 148/149 E3
Weißenfels 148/149 D3
Weißes Moor 156/157 G2
Wellington 160/161 L5, 162/163 L5
Wels 150/151 E2-F2
Welzheimer Wald 146 C2
Wendland 148/149 D2
Werchojansk 160/161 K1
Werchojansker Gebirge 160/161 K1
Werra 150/151 D1
Wertheim 146 C1
Wesel 148/149 B3
Weser 148/149 C2
Weserbergland 148/149 C2-C3
Wesergebirge 148/149 C2
Westanatolien 158/159 E2-F3
Westerwald 150/151 B1-C1
Westfälische Bucht 148/149 B3
Westfriesische Inseln 148/149 A2-B2
Westfriesland 148/149 A2-B2
Westghats 160/161 I3
Westlicher Großer Erg 152/153 D6-E5
Westsahara 162/163 F3
Westsibirisches Tiefland 152/153 K2-K3
Whitehorse 160/161 B1
Wiborg 156/157 F2
Wiehengebirge 148/149 C2
Wien 156/157 E4, 154/155 F4
Wiesbaden 150/151 C1
Wiese 146 A3
Wiesloch 146 B1
Wildspitze 147 D5
Wilhelmshaven 148/149 C2
Wilna [Vilnius] 156/157 F3, 154/155 G3
Wilseder Berg 148/149 C2

Windhuk 160/161 G4, 162/163 G4
Winnenden 146 C2
Winnipeg 160/161 C2
Winnyzja 156/157 F4
Winterthur 150/151 C3
Wipper 148/149 D3
Wismar 148/149 D2
Wittenberg 148/149 E3
Wittenberge 148/149 D2
Wizebsk 156/157 G3
Wladikawkas 156/157 H4
Wladimir 156/157 H3
Wladiwostok 160/161 K2
Wolfach 146 B2
Wolfenbüttel 148/149 D2
Wolfsburg 148/149 D2
Wolga 156/157 H4
Wolgaplatte 156/157 H3
Wolgograd 156/157 H4
Wolgograder Stausee 156/157 H3-H4
Wollin 148/149 F2-F1
Wolynien 152/153 G3
Workuta 152/153 K2
Worms 150/151 C2
Woronesch 156/157 G3
Wotau 150/151 E2
Wotkinsker Stausee 156/157 I3
Wrangelinsel 160/161 L1-M1
Wrocław [Breslau] 156/157 E3
Wuhan 160/161 J2
Wuppertal 148/149 B3
Würzburg 150/151 C2
Wutach 146 B3
Wytschegda 156/157 I2

X

Xi'an 160/161 J2

Y

Yamoussoukro 162/163 F3
Yukon 160/161 B1
Yunnanplateau 160/161 J3

Z

Zagreb 158/159 D2, 154/155 F4
Zagrosgebirge 152/153 I5-J5
Zaragoza 158/159 B2
Zentralafrikanische Republik 162/163 G3
Zentralmassiv 158/159 C2
Zhengzhou 160/161 J2-J3
Zimljansker Stausee 156/157 H4
Zingst 148/149 E1
Zinnowitz 148/149 E1
Zonguldak 158/159 F2
Zschopau 150/151 E1
Zugspitze 150/151 D3
Zürich 150/151 C3
Zürichsee 150/151 C3
Zweibrücken 150/151 B2
Zwickau 150/151 E1
Zwickauer Mulde 150/151 E1
Zwolle 148/149 B2
Zypern; Staat 158/159 F3, 154/155 H5
Zypern; Insel 152/153 H5

SP Mit Operatoren arbeiten

Operatoren sind Verben, die dir signalisieren, wie du eine Aufgabe bearbeiten sollst.
Achte auf inhaltliche und sprachliche Anforderungen.
Die Operatoren sind in drei Anforderungsbereiche gegliedert.

Anforderungsbereich I
Informationen erfassen, Inhalte wiedergeben
(Wissen und Reproduktion)

Informationen erfassen und richtig benennen

zähle auf, liste auf, nenne, benenne	• Entnimm aus dem Material (z. B. Bild, Karte, Tabelle) die gesuchten Begriffe oder Informationen. • Führe sie nacheinander auf. • Verwende, wenn möglich, Fachbegriffe. • *Folgende Punkte kann ich nennen: …* • *… heißt …* • *… wird … genannt.*
definiere, bezeichne	• Formuliere kurz und genau (ohne Beispiele), was der Begriff bedeutet. • *Mit … bezeichnet man …* • *… bedeutet: …*

Prozesse, Ereignisse und Sachverhalte widerspiegeln

beschreibe	• Gib wieder, was du auf dem Bild oder im Text wahrnimmst. • Achte auf wesentliche Merkmale (d. h., erfasse den Kern einer Sache). • Verwende, wenn möglich, Fachbegriffe. • Beachte bei Vorgängen die zeitliche Reihenfolge. • *Ich sehe/erkenne …* • *Das Material/Bild zeigt …* • *Im Vordergrund befindet sich …* • *Dahinter/davor/neben …* • *Zuerst …, dann …, danach …*
arbeite heraus	• Lies den Text oder betrachte das Material unter einer bestimmten Fragestellung. • Gib die wichtigsten Gedanken dazu mit deinen Worten wieder. • *In dem Text/Bild geht es um …* • *Der Zeichner stellt dar, wie …* • *Die Autorin ist der Ansicht, dass …*
verorte/ lokalisiere	• Sage/schreibe auf, wo der Ort liegt. • Nutze dazu eine Karte. • Verwende Bezugspunkte wie Himmelsrichtungen, die Lage im Gradnetz der Erde, Großlandschaften, Staaten, Flüsse oder Gebirge. • *… befindet sich in/bei …* • *… liegt in der Nähe von …* • *… im Norden/Westen/östlich/südlich von …* • *… grenzt an …*

Anforderungsbereich II
Wissen verarbeiten und anwenden
(Reorganisation und Transfer)

Prozesse, Ereignisse oder Strukturen erklären und erläutern

erkläre	• Setze dich vertieft mit den Einzelheiten einer Sache auseinander. • Formuliere Ursachen bzw. Gründe, Folgen und Gesetzmäßigkeiten. • Stelle die Sache so dar, dass ein anderer sie versteht. • *Dies kann man erklären mit …* • *Es bedeutet, dass … / Das heißt, …* • *Da/weil/aufgrund …* • *Infolgedessen …*
charakterisiere	• Beschreibe Sachverhalte und Vorgänge mit typischen Merkmalen.
begründe	• Gib den Grund / die Ursache für etwas an. • Stütze eigene oder fremde Aussagen durch Argumente (das sind stichhaltige und plausible Belege). • *Da … / weil … / denn …* • *Deshalb … / dadurch …* • *Aufgrund … / Aus diesem Grund …*
erläutere, charakterisiere	• Stelle Prozesse oder Ereignisse ausführlich dar. • Wie beim Erklären sollst du Ursachen, Folgen und Gesetzmäßigkeiten deutlich machen. • Gib zusätzliche Informationen, Belege und Beispiele an. • *Aufgrund von …* • *Das ist darauf zurückzuführen, dass …* • *Infolge von …, sodass …* • *Deshalb/dadurch …* • *Zum Beispiel …*
analysiere/ untersuche, arbeite heraus	• Werte ein Material (z. B. eine Abbildung oder einen Text) gezielt aus. • Stelle (in Gedanken) Fragen an das Material nach festgelegten oder eigenen Kriterien. • Suche nach wichtigen Merkmalen bzw. Antworten. • Stelle diese Merkmale strukturiert bzw. übersichtlich dar. • *Betrachtet man …, dann …* • *Folgende Merkmale kann ich ablesen: …* • *Daraus geht hervor, dass …* • *Besonders wichtig ist …*